GÉRARD LELEU

Comment le rendre fou de vous

suivi de

Comment la rendre folle de vous

ÉDITIONS DE NOYELLES

ISBN : 978-2-298-12600-6

COMMENT LE RENDRE FOU
(DE VOUS)

Bravo l'artiste et merci !
Un hymne à l'Amour, au sexe et à la tendresse de deux êtres qui se donnent corps et âmes.

un lecteur, ***www.amazon.fr***

Sommaire

Avant-Propos

Sans doute Mesdames êtes-vous de bonnes amantes mais, dites-moi, n'avez-vous pas rêvé d'être meilleures encore, voire parfaites afin de combler l'homme que vous aimez et d'en faire le plus heureux du monde ? Ce qui vous en empêche, c'est l'homme lui-même en ce qu'il reste quelque peu secret : il ne s'autorise pas à exprimer ses émotions – son plaisir, son contentement, son amour, sa gratitude – et répugne à demander ce qu'il aime et attend – telles caresses, tel geste, etc.

Ce qui vous bloque aussi, c'est ce qui reste en vous de ces siècles noirs où le mâle vous interdisait tout plaisir et toute initiative ; il vous voulait, par mâle-peur, neutre et passive. Il vous faut du temps pour sortir des interdits et acquérir la liberté et la science des « préceptrices du sexe » qui enseignaient l'érotisme aux princes et aux peuples d'Extrême-Orient.

Et puis, de même que l'homme ne connaît pas la physiologie de la femme, vous les femmes vous ne pouvez deviner la physiologie du sexe que vous n'avez pas.

Dans ce traité je vais lever le voile qui masque les mystères de l'homme, vous faire entrer dans les coulisses de la masculinité, vous montrer comment ça fonctionne, un mâle, ce qu'il aime, ce à quoi il aspire, les baisers et les caresses qu'il préfère, les points érotiques qui lui font perdre la tête, les positions et les mouvements qui le rendent fou, tout ce qui peut l'envoyer au septième ciel.

Alors au comble du bonheur cet homme vous adorera et s'attachera à vous pour l'éternité. Et vous vivrez tous deux dans l'harmonie et la félicité.

Cet ouvrage est constitué des meilleures pages érotiques de mon livre *L'homme (nouveau) expliqué aux femmes* et de pages nouvelles.

Introduction

CE QU'ILS ATTENDENT

L'homme en a assez d'être seul actif, d'avoir tout à faire, à prendre toutes les initiatives, à mener tous les ébats. C'est anxiogène, c'est épuisant. Il aimerait lui aussi pouvoir s'abandonner. Il veut en finir avec cette conception occidentale selon laquelle la femme doit être passive, n'a rien à faire, tandis que l'homme est le seul responsable des plaisirs, tout reposant finalement, sur sa capacité érectile. Bien entendu, la femme n'est pas coupable de son inertie, ce sont les hommes des temps passés qui lui avaient imposé l'immobilité et interdit la volupté : « Une femme honnête n'a pas de plaisir. » Bouger, jouir, crier, c'était bon pour les putains.

Beaucoup de femmes encore n'osent pas faire un geste vers l'homme par peur de passer pour des gourgandines, beaucoup n'osent pas demander ce qu'elles aimeraient de peur de vexer l'homme, beaucoup se retiennent de crier pour ne pas apeurer leur partenaire. Il est vrai qu'une femme entreprenante peut encore faire peur à certains hommes, peur de ne pas être à la hauteur, peur qu'elle aille voir ailleurs. Cette peur peut provoquer des inhibitions et en particulier des pannes d'érection.

Mais le plus souvent l'homme nouveau dépasse ses peurs et veut que la femme soit active. Elle le peut, son côté yang le lui permet. Elle l'a fait en particulier en Orient où, pendant des millénaires, elle a été l'initiatrice des Empereurs et de tous les mâles. Être active c'est faire, demander, exprimer. Mais il ne s'agit pas non plus que la femme fasse tout. Dans un couple harmonieux, la femme et l'homme seront cocréateurs de la volupté et ils alterneront les rôles actifs et les rôles passifs.

Encore faut-il que l'homme se métamorphose et sorte de ses peurs : peur de ne pas être à la hauteur et qu'en conséquence la femme le trompe ou le quitte, et peur d'être épuisé en essayant de la satisfaire, toutes peurs à l'origine de la « mâle peur ». C'est la maîtrise de l'éjaculation qui permettra à l'homme de combler la femme totalement et sans se fatiguer. Alors c'en sera fini de ses craintes.

Leurs rêves

Quand on demande aux hommes ce qu'ils aimeraient que les femmes leur fassent plus souvent ou mieux en matière d'érotisme, ils énumèrent un certain nombre de souhaits. Une vraie litanie.

Que les femmes soient intéressées par la sexualité. Toutefois, beaucoup d'hommes reconnaissent qu'elles le sont de plus en plus.

Qu'elles y prennent plus de plaisir et qu'elles le manifestent plus.

Qu'elles soient plus actives : initient plus, participent plus, innovent plus.

Qu'elles parlent plus, en particulier qu'elles encouragent et admirent leur homme. Et surtout, qu'elles parlent pour lui apprendre leur corps sexuel et son fonctionnement : la situation du clitoris et du point G, la meilleure façon de les caresser, de les stimuler, les positions qu'elles préfèrent et les mouvements les plus aptes à les faire jouir. Qu'elles n'hésitent pas à guider l'homme de la voix et du geste.

Qu'elles disent ce qu'elles veulent et ne veulent pas.

Qu'elles ne « foncent » pas sur leur verge, ne « l'attaquent » pas d'emblée, même si elle se dresse. La difficulté des hommes – surtout des anciens – est de résister à l'impérieux appel de leur pénis qui les empêche d'étendre l'érotisme à l'ensemble des corps.

Qu'elles s'occupent plus et mieux du pénis : qu'elles lui donnent plus de caresses, plus de baisers, plus de succions (« fellations ») et de meilleures.

Qu'elles acceptent et réclament plus de baisers vulvaires (« cunnilingus »).

Qu'elles initient ou acceptent plus de « positions ».

Qu'elles s'occupent mieux de leurs propres orgasmes et n'en laissent pas l'unique responsabilité à l'homme. En tout cas, qu'elles ne simulent jamais. Feindre empêche tout progrès, alors que dire la vérité oblige à rechercher les causes et à améliorer ses façons d'être et de faire.

Qu'elles fassent plus souvent l'amour.

> Rappelons les fréquences moyennes pour des adultes de 25 à 35 ans : 6% des couples font l'amour tous les jours, 70% deux fois par semaines, parfois trois, 21% une fois par semaine, 2% une fois par mois, 1% encore moins. Ces moyennes ne sont pas une obligation, chacun a le droit d'avoir son tempérament, son rythme, et s'en trouvent bien.

Qu'elles fassent l'amour plus souvent en dehors des créneaux horaires habituels qui, selon des enquêtes sont : le matin au réveil pour 12% des couples (sans doute à cause du « réveil triomphal » de l'homme, autrement dit de son érection en fin de nuit), à la sieste pour 13%, le soir au coucher pour 48%. Les hommes voudraient faire l'amour plus souvent l'après-midi ou dans le courant de la nuit.

Inversement, qu'elles acceptent sans ressentiment que les hommes n'aient pas envie de faire l'amour et qu'ils puissent ne pas bander.

Les hommes nouveaux revendiquent le droit de ne pas bander systématiquement. D'une façon générale, ils voudraient que les femmes les libèrent de l'obligation de performance.

Qu'elles fassent plus de strip-teases avant de venir les rejoindre pour le corps-à-corps.

Enfin, qu'elles vantent et chantent à leur tour la beauté du corps et du sexe de leur compagnon, qu'elles louent sa nudité – comme les hommes le font avec la nudité féminine – qu'elles apprécient telle ou telle partie, qu'elles contemplent, tel ou tel détail, qu'elles admirent sincèrement l'organe mâle, après tout c'est bien l'acteur de leurs plus grandes joies et de leurs voluptés suprêmes. Qu'elles en finissent avec leur ressentiment envers ce phallus coupable d'avoir instauré la phallocratie. Le nouvel homme a tourné la page du machisme, que les femmes lui accordent son pardon.

Chapitre I

L'HOMME

ET LES CARESSES

Toutes les parties du corps de l'homme ont une potentialité érogène, et peuvent être sources de sensations agréables, voire voluptueuses. Le domaine érotique est infini. À vous de l'explorer par l'entremise de la caresse.

Par commodité, j'ai classé les caresses en trois catégories « géographiques » réparties en trois cercles concentriques. Au centre du corps est le premier cercle qui comprend les organes sexuels – quelques centimètres carrés de muqueuses hypersensibles. Autour d'eux est le deuxième cercle qui comprend le pubis, la face interne des cuisses, le périnée et la marge de l'anus – quelques dizaines de centimètres carrés de peau assez sensible. Au-delà se trouve le troisième cercle, l'immense surface cutanée qui va de la plante des pieds au cuir chevelu et totalise

18 000 cm^2 d'une sensibilité plus grande qu'on ne croit. Je rattache au deuxième cercle les seins, dont la sensibilité est exquise chez la femme bien sûr, mais aussi chez l'homme, sauf exception, et en connexion avec les organes sexuels.

L'homme aime-t-il les caresses ?

Classiquement l'homme ne serait pas très amateur de caresses – en donner comme en recevoir – ; chez lui la sexualité se réduirait à la séquence pénétration-éjaculation du pénis, séquence rapide, brève et quasi compulsive, séquence rétrécie au premier cercle et sans fioritures, séquence où l'action l'emporte sur le ressenti.

Il est vrai que l'homme, en raison de son type d'érection, ressent une envie impérieuse, quasi irrésistible, de s'engouffrer dans le corps de la femme. D'autre part, de nombreux facteurs culturels ont détourné l'homme des caresses de la peau. L'homme ancien évite de s'en remettre aux mains d'une femme de peur d'en devenir esclave. À l'inverse, chez la femme, des facteurs culturels la prédisposent aux caresses. Ainsi, il est admis que les femmes soient sensibles et caressantes ; de plus, la maternité est une école de caresses. Le fait que les hommes s'occupent de plus en plus de leur progéniture contribuera sans doute à éveiller un peu plus leur peau.

Enfin, les rôles et les travaux auxquels étaient confrontés les hommes les empêchaient d'aiguiser leur sensibilité cutanée. C'est la civilisation et la division du travail qui ont donné aux chasseurs, aux guerriers, aux cultivateurs, aux bâtisseurs, un cœur de pierre et des mains de fer.

Toutefois, si on la regarde au microscope, la peau de l'homme a la même structure et le même nombre de capteurs sensitifs que celle de la femme. D'ailleurs, avec la disparition des travaux manuels, on ne sait plus toujours distinguer à la vue et au toucher la main d'un homme de celle d'une femme. Apparaissent à l'horizon ces hommes nouveaux au cœur de soie et aux mains de velours car fondamentalement l'homme est aussi apte à toucher que la femme.

La peau, un tissu extraordinaire

Les caresses du troisième cercle concernent toute la surface cutanée, c'est-à-dire la peau (les marges des sexes et les sexes eux-mêmes faisant partie respectivement du deuxième et du premier cercle).

On a longtemps cru qu'elle était un simple tissu d'emballage du corps, une sorte de cuir. En fait, elle est aussi un organe sensoriel : elle contient le sens tactile – ou toucher – qui se révèle être le sens le plus étendu et le plus riche. En effet, il s'étend sur 18 000 cm^2 et est riche de 1 500 000 récepteurs sensitifs (chaque cm^2 en contenant 5 à 135 selon les sites). La peau n'est donc pas un sens grossier, contrairement à ce que l'on croit, elle est aussi fine que les sens dits « nobles », telles la vue et l'ouïe. Bien sûr, c'est la peau des mains, et tout particulièrement celle de la pulpe des doigts, qui est la plus sensible. Ici, la densité des récepteurs atteint 135 au cm^2.

Il est important de savoir que la surface que représente la main est aussi vaste que celle que représente l'addition du tronc, des bras et des jambes ; c'est dire que le nombre de neurones sensitifs qui partent de la main est presque aussi important que le nombre de ceux qui partent de la surface totale du corps (moins la bouche). C'est dire aussi combien le toucher – les caresses, les étreintes, les massages, etc. – aura d'impact érotique et psychique.

La peau est le siège d'une énergie que la science occidentale ignore, mais que les médecines orientales ont bien étudiée et utilisée. Cette énergie provient de l'énergie universelle qui parcourt le cosmos – le Ki – ; elle circule à travers le corps, et spécialement à travers la peau, où elle emprunte des voies propres : les méridiens. La bonne santé dépend de la quantité totale d'énergie et de sa libre circulation. Nul doute que le toucher amoureux met en œuvre cette énergie : entre les peaux des partenaires, particulièrement celle de leurs mains, se produisent des échanges énergétiques qui entraînent des charges, des décharges ou des mouvements d'énergie.

Sans doute, ces multiples échanges d'énergie qui se produisent dans l'intimité, sont-ils à l'origine de l'effet antifatigue et réénergisant que l'on ressent dans les contacts entre les corps. Aussi, les hommes qui rechignaient autrefois aux caresses et autres massages, sont actuellement les premiers à les réclamer depuis qu'ils s'en trouvent revigorés.

Un autre rôle de la peau, c'est d'être émettrice

d'odeurs. Or les odeurs ont un rôle considérable dans l'érotisme. Elles ont des répercussions émotionnelles profondes, soit agréables (bouffées de bonheur, bien-être, attirance, etc.) ou désagréables (mal-être, répulsions, etc.). Intervient ici la mémoire des odeurs – mémoire olfactive qui siège dans l'amygdale limbique – qui fait qu'une odeur actuelle nous renvoie à une odeur du passé, laquelle peut être associée à un événement heureux (un fait lié à notre mère, un amour d'enfance, la première fille caressée, etc.) ou pas.

Certaines odeurs, constituées de molécules odoriférantes appelées « phéromones », font office de messagères du désir. Inhalées, elles stimulent, par muqueuse nasale interposée, le centre de la pulsion sexuelle – situé dans l'hypothalamus. C'est ainsi que naît le désir.

L'homme a toujours été sensible aux odeurs de la femme (odeur de sueur, odeur de sécrétion vulvaire, etc.). Toutefois, les odeurs cessent d'être aphrodisiaques lorsqu'elles vieillissent – trop – car des bactéries dégradent les molécules.

Le besoin de stimulation cutanée

Les hommes ont moins de réticences envers les caresses depuis qu'ils savent que le besoin de stimulations cutanées est un besoin biologique fondamental aussi vital que le besoin d'air, de nourriture et d'eau. De nombreuses observations ou expérimentations ont prouvé que, faute d'être touchés, les petits des animaux ne peuvent pas se développer normalement. De même, de multiples observations – dans les maternités, les orphelinats, les hôpitaux – montrent que les humains, les enfants comme les adultes, ne peuvent jouir d'une bonne santé et d'un bon équilibre psychique s'ils ne sont pas touchés affectueusement.

La stimulation de la peau a de nombreux effets positifs, entre autres : elle accroît la vitalité, elle décontracte les muscles et les viscères, elle active la circulation veineuse, etc. Mais ses actions les plus importantes concernent le psychisme, ce sont ses effets psychotropes : elle est relaxante, tranquillisante et antidépresseur. Ces effets sont dus aux endomorphines que l'hypothalamus sécrète quand la peau est caressée agréablement. On peut aussi les expliquer par le fait que le toucher constitue un langage qui exprime la sollicitude et la tendresse que le partenaire nous porte et qui rompt notre angoissante solitude.

La caresse d'amour gratuite

La caresse peut se donner en prélude au coït, ou en postlude succédant à l'union, ou s'offrir gratuitement sans intention de coïter. La caresse gratuite a pour seul but d'offrir du bien-être à son partenaire sans envisager la pénétration. Après tout, ce que l'on cherche dans l'union sexuelle c'est la volupté et l'apaisement, or une séquence de caresses et de massages apporte l'un et l'autre. Certes la volupté n'est pas d'un mode explosif, mais elle atteint souvent l'euphorie.

Bien entendu, quand les partenaires souhaitent une séance de caresses gratuites, la femme devra éviter d'aborder le pénis, sinon, celui-ci affriolé réclamera son dû, c'est-à-dire le soulagement par éjaculation (par branlage, par fellation ou pénétration). Et c'en sera fini de la caresse, car l'homme assouvi n'a plus ensuite, le plus souvent, envie de caresser la peau.

La caresse de préliminaires

Pendant longtemps, en Occident et dans la majorité des pays du monde – en particulier ceux sous influence occidentale – la plupart des hommes « prenaient », « sautaient » les femmes sans demander leur avis et sans les caresser préalablement, c'était des formes de viols, des « viols conjugaux ». Par contre, en Orient, depuis plus de 6 000 ans, les arts érotiques enseignaient l'importance des préludes et les décrivaient avec poésie et force détails.

Depuis « l'émancipation » de la femme qui a acquis le droit au plaisir, depuis la libération de la sexualité et depuis l'avènement de la sexologie, les hommes savent bien qu'il faut préparer la femme à l'union. Préparer signifie accroître son envie de faire l'amour (au cas où son désir somnolerait), provoquer sa lubrification afin que l'échange se passe bien pour les deux partenaires et améliorer la turgescence de ses corps érectiles (clitoris, vulve, gaine vaginale) afin que son plaisir soit optimum.

Mais il y a quelque chose de mieux encore avec l'homme généreux en matière de préliminaires, c'est qu'il en veut pour lui-même : il veut des baisers et des caresses sur toute la surface de son corps et en tire beaucoup d'agrément et de plaisir. Bien sûr, au début, son pénis se tend et trépigne, mais lorsque les caresses s'étendent à tout le corps, il se détend. S'il le faut, la femme peut aider le pénis à s'apaiser et à patienter : qu'elle le saisisse prestement et le serre dans sa main, sans le branler et qu'elle lui donne quelques baisers subtils en lui parlant : « Rassure-toi, je vais m'occuper de toi… Patiente, je vais faire le tour de ton propriétaire et je reviens. » Après avoir offert ses caresses à toute la surface de l'homme, elle reviendra au sexe. Alors, l'homme atteindra un niveau d'orgasme bien supérieur.

Les caresses de postlude

Ce sont les cajoleries que les partenaires se donnent après avoir communié dans l'orgasme. Autrefois, on les négligeait. Toutes les confidences des femmes contiennent les mêmes plaintes : après avoir « tiré son coup », l'homme se détache, roule sur le côté et plonge dans un profond sommeil, à moins qu'il ne s'asseye dans le lit pour fumer une cigarette, pire, se lève pour se laver et aller vaquer à ses occupations.

• Que l'homme s'endorme peut se comprendre, il vient d'accomplir un effort physique plus ou moins prolongé (entre 5 et 45 minutes). De plus la volupté qu'il a obtenue a déversé dans son cerveau une bonne quantité d'endomorphines dont on connaît le pouvoir sédatif. Enfin, la fameuse phase réfractaire qui suit son orgasme est marquée non seulement par une chute de son érection et de son désir, mais aussi par une certaine apathie mélancolique.

• Que l'homme se détache s'explique par les mêmes raisons. Mais il faut y ajouter une raison de plus : le guerrier qu'il est resté au fond, n'aime pas ces moments où le cerveau ivre, le corps las et le sexe mou, il s'effondre dans les bras de la femme, comme si la femme l'avait vaincu. C'est encore la « mâle peur » qui transparaît ici.

• Que l'homme soit triste se conçoit aussi : en lui, plus ou moins conscient, il y avait ce rêve de fusion absolue, de retour au paradis perdu (la vie fœtale, la vie infantile). Il a jailli quelques instants à ce zénith, puis il en est retombé s'écrasant sur le non-sens de cet acte uniquement mécanique à propos duquel le médecin grec Galien écrivait : « Tout animal est triste après l'amour… »

Il en va autrement pour l'homme généreux. L'union sexuelle, il la pratique comme une longue communion sur le mode de la « caresse intérieure » (rendue possible par l'art du contrôle de l'éjaculation). Son orgasme, il en a fait une extase et lui a donné un sens élevé. Donc, au lieu d'être fatigué, il est revigoré et comblé. Alors il reste niché contre sa compagne pour prolonger le temps de la fusion où on ne fait qu'un, le temps de l'euphorie où l'on se trouve dans un état de conscience extraordinaire. Il est alors prêt pour de nouvelles caresses…

Chapitre II

FABULEUX ITINÉRAIRES À TRAVERS LA PEAU

Je ne vais pas dresser un atlas érotique complet de l'homme, mais vous décrire quelques agréables itinéraires au pays du plaisir. Votre imaginaire ensemencé, « l'esprit caresse » inculqué vous pourrez joyeusement parcourir la peau masculine et lui offrir les bonheurs dont elle rêve.

Un principe : prenez votre temps, faites tout lentement. Un conseil pour l'homme : n'hésitez pas à vous exprimer, à dire ce dont vous avez envie, comment il faut faire, n'hésitez pas non plus à guider de la main. Petit truc : la façon dont l'autre vous caresse, vous indique comment et où il aimerait être caressé.

La main peut agir de cent manières, le massage en est une. Le plus souvent la main masse sans le savoir, c'est-à-dire spontanément, d'instinct. Mais elle peut le faire savamment : on peut apprendre à masser, il existe des méthodes et endroits nombreux où on peut se former ; il est indéniable que cela apporte un plus. Mais il faudra intégrer la méthode dans l'échange amoureux et noyer la technique dans la tendresse et l'érotisme.

Le bain

Donner un bain à son aimé, c'est sans doute une des façons les plus complètes et les plus suaves de le caresser.

Voilà votre aimé plongé dans l'eau chaude parfumée. Relaxé, abandonné, il est à vous. Commencez par le shampooiner à deux mains ce qui revient à lui offrir un merveilleux massage du cuir chevelu que vous pourrez étendre au cou et au visage. Le savon et sa mousse facilitent les mouvements de vos mains, qui alors glissent dans les cheveux. Massez, frictionnez, grattez. Prenez toute la tête, du front à l'occiput en passant par le sommet, en tournant sur les tempes. Débordez sur le cou, enveloppez le visage. Puis rincez. Plaisantez, riez. Allez embrasser son front, cette fois tout ruisselant. Ajoutez-y sa bouche toute mouillée. Maintenant, séchez sa tête avec une serviette éponge. Frictionnez hardiment ses cheveux, tamponnez doucement son visage, essuyez délicatement ses oreilles. Il tend sa bouche, mordez-la lui.

Demandez ensuite à votre homme de s'asseoir et occupez-vous de savonner ses épaules, ses creux axillaires, ses bras, ses mains, tout à la suite, puis allez sur le torse et lavez-le en large et en travers ; enfin, partez sur le dos, et après l'avoir fait se pencher, astiquez-le le plus sensuellement possible. C'est l'occasion de glisser vos mains sur toutes ses facettes, ses arrondis, ses creux, ses plats, de les explorer, de les bien sentir, d'en profiter. Chaque détail est agréable, je ne peux les citer tous. Par exemple : savonner en palpant ses pectoraux, savonner en les enveloppant et en les étirant. C'est délicieux pour votre homme, c'est extrêmement savoureux pour vous. C'est une façon autre de vous offrir et de vous prendre.

Que votre homme s'allonge désormais et s'immerge. Priez-le alors de vous tendre ses jambes, l'une après l'autre. Savonnez d'abord ses pieds, en vous attachant à bien appuyer sur les plantes avec la pulpe de vos doigts de façon à réaliser une sorte de massage. Remontez ensuite le long de sa jambe en la tripotant aussi consciencieusement. Gagnez enfin la cuisse en la pressant à pleines mains, en tournant autour. Prenez votre temps, faites durer le plaisir qui est un délice pour vous deux. C'est particulièrement excitant pour la femme de manier ces membres noueux, musclés, puissants, ces membres sur lesquels l'homme s'arc-boute pour s'ancrer en elle à l'instant de se conjoindre. Ici aussi, chaque détail vaut son pesant d'or, mais s'il fallait en retenir un, c'est le savonnage des pieds sur toutes leurs facettes que je retiendrais. Il faut l'exécuter (comme on dit d'une œuvre de musique) posément en détaillant chaque note, alternant la subtilité et la fermeté. N'oubliez pas de glisser vos doigts entre les orteils, de saisir chaque orteil entre pouce et index, de le tordre légèrement, de le tirer carrément. Résisterezvous alors à l'envie de sucer les orteils un à un ? Et même de les mordiller de l'extrême bout des dents ?

Ayant reposé ses membres inférieurs dans l'eau, allez imprimer un gros baiser sur la bouche de votre homme, il en a bien besoin et vous aussi. Une fois tous deux bien repus, demandez-lui de se mettre à genoux dans la baignoire. Et entreprenez le savonnage le plus excitant qui soit, celui de toute la zone centrale : le ventre, le pubis, le pénis, les testicules, l'entrecuisse, le sillon inter fessier avec en son fond l'anneau anal et enfin les fesses. Tout est enivrant. Bien évidemment, les passages sur le pénis et l'anus sont les points les plus forts.

Réservez la toilette du pénis pour la fin et donnez auparavant tous vos soins à l'astre anal. Savonnez consciencieusement le vestibule qui le précède, puis l'orifice lui-même et ses plis radiaires. Ce ne sont pas tellement des sensations érotiques que votre homme ressentira mais plutôt une impression de redevenir un petit garçon que sa mère lave avec amour. Une forme d'abandon-régression très émouvante pour tous les deux. Vous pouvez enfin en venir au pénis. Sans doute le trouvez-vous quelque peu dressé ou même carrément bandé à fond. Alors, rien n'est plus exquis pour lui et savoureux pour vous que de faire coulisser votre douce main ensavonnée sur le fût mâle tendu vers vous. Sentir le contact de la verge gorgée, brûlante, glissante au creux de votre main vous excite magnifiquement. Quant à votre homme, de sentir son membre viril aller et venir dans votre paume bien huilée le transporte d'allégresse. C'est alors, qu'une envie irrésistible vous saisit : après l'avoir rincé derechef, vous vous penchez pour prendre cette merveille provocante dans votre bouche et la déguster suavement ; ce faisant, vous risquez gros : que votre homme, arrivé au même degré de flamboyance érotique, vous saisisse et vous bascule dans la baignoire.

Si votre homme se maîtrise, séchez-le comme un bébé. La prochaine fois, c'est lui qui vous donnera votre bain.

Ô VISAGE RADIEUX

Elle le dévisage, suivant les lignes et les reliefs de son visage, s'abîmant par instant dans son regard. Faut-il aimer pour regarder ainsi ! Faut-il se sentir aimé pour se laisser regarder autant ! Et quand leurs yeux se croisent, ils se sentent remplis l'un de l'autre. Faut-il s'aimer pour se voir si fort. Il n'y a rien d'autre à voir que l'amour qu'ils se portent et la confiance et la transparence.

C'est alors qu'elle tend une main vers le visage de l'homme et refait avec son index le chemin qu'avait fait son regard. Du bout de son doigt elle suit l'arcade sourcilière d'un côté, puis de l'autre, puis la crête du nez, la lèvre supérieure, la lèvre inférieure. Du bout de son doigt elle le redessine. Maintenant, elle contourne l'arrondi du menton, remonte sur les mâchoires puis sur le front, qu'elle traverse et redescend de l'autre côté. Tel un fusain qui trace le trait, son médius repasse plusieurs fois sur les saillies du visage.

Mais voici que d'esthète, la main se fait taquine. Elle veut maintenant éveiller quelques sensations friponnes. Lentement, légèrement la pulpe glisse sur l'ourlet des lèvres, celle d'en haut, celle d'en bas et sur les commissures. Des frissons, des chatouillis naissent à fleur de lèvres. Elle, elle voit bien la chair trémuler et après quelques tours, elle n'y résiste plus, se penche et pose un baiser subtil sur les frissons. Puis de la pulpe de l'index ou du médius, elle va jouer sur les sourcils, les lissant ou les rebroussant, sur les tempes où elle tourne quelques arabesques, sur les joues où elle trace quelques tendresses. L'homme est aux anges. Alors la femme va embrasser ses sourcils, ses tempes, ses joues. Baisers appuyés. Gourmands baisers.

Sous les doigts, sous les lèvres, le visage se détend, s'ouvre, s'offre. Plus aucun muscle n'est crispé, plus aucune peau n'est plissée, plus aucune ombre posée. On n'y lit plus de méfiance, de prudence, de retenue, de douleur, de rancœur. C'est le visage d'un homme avant que la vie ne l'érafle, ne le creuse, ne l'effraie, ne le déçoive. « Oui, je crois en toi. Oui, je te laisse entrer au plus près de moi ». Et l'homme de révéler son visage d'enfant.

Voilà que la femme réunit ses doigts et élargit sa main, et la passe sur les joues de l'homme, la passe et la repasse, sur l'endroit, sur le revers, lentement. Sur le front elle fait de même, tandis que ses yeux se glissent dans les yeux de l'homme. Alors, les yeux de l'homme se mouillent. Ils voient le visage de la femme à travers le prisme de leur eau. Visage d'une infinie douceur, visage même de l'amour. Le temps se brouille, le temps se perd, le visage tremble. Et tout se mêle. D'un temps sans âge monte un bonheur sans limite. Et tout se confond.

Combien d'hommes les femmes verraient-elles pleurer si elles osaient toucher tendrement les joues de leur aimé. Là, sous le masque du guerrier, du blessé, du blasé, sous la persona de la vie quotidienne, elles trouveraient l'enfant. Qu'elles s'offrent le luxe, par une indépassable tendresse, de le laisser sourire un instant.

L'AMOUR EN TÊTE

Question caresses, les hommes, il ne faut pas les prendre de front. Ils rentrent à la maison, le soir, sur leur lancée professionnelle. L'intellectuel est encore tout dans la tête, loin de son corps, cette contingence indigne de son intelligence ; de sa part, penser à des caresses, ou pire en réclamer, c'est inconcevable. Le manuel, lui, est encore tout dans l'action, son corps est fait pour fonctionner, pour transformer ; les caresses il n'y pense même pas, c'est le contraire d'agir, c'est la passivité même. Et pas loin, derrière ces raisonnements il y a des restes de préjugés machistes : un homme ça ne s'abaisse pas à la tendresse, ça ne se prête pas à la sensibilité, ça reste à distance de tout ce qui peut amollir, faire se pencher, faire s'en remettre.

Pourtant, que les femmes n'oublient jamais que, quoi qu'ils disent, les hommes aiment qu'on les touche, que leur peau est avide et jouisseuse. Alors quand ils rentrent, qu'elles les laissent se poser, se décanter, s'apaiser. Ensuite, elles l'introduiront subrepticement dans le jeu.

Et puis il y a de plus en plus d'hommes nouveaux, ces hommes subtiles dont la peau n'est pas ou n'est plus enfouie sous une épaisseur de cerveau ou de technique ou de machisme. Ceux-là vont vers vous, la femme, vous prennent dans leurs bras, vous cajolent la nuque et les reins. Et disent : « Viens s'il te plaît, viens j'en ai plein le dos. Viens me caresser, viens me masser. »

Faites asseoir votre homme sur une chaise ou sur le bord du lit et posez vos mains sur sa tête. D'abord, sans bouger, comme si vous lui imposiez les mains. Vous respirez calmement. Vous respirez ensemble d'un même souffle paisible, dans le silence. Entre vos mains et le crâne de cet homme quelque chose passe, qui rassure, qui décante. Ses idées s'apaisent ? Il rentre en lui, il se rassemble, il se met à l'écoute de lui.

Alors vos mains s'éveillent. Là où ils sont, vos doigts s'activent, ils se plient et se déplient massant du bout de leur pulpe le cuir chevelu à travers les cheveux. Déplaçant vos mains, vous massez de la même façon un autre pôle du cuir. Et voilà que le sang et l'énergie qui stagnaient ici et là se mettent à circuler. Ce cuir qui était comme mort ou engourdi se remet à vivre. Il chantonne et rit. Des idées légères, des idées heureuses lui passent à l'intérieur.

Vous, son amie, vous allez de vos mains du sommet du crâne à l'occiput tout derrière et de l'occiput au front tout devant. Puis tournez autour du crâne, tantôt massant franchement, tantôt griffant légèrement. Passant au-dessus des oreilles, vos mains font quelques pas sur place. Glissant dans les fossettes de la nuque, elles y patinent gaiement. Les fossettes sourient et leur sourire se projette dans la tête, dans le cou, dans le dos.

Maintenant, vos doigts, s'écartant nettement, se courbent et tel un peigne passent dans les cheveux, ébouriffant leurs mèches, labourant leurs racines. Puis ils se resserrent et, réunis, massent à pleines mains, cette fois le sommet de la tête et toute sa couronne. Les sensations sont délicieuses, remplissant la tête, et même le corps, de bien-être, de paix, d'euphorie. Arrivés à hauteur des oreilles, voilà qu'ils descendent vers elles et les recouvrent. Puis les prenant entre pouce et grands doigts, ils les palpent et les froissent comme ils feraient d'un échantillon de tissu, voilà qu'ils les pressent et les « repassent » comme s'ils voulaient les déchiffonner. L'homme est sidéré. Impression bizarre et joyeuse qu'aucune partie de son corps n'est étrangère à cette femme. L'oreille, c'est fait pour entendre, pas pour être heureuse. Et pourtant cette caresse insolite la rend heureuse et l'homme heureux. D'un bonheur en écho. Qui donc m'a déjà touché l'oreille ?

Odeur de savon. Voix de femme. Douceur d'éponge. Et la douce serviette qui essuie le creux de l'oreille et passe derrière. Et les copains qui appellent dans le jardin. Et la mère : « Attends donc, tu n'es pas sec ! » Et la tête du gamin qui file entre les plis de la serviette. Et les cris de joie qui l'accueillent dehors.

Gros bras et fins plis

Même si votre homme est un gros bras, un costaud des Batignolles, ou un lanceur de poids, il a sur les bras une faiblesse, une zone fragile ou plutôt un point sensible. Quand il roule des mécaniques face à la faible femme que vous êtes, quand il rentre « remonté à fond » contre un arbitre, ou contre son patron, n'essayez pas de le contrer par de vaines paroles. Il n'y a rien à dire, il n'y a qu'à faire.

Entre les biscotos du bras en haut, et ceux de l'avant bras en bas, il y a un pli, le pli du coude. La peau y est glabre et fine. Sans rien dire et sans avoir l'air d'y toucher, posez-y la main bien à plat. D'abord ne la bougez pas. Toute posée qu'elle est, elle agit déjà, soyez en sûr. Par la chaleur qu'elle irradie, par le magnétisme qu'elle dégage, et grâce à l'extrême réceptivité du pli. Regardez : votre homme était affirmatif, il avait le verbe haut, maintenant sa voix a baissé d'un ton, ses gestes se sont ralentis.

C'est le moment de le guider vers une chaise. Il s'assied et vous vous asseyez près de lui. Alors, votre main peut se mettre en chemin. De la pulpe de vos doigts glissez sur le pli, en travers puis en long dans l'axe du bras. Très lentement. Maintenant, remontez un peu plus haut sur le bras, puis descendez un peu plus bas sur l'avant du bras. Frissons et soupirs garantis. Votre homme se détend, ses épaules s'arrondissent, son thorax se relâche. Il ne dit plus rien du tout. Il souffle. Mais à la longue, ça pourrait le chatouiller, ce qui deviendrait plus agaçant que voluptueux. Alors, il vous faut sortir un ongle et gratter ou plutôt rayer la fine peau du creux, en large et en travers et remonter à nouveau sur le biceps et descendre aussi sur l'avant bras. Toujours, il faut diffuser les sensations. Votre homme soupire de plus belle et vous regarde langoureusement.

Mais ce n'est pas tout. Glissez votre main derrière son bras et promenez-la sur la face postérieure puis à l'intérieur entre bras et thorax. Là est une peau d'une grande finesse, lisse et d'une sensibilité chavirante. L'homme en frissonne et à chacun de ses frissons il suspend sa respiration, halète. C'est le moment pour la femme d'imprimer ses ongles dans la tendre peau, puis de les déplacer en rayements continus (« la luge ») ou en empreintes discontinues (« le pas du canard »). Mais la femme sait qu'il ne faut pas laisser le temps à l'homme de s'habituer à une sensation, aussi voilà qu'elle pétrit le triceps (le muscle de derrière le bras). Bientôt elle retournera au pli du coude, y alternera des effleurements et des griffures, des frôlements et des pinçons.

Mais voilà que l'homme se lève de sa chaise, tire sa femme par la main, la mène dans la chambre, l'allonge dans le lit. Laissons-les, ils sont aux mains de l'amour.

Réplique au poignet

L'autre faiblesse, ou plutôt l'autre zone de bonheur du bras masculin, est le pli du poignet. Même peau glabre et sensible. Là, entre son puissant avant-bras et sa main qui craque des noix comme des bulles de savon, s'alignent quelques fines stries. On dirait sur sa peau quelques rides de sable laissées par la marée. Passez doucement dessus la pulpe d'un doigt et allez au-delà : remontez sur l'avant-bras, puis descendez dans la paume. Il faut, quand vous entamez une caresse, déborder l'épicentre et intéresser le voisinage ; ce n'est qu'ensuite qu'il faut se concentrer sur le pli exquis. Vous y êtes : de la pulpe du médius cascadez sur les plis, d'avant en arrière et retour, très lentement, plusieurs fois. Faites-le ensuite dans toutes les directions. Remplacez maintenant la pulpe par l'ongle et tracez les mêmes figures. Puis frottez cette zone du poignet de votre ami avec la même zone de votre propre poignet, doucement. Vous vous donnez des douceurs tout en procurant à autrui.

Le moment est venu de poser votre bouche sur les plis. Appuyez longuement comme le ferait une nonne sensuellement mystique sur une médaille de Jésus. Puis faites ce que celle-ci ne ferait pas : sortez un bout de langue et titillez les plis. Frissons garantis chez votre haltérophile qui commence à baisser la garde. Pendant que vous y êtes, glissez votre langue dans le creux de sa paume, qu'elle y fasse quelques pointes effrontées, qu'elle s'y applique en ferventes et troublantes léchettes. Votre homme soupire, vous avez trouvé juste. Alors battez la chair pendant qu'elle est chaude : allez glisser votre langue dans les espaces entre les doigts, sur les ébauches de palmes, c'est très sensible et la sensation insolite. Cette peau de main est très honorée par votre attention et trouble l'homme. Poussez votre avantage et n'hésitez pas à embrasser et suçoter les doigts ; ça a quelque chose de très intime qui achèvera de troubler votre homme, ce qui entraînera de sa part quelques réactions dont vous serez la bénéficiaire. Comme de sentir, par exemple, ses bras puissants se refermer sur vous.

Torses et tétons

La femme adore promener sa main sur le torse de l'homme : muscles carrés, toison bouclée, c'est fort de virilité. Et ça se soulève puissamment comme un soufflet de forge avec un bruit de vent sous les portes. Envie de taper du poing comme sur un tamtam. Envie de passer les doigts entre les boucles. Envie de frotter les pointes de ses propres seins et d'écraser les tendres globes sur le pelage du mâle.

La main féminine s'avance sur le thorax, s'y pose, se laisse soulever par les profondes inspirations. Puis se met à lisser les poils et à les peigner en recourbant les doigts. La femme frémit de tout son yin. L'homme est fier de tout son yang.

La femme découvre les tétons sous le pelage. Envie de les titiller, aimera-t-il ? Selon les enquêtes 30 à 50 % des hommes apprécient cette caresse, qui agace ou est même désagréable aux autres hommes. En vérité 99 % des hommes finissent par aimer et même par en tirer de grandes jouissances : il faut insister. Toutefois, le mamelon de l'homme étant moins pourvu de terminaisons sensitives que celui de la femme, il ne peut procurer les mêmes plaisirs extrêmes.

Votre ami renâcle ? A vous de tenter avec quelque insistance de le convertir aux voluptés mamelonnaires. N'attaquez pas d'emblée les petites baies, commencez par caresser les pectoraux tout autour d'une main légère qui décrit des cercles et des spirales. Puis malaxez l'ensemble du sein et de son pectoral sous-jacent. Après seulement, occupez-vous du mamelon. Commencez par l'effleurer par petites touches brèves et légères. Ce n'est qu'ensuite que vous l'aborderez franchement : pincements, étirements, torsions entre pouce et index alterneront, d'abord subtils puis s'intensifiant progressivement. Voilà que les mamelons s'érigent, alors vous pouvez insister car, une fois dépassé les premières impressions possiblement désagréables, le plaisir se révèle. C'est le moment de les lécher, titiller avec la pointe de la langue, presser avec les lèvres, sucer, mordiller. Et un jour, ce jour peut-être, des plaisirs exquis surgiront. L'homme s'excitant, sa verge se dresse. Continuez, ces plaisirs peuvent s'entretenir longtemps.

Si, dans une même séquence, après avoir insisté raisonnablement, le plaisir ne vient pas, ne forcez pas au-delà. Vous reprendrez l'initiation une prochaine fois. Il faut parfois un très long temps avant que le sein de l'homme ne s'éveille et devienne réceptif.

Et puisque, certes pour son bien, vous avez quelque peu énervé votre homme, offrez-lui une de vos caresses suprêmes, particulièrement apaisante et réunifiante : un massage de tout son corps avec tout votre corps. Votre ami est allongé sur le dos, nu. Vous êtes entièrement nue aussi. Massez-le avec toute la surface de votre corps. Approchez-vous de lui, à plat ventre. Frottez-vous sur son côté. Puis montez sur lui et frottez-vous sur toute sa face antérieure. Puis descendez sur son autre côté et frottez-vous sur son autre côté. Faites plusieurs va-et-vient sur lui de droite à gauche et vice-versa. Choisissez maintenant une partie de votre corps et massez-le avec cette partie. Vous avez choisi vos cheveux eh bien allez caresser de votre chevelure son visage, sa poitrine, son ventre, son pénis, ses genoux, etc. Vous avez choisi vos seins et bien allez offrir leur époustouflant massage au visage de votre ami, à son thorax, à son ventre, à son pénis, à ses cuisses, à ses genoux, etc. Vous ferez de même avec votre ventre, avec votre périnée. Je vous laisse imaginer la sidération et l'exultation de votre homme lorsque votre vulve s'appliquera à masser son visage, son torse, etc. Sans oublier le passage sur la verge. Un homme qui n'entonnerait pas des hymnes à la gloire de la femme au cours d'un tel massage serait un ingrat de la pire espèce.

Pour terminer votre éblouissante prestation allongez-vous à nouveau sur le corps transporté, quasiment en lévitation, de votre homme. Et roulez sur lui comme un rouleau à pâtisserie, de droite à gauche et réciproquement. Puis mettez-vous sur le dos et roulez sur lui à plat dos cette fois. Pour finir, allongez-vous à côté de lui, sur le dos et faites le basculer sur vous, qu'il vous masse de tout son poids tandis que vos bouches se mordent.

Beau dos, large dos

Comme il est large le dos de l'homme, lorsqu'il est couché sur le ventre, la tête tournée sur le côté, le bras au-dessus de celle-ci. De ses aisselles monte l'odeur mâle, encens mâtiné de matou, qui émeut tant sa compagne. Elle, de son regard, parcourt toute la surface du torse, d'une épaule à l'autre, descend par le centre vers la taille et de celle-ci ricoche sur les fesses. Fesses d'hommes, étroites, fermes, nerveuses rien qu'à voir.

Elle avance la main en direction du dos de l'homme, la pose bien à plat entre les deux omoplates, se faisant attentive à tout ce qui en émane et aux réactions de l'aimant. Elle sent l'ample respiration qui soulève les côtes et déplisse le poumon. Souffle de forge au ralenti. Paix et puissance. Elle s'apprête à cheminer à travers l'immense étendue dorsale, plaine beauceronne aux horizons lointains.

Elle remonte de la main la gouttière au centre du dos jusqu'à l'occiput. Sous ses doigts, les reliefs des vertèbres se succèdent de bas en haut. Elle gratte un peu dans la fossette occipitale puis dans les petites cuvettes de chaque côté. L'homme fait un « humm ! » de contentement. Ces fossettes sont chaudes et onctueuses. Les animaux aussi aiment bien qu'on les gratte là : ils ne bougent plus et prennent un air pensif, comme les hommes.

La femme hésite entre descendre tout droit le long de la colonne ou emprunter la courbe des muscles trapèzes. Ce sont les trapèzes qui attirent sa main. Haubans de muscles tendus de l'occiput à chaque épaule, le soir ils en ont assez de tenir la tête droite contre vents et marées. Les doigts de l'aimante passent leur pulpe légère sur eux de haut en bas puis de bas en haut, plusieurs fois. Ils font de même de l'autre côté. Puis les ongles remplacent les pulpes sur le même trajet, griffant juste pour taquiner. Mais les contractures sont telles qu'il vaut mieux masser : suivant sa courbe, la main palpe le trapèze, le pince entre pouce et doigts, le pétrit du talon de la paume pour déloger quelques crispations retranchées, quelques douleurs scellées. Ça fait mal et ça fait du bien en même temps, les haubans se détendent et bientôt le cou se croit en vacances. Ce n'est plus le poids du monde qu'il a à porter mais un ballon à jouer. L'homme soupire d'aise.

Alors la main de la femme peut emprunter la gouttière de la colonne vertébrale, cascader doucement sur ses petites bosses, glissant tantôt sur la pulpe des doigts, tantôt sur le bout des ongles. Arrivée au creux des reins, la main marque le pas. Elle sait que là, en contrebas, à la jonction entre les reins et le sillon interfessier est une zone d'une sensibilité très particulière : quand on la masse quelque peu du bout des doigts, une impression de bien-être en monte qui gagne tout l'organisme tandis qu'une envie de faire l'amour pointe le bout de son nez. C'est là qu'est la charnière autour de laquelle le corps de l'homme se plie et se déplie quand il se joint et s'articule au corps de la femme. Mais ce n'est pas présentement ce qu'ils veulent, aussi pose-t-elle simplement sa main à plat sur la charnière ; aussitôt chaleur, bien-être et paix s'installent dans le bas du dos de l'homme.

Ensuite, la main de l'aimée emprunte à nouveau, en remontant, la gouttière du dos ; mais cette fois elle va s'en échapper pour excursionner sur les côtés : sur la taille, sur les côtes. Toute sorte de figures se tracent en tous points de l'esplanade du dos : arabesques avec la pulpe ou l'ongle d'un doigt, larges caresses d'une pleine main posé à plat, rayement en râteau d'une main repliée, larges pincements en peau de lapin de la peau généreuse des flans, discrets pincements de la peau chiche des côtes ! etc.

Et voilà que les lèvres de l'aimante sont avides d'aller ensemencer ce grand plateau. La femme se courbe sur le dos révéré autant que désiré dans un mouvement de prosternation. Sa bouche se pose en un point où la colonne transparaît et appuie longuement. Puis elle gagne un autre point au-dessus, puis tous les points jusqu'au cou. De là, elle redescend en suivant ces mêmes points jusqu'à la taille, jusqu'aux reins. Ici, elle atteint avec ravissement cette charnière que la main avait déjà sollicitée. La bouche, en s'appuyant, procure le même bonheur, le même bien-être et cette même envie de plier et de déplier la colonne, comme dans le geste d'aller et de venir dans la femme. Maintenant, c'est de tout son visage qu'elle farfouille l'immense plaine dorsale, la labourant de la bouche, du nez, du front. Et voilà qu'elle se plante dans le creux axillaire ; là, excitée par les arômes du mâle, elle se lance dans de profondes inhalations pour en jouir au maximum. Plus excitée encore, elle s'en va mordre les rebords du cou de l'homme et souffler de l'air chaud dans sa chevelure. Alors, n'y tenant plus, elle se hisse vers les lèvres masculines, écrasées là-haut sur l'oreiller. Les bouches se rencontrent, les dents mordillent. Les amants se retrouvent face à face pour un dîner de bouches.

Les hommes aussi ont des fesses

Pleines, rondes, limitrophes du saint des saints – le vagin – que l'on peut aborder par l'arrière aussi bien que par l'avant, les fesses de la femme occupent toute l'avant-scène de l'érotisme et de l'esthétique. En comparaison, les fesses des hommes sont les parents pauvres, on ne les vante pas, ne les chante pas, ne les caresse pas. En plus, les hommes ne tiennent pas à ce qu'on s'y intéresse. Ça les gênerait qu'on regarde leurs fesses, qu'on en parle : ils ne sont pas des femmes, ni des homos.

La réhabilitation des fesses masculines vient des femmes : désormais, il y en a qui, depuis les terrasses des cafés, les regardent et les notent. Et même en dehors des terrasses. Et il y en a qui les caressent et qui aiment ça. Et il y a des hommes qui aiment ça, de plus en plus d'hommes.

Ces fesses-là sont fermes à voir et à palper, creusées d'un méplat sur le côté. Et nerveuses, c'est-à-dire promptes à se contracter au moindre effleurement, comme les muscles d'un étalon sous sa robe. Pour la main d'une femme, c'est attirant, c'est surprenant, c'est amusant. Elle les taquinerait bien mais ce quelque chose de sauvage qu'elles ont, rend circonspecte la main de la femme.

Il est vrai que les fesses de l'homme sont sensibles. Lui frôler fait un effet fou à son propriétaire mais il les serre aussitôt. Premièrement, il a peur de passer pour une « gonzesse ». Deuxièmement, il a des peurs d'ancien combattant : en tout homme il y a un guerrier qui veille depuis 20 000 ans ; or un guerrier a peur d'être surpris par derrière, en traître ; un guerrier a l'arrière sur le qui-vive. Ceux qui viennent par derrière, il faut s'en méfier, soit ils portent une arme cachée, soit ils dissimulent un pénis bandé prêt à effracter. Non merci.

Toi la femme tu montres patte blanche, mais quand même, laisse-moi m'habituer à toi, à l'approche de ta main.

Sa main, la femme l'a posée au sommet de la fesse masculine. Et voilà qu'elle la palpe et l'apprécie : « C'est du béton, ça ! » L'homme est rassuré. Il contracte ses fessiers un peu plus, pour confirmer. La femme resitue le contexte : « J'ai vu, tu peux te relâcher. Laisse tes muscles, écoute ta peau plutôt ». Elle avance sa main sur l'épiderme, d'abord une main bien pleine, bien appuyée, épousant les contours. C'est bon cette chair si dense, si vivante. La femme se régale. Et l'homme y prend goût, c'est bon la main de cette femme.

Celle-ci maintenant soulève un peu sa main et détache un doigt qu'elle promène en arabesques sur l'hémisphère. La peau frissonne d'aise, l'homme aussi. Le doigt en cet instant tourne de façon concentrique sur les fesses et dessine un colimaçon ou une cible. Puis il se met sur son ongle et raie doucement l'épiderme en tous sens. L'homme envahi de douceur s'abandonne. Mais voilà que la femme reprend la fesse à pleine main, la massant et la palpant. Douée entre toutes, l'aimée sait qu'il faut alterner tous les types de caresses : effleurer avec la pulpe, rayer avec l'ongle, palper à large paume, et même frôler avec le dos du poignet, etc.

Mais la bouche frémit, s'impatiente et, n'y résistant plus, elle s'abat sur l'hémisphère et lui imprime un baiser soutenu, suivi d'une pluie de bécots. Surprise, la fesse masculine se contracte soudain. « Détends-toi ! » lui dit la femme dont les lèvres glissent maintenant lentement sur la peau en long, en large et en travers. Quelques tours plus loin, elle arrête son périple pour darder une pointe de langue, puis reprend sa marche, s'interrompant régulièrement pour offrir une léchette. La langue est un peu râpeuse à la fesse, la fesse un peu rugueuse à la langue, ils vont bien ensemble.

L'homme ne sait pas encore à quelle ivresse son amie va le conduire, mais il est trop bien pour ne pas s'abandonner. Alors la femme, tout en laissant sa bouche posée sur la fesse, glisse subrepticement, une main aussi légère qu'une aile de pinson, sur le versant interne de la fesse. Cette peau est d'une extrême sensibilité. L'homme suspend son souffle. Va-t-il laisser faire ? C'est trop tard, c'est trop bon. Il est à la femme. Celle-ci descend encore un peu sa main de sorte qu'elle est l'aplomb du sillon interfessier et contacte et frôle à la fois les deux berges de la faille. Double sensation explosive. Oui, il ne lui reste qu'à se rendre aux mains de cette aimante. « Femme, fais de moi ce que tu veux ! » dit l'homme au fond de lui.

La femme a entendu ce qui n'a pas été prononcé. D'une main, elle tire une fesse d'un côté pour agrandir l'espace interfessier, de l'autre, elle entreprend un grand frôlement qui part du périnée en avant, passe dans un doux rase-mottes sur la marge de l'anus et aboutit en arrière à l'extrémité du sillon interfessier. Ses doigts sont des ailes, ses pulpes des plumes. Ils vont, ils viennent, ils virevoltent, se posent une fraction de seconde, repartent, c'est à en perdre la tête. Mais cette fois s'étant posé sur la marge de l'anus, le doigt n'en part plus et taquine durablement l'orifice ; petits mouvements de la pulpe, chatouillis mine de rien. À un moment donné, de façon tout juste perceptible, l'astre étant oint de salive ou d'une huile, le petit bout de doigt s'introduit extrêmement lentement. C'est un petit bonjour en passant. Le doigt est à peine coquin : des micromouvements pour dire son bonheur d'être reçu. L'astre, toujours surpris doit se faire à cette sensation puis se détend et apprécie l'intériorité et la force de cette caresse.

Mais il ne s'agit pas d'y séjourner, l'heure est à la fesse et plus précisément au sillon interfessier qui, ayant connu des flatteries digitales, voudrait goûter aux buccales et en particulier à celle de la langue. Celle-ci n'écoutant que son bon cœur entreprend de taquiner, lisser, lécher les versants internes des fesses, commençant par le haut et descendant progressivement jusqu'à atterrir immanquablement sur l'astre. Toujours très curieuse et insatiable, la pointe de la langue le titille subtilement puis y pénètre insolemment. L'homme n'a rien à dire, il n'a qu'à jouir, son plaisir est si fort que ses fesses tremblent, que son corps frissonne, que sa respiration halète. Alors, la femme s'allonge sur le dos de son homme, le recouvre entièrement et se met à lui mordre la nuque, à lui souffler de l'air chaud dans le cou, à lui poser des baisers brûlants dans le haut du dos et sur les épaules. L'homme sent les crins du mont de Vénus crisser sur ses fesses, les chatouiller. La femme fait rouler de plus belle son pubis sur les fesses de l'homme, tandis que ses dents vont mordre le lobe de l'oreille gauche du mâle.

Un mâle qui n'en peut plus, qui se retourne d'un bloc faisant glisser la femme sur le côté, puis l'escalade et la recouvre à son tour avidement, joyeusement. La femme sent sur elle le pénis qui a pris des allures d'Obélisque. « Du calme mon ami, il ne s'agissait que de simples caresses. »

Les royaumes de la langue

Il y a sur le corps de l'homme quelques endroits où la langue fait des merveilles. À caresses subtiles, plaisirs exquis. À offrir aux hommes raffinés qui savent le déguster. Et qui en perdront la tête.

Les oreilles

Les oreilles sont faites pour la langue et la langue pour les oreilles. Mais ne vous précipitez pas d'emblée dans le creux de la conque, le plaisir est trop vif pour un début. Commencez par le pourtour du pavillon : passez la pointe de la langue le long de son bord, côté convexe, c'est-à-dire à l'extérieur du garde-boue, faites plusieurs passages. Refaites de même le long de son rebord concave, c'est-à-dire à l'intérieur du garde-boue, faites-le plusieurs fois. Toujours de la pointe linguale allez faire une excursion sur la face externe du pavillon, dans l'interstice entre oreille et tempe ; donnez-y quelques coups de sonde de la pointe de la langue ou suivez lentement le sillon sur la ligne d'attache.

Vos pas vous mèneront forcément sur le lobule de l'oreille. Avec votre langue passez dessus, passez dessous, c'est délicieux. Avec la pointe de votre langue, amusez-vous à le balancer en avant, en arrière. Puis prenez entre vos lèvres ce morceau de choix et sucez-le : c'est une sensation irrésistible de chair tendre, flottante, fraîche. Sensation irrésistible aussi pour l'homme que des vagues de frissons submergent des pieds à la tête. L'excitation croissante de l'homme stimule l'appétit de la femme qui alors prend le lobule entre ses dents, le mordille, le machuque. L'homme se débat, la tête lui tourne, toute sa peau se couvre de chair de poule, des vagues de frissons hautes comme des immeubles s'abattent sur son corps.

« Grâce, grâce, arrête ! » supplie l'homme. N'arrêtez pas, serrez les dents sur le lobule, l'homme ne pourra pas se dégager. Demandez-lui, la bouche pleine : « Est-ce que tu aimes ? » – « Oui ! » répond-il – Vous rétorquez : « Dis : je t'aime ! » – Lui : « Je t'aime ! » – Vous : « Je t'aime fort ! » – Lui : « Je t'aime fort ! » – Vous : « Fort comment ? » – Lui : « Zut ! »

Alors, vous lâchez son lobule et au moment où il croit être quitte, vous plantez la pointe de votre langue dans le trou de sa conque, autrement dit le conduit auditif, bien au fond et vous titillez sans relâche. Il se débat, qu'importe il jouit. Farfouillez tout l'intérieur de la conque. Il redemande grâce, n'arrêtez pas. Prenez son oreille entière dans votre bouche, sucez-la, machuquez-la, entre langue et palais. Je vous laisse inventer les suites de cette tendre guerre.

N.B. : Ne faites jamais de baiser dans l'oreille, sauf extrêmement fin, ne parlez jamais dans le creux de l'oreille sauf très doucement. Le contraire pourrait infliger des douleurs très vives.

Les plis, c'est exquis

Plis des coudes, plis des poignets, plis derrière les genoux, plis sous les fesses, les plis sont des mines de plaisir. Votre homme est haltérophile. Sur ses bras et avant-bras saillent de sacrés muscles. C'est l'homme d'acier qu'un quintal d'acier n'effraie pas. Mais vous, vous savez où sont les défauts de cette cuirasse ou plutôt là où sont demeurées ses zones d'exquise sensibilité, pour son plus grand bonheur. Parmi elles, il y a les plis de ses coudes et de ses poignets déjà admirés au chapitre précédent. Voyons ici ceux derrière ses genoux et ceux sous ses fesses.

Les plis derrière les genoux

Ils présentent aussi le contraste d'une zone très sensible au centre d'un membre puissant. Qu'y a-t-il de plus fort que les colonnes qui portent le corps, le déplacent dans sa marche, le propulsent dans la course. Mais qu'y a-t-il de plus friand de frissons ? Et qu'y a-t-il de plus tentant à caresser ? Voici. Un homme qui, se reposant couché sur le ventre, offre à la vue les fameux plis des genoux. Son aimante ne peut laisser passer l'occasion de le faire frissonner.

D'une main, elle fait un premier passage sur l'arrière du membre. Elle commence par le mollet, c'est velu, c'est noueux, c'est sauvage, ça émoustille l'aimante. Elle tâte le triceps, elle passe ses doigts dans les poils. Puis elle remonte dans le creux du genou dit « creux poplité ». Quel contraste ! C'est glabre, c'est plat, c'est calme. Et ça paraît attendre. La main traverse les plis lentement, en apprécie la douceur. Les plis commencent à se réjouir, mais ils attendront bien encore un peu, il faut aussi visiter et caresser les cuisses. Fermes, hirsutes, larges, elles attirent aussi la main. Ses doigts se faufilent entre les soies, les ongles grattent entre les racines.

L'ensemble du membre reconnu, la femme revient se recueillir sur le creux poplité. Posément, lentement elle effleure les plis qui aspiraient tellement à être touchés, flattés. Des frissons passent sur ce membre comme une brise sur l'herbe des marais. L'homme soupire, la femme chantonne, tous deux se délectent. Maintenant les ongles entrent en piste, griffant tantôt subtilement, tantôt plus profondément, en tous sens. Après ces taquineries aériennes ou pointues, il est agréable de passer une pleine main arrondie, moulée sur le cylindre du membre, sur le dôme poplité et de déborder sur le pilier de la cuisse et sur le fuseau du mollet. Et de donner de ci, de là une petite pression entre pouce et grands doigts.

Il arrive toujours un moment où la bouche réclame son dû et où la peau pleure après la bouche. L'aimée se penche et pose ses lèvres sur les plis. Ceux-ci jubilent aussitôt. Au pays des muscles, au pays de la force, là est le lieu de la finesse. Le membre qui d'habitude porte et emporte, à cet instant se recueille et se laisse envahir de douceur. La femme sait son attente et le couvre de baisers. Puis, plus orfèvre encore, elle sort la langue et en touche un pli puis un autre. Agacé, l'homme se trémousse et murmure de plaisir. Pour l'apaiser quelque peu, la femme parcourt tout le membre d'une large main, le pressant, le palpant. Puis elle reprend ses insoutenables léchettes, mais l'homme s'énervant à nouveau, pour le calmer, elle promène cette fois sa bouche aux lèvres éversées selon le même trajet, en dépit des poils qui grattent les tendres muqueuses.

Alors, l'homme se retourne, pivote et saisit la femme entre ses jambes, tandis que ses bras impératifs l'attirent sur lui, comblant la femme qui, au terme de tant d'émoustillements, souhaitait ce fort corps-à-corps.

Les plis sous fesses

Entre fesses et cuisses voyez ces plis. Ils n'ont pas l'air excitants, pourtant, ce sont les plus terribles. La peau en-deçà et au-delà est d'une incroyable sensibilité. L'effleurer de l'extrême bout des doigts, met un homme comme sur un gril, si on en croit ses gigotements et ses prières d'arrêter. Il faut qu'il cesse de se défendre, qu'il se mette dans un état de réceptivité, d'acceptation, alors, il pourra profiter pleinement de ces délices, les savourer et savourer la suite. Voici que la femme porte la pointe de sa langue sur les plis et y joue de joyeuses partitions. Puis, l'aimante, d'un doigt plus ou moins innocent, suit le pli lorsqu'il descend à l'intérieur de la cuisse où, non loin, se trouvent des voisins prestigieux : le périnée avec les bourses l'avant et l'astre anal à l'arrière. Pour leur dire simplement bonjour, mais ce bonjour-là vaut le détour.

Les plis des paupières

Les paupières fermées adorent être parcourues par la langue. Soit la langue taillée très fine, passe et repasse sur leur bord cillé, sur leur convexité et dans le creux sous les sourcils. Soit la langue étalée lèche largement l'ensemble. La langue aime le contact de la peau fine de la paupière, la paupière aime la chaleur mouillée de la langue.

Chapitre III

LES CARESSES ALENTOUR

Les caresses alentour que j'appelle du « deuxième cercle » concernent les abords immédiats du pénis, c'est-à-dire tout ce qui est alentour : le bas du ventre, le pubis, les cuisses, les bourses et les testicules, le périnée, les fesses et la marge de l'anus.

Les hommes déplorent que trop de femme sautent sur leur pénis sans autre forme de préambule. Sans doute paient-ils leur réputation, de nos jours dépassée, de « ne penser qu'à ça », c'est-à-dire à leur sexe et à la façon de l'introduire dans les meilleurs délais dans le vagin de leur amie. Maintenant que les femmes osent prendre des initiatives et être actives, certaines agissent comme les hommes l'ont fait pendant des siècles : elles vont droit au but.

Et si on passait un contrat entre nous, les femmes et les hommes ? Sauf urgence commune débouchant sur un joyeux coït à la hussarde (surexcités, haletants, on se renverse, on se prend), convenons de ne pas « attaquer » d'emblée le sexe de notre partenaire, mais de toujours passer par le troisième cercle ou au moins par le deuxième. C'est de l'intérêt de chacun et son souhait aussi. Il y a à cela trente-six raisons : c'est meilleur, ça nourrit de plaisir l'ensemble du corps, ça fait circuler l'énergie des pieds à la tête, ça renforce l'excitabilité et l'intumescence des organes sexuels, ça augmente la durée de la relation charnelle, ça double le volet sexuel d'un volet sensuel auquel tous les sens participent, ça multiplie les échanges entre les partenaires et ça renforce les liens entre les amants.

Et puis un corps ne peut se réduire aux quelques centimètres carrés des organes sexuels, les êtres ont aussi un visage, un dos, des pieds… qui réclament d'être touchés, caressés, cajolés.

Ventre d'homme

Admiratif du ventre féminin, je conçois bien l'émotion d'une femme devant l'abdomen de l'homme. De forme globalement carrée, recouvert d'une toison, sous-tendu de muscles aux bords linéaires, il évoque plutôt la force et l'animalité. C'est pourquoi la femme y avance une main aussi avide que craintive, comme envers un fauve. Elle effleure prudemment la toison, tourne dessus en cercles, se laissant agréablement chatouiller la paume par les poils, mais n'ose guère descendre plus bas que l'ombilic. Belle délicatesse que l'homme apprécie. Enfin, elle pose franchement la main à hauteur d'estomac, la laisse quelques instants immobile à sentir monter la chaleur de la chair mâle, puis la promène aux alentours. Le pelage glisse sous ses doigts. Elle s'enhardit et descend jusqu'à l'ombilic qui l'émeut. Alors, elle ose explorer le ventre dans tous les sens, faufilant ses doigts entre les boucles…

À cet instant le pénis commence à se déployer. L'aimée suspend ses caresses et le regarde croître. Sa main est prise d'une lancinante envie de gagner le pubis et de saisir la verge à sa base. Mais chaque chose en son temps, il faut résister au phallocentrisme et à l'automatisme des manifestations érotiques masculines et tout goûter du deuxième cercle.

Alors, tout en surveillant l'irrésistible érection du phallus, elle reprend son périple sur l'abdomen, effleurant, griffant, pinçant la peau, palpant les muscles. Mais partout et toujours, la bouche a envie d'appréhender ce que la main vient de connaître. Voilà que l'aimée se courbe, baise l'ombilic, décoche une pointe de langue en son creux. Mais tout cela est bien trop poilu pour les tendres muqueuses de ses lèvres et de sa langue. Par contre, cette verge effrontément tendue, cette chair lisse et palpitante dressée vers son visage appelle sa bouche.

Mais il ne faut encore rien précipiter. Au contraire, il faut faire durer le plaisir des alentours. C'est le jeu, le plus merveilleux des jeux.

Pubis et cuisses de mâle

Alors sa main gagne la petite motte du pubis, socle de la colonne pénienne. Elle y joue à effleurer et à effilocher les poils, à gratter l'humus à leurs racines. Immanquablement elle frôle le pénis, mais résiste encore à le prendre à pleines mains. « Patience mon beau, mon fringuant, tu ne perds rien pour attendre. » Le fringuant a compris et s'apaise quelque peu.

Alors la femme d'une main incite l'homme à écarter largement les cuisses. Aussitôt s'offre à sa vue tout le panorama de l'intimité masculine et tout l'Éden érotique du mâle : l'intérieur des cuisses, les bourses, le périnée et au creux des fesses, l'astre anal. Un arôme aux senteurs multiples monte de ce paysage et trouble un peu plus la femme.

Dans sa main gauche l'aimante rassemble les bourses et leur précieux contenu, les testicules, et les tire doucement vers la gauche afin de dégager la face interne de la cuisse droite. Elle sait bien que la peau y est d'une finesse et d'une sensibilité exceptionnelles. Les doigts le sentent aussitôt et s'appliquent à lui offrir des caresses exemplaires : doux effleurements de pulpe, raies taquines et autres affriolances ; ils n'oublient pas de visiter le sillon entre le haut de la cuisse et les bourses, sillon particulièrement amateur – et créateur – de sensations fines.

Les fameuses bourses

De la cuisse aux bourses, il n'y a qu'un petit pas. C'est donc au tour des « valseuses » (c'est de l'argot mais l'image est élégante) d'accueillir les câlineries. La main gauche de l'aimée qui les tenait, les libère pour se saisir maintenant de la verge et la tirer vers le haut : il s'agit cette fois de dégager les bourses et de les remonter pour les bien présenter aux caresses et aux baisers. De la main droite l'aimante se met à effleurer le scrotum – la peau des bourses –, à le pincer et à le palper entre pouce et index, à le tirailler doucement. Peau très élastique, très extensible, elle se prête à tous ces jeux, sous réserve de ne pas attenter aux délicates boules, qu'elle contient.

Une idée géniale vient à l'aimante : penchant la tête, elle se met à lécher cette remarquable peau. D'abord petites léchettes, qu'elle disperse sur toute la rondeur, sans oublier – c'est très exquis – les interstices entre bourses et cuisses. Ensuite grandes lèches du plus large de la langue sur toute la surface du scrotum. Voilà quelque chose de particulièrement jubilatoire : impression très spéciale, très réjouissante, suave, râpeuse, mouillée, chaude. On sent que les testicules au fond de leur nid apprécient. Pourquoi ce bonheur instinctif ? Réminiscence d'une mémoire animale ? Tous les petits des mammifères ont eu le périnée et ses émonctoires soigneusement léchés par leur mère.... Béni soit qui bien y pense.

Le moment est venu de s'occuper des précieuses boules. Avec une extrême délicatesse. D'abord quelque chose de tout simple à faire et qui remplit l'homme de bonheur : prendre, ramasser dans une main l'ensemble bourses-testicules et les tenir fermement mais doucement. L'homme en éprouve un bien-être, une détente incroyable. Comme si ses testicules étant bien soutenus, bien réchauffés, bien protégés, bien reconnus, tout allait bien pour lui. Alors, puisque vous n'avez rien d'autre à faire pour le rendre heureux que de les tenir, tenez-les-lui tendrement.

Ensuite, l'aimante peut les masser de son mieux. Attention, faut-il le répéter, rien n'est plus sensible qu'un testicule : toute pression excessive, toute manipulation vive, a fortiori tout heurt sont extrêmement douloureux. Masser oui, mais avec des doigts de fée, comme s'il s'agissait de bulles de savon. Cela dit, n'hésitez pas à le faire : ça stimule la sécrétion des spermatozoïdes, de la testostérone et subséquemment la libido, la virilité, en un mot, l'énergie vitale. Faites rouler les testicules entre vos doigt, sans les tordre, faites-les rouler sous la paume de vos mains sans les presser. Pour être à l'aise, veillez à ce que les cuisses de votre aimant soient bien écartées.

Vos caresses seront spontanément facilitées par la contraction, sous l'effet de l'excitation, des deux groupes de muscles inhérents aux bourses : les dartos, qui ramassent le scrotum, et les crémasters, qui tirent les testicules vers le haut.

LES TESTICULES

Ce sont les glandes sexuelles de l'homme. Elles sécrètent la testostérone, hormone mâle, qui passe dans le sang et donne à l'homme sa masculinité ; et les spermatozoïdes, ou gamètes mâles, en suspension dans un liquide, le liquide séminal, qui eux gagnent les voies sexuelles : les canaux déférents, la vésicule séminale et l'urètre.

Les testicules ne se vident pas, ni ne se rétractent à l'éjaculation car le liquide séminal qu'ils sécrètent ne s'y accumule pas, mais gagne au fur et à mesure de sa sécrétion les vésicules séminales qui lui servent de réservoir. Le sperme est constitué des spermatozoïdes et du liquide dans lequel ils baignent, fait du liquide séminal sécrété en petite quantité par les testicules, auquel s'ajoute celui sécrété en quantité plus grande par la prostate et par les vésicules.

Les testicules sont contenus dans un sac de peau : « les bourses » ou « scrotum ». Cette peau est doublée de fines lames musculaires – les « dartos » – qui en se contractant ramassent et remontent les bourses et leur précieux contenu, les testicules. Les dartos se contractent sous l'effet du froid, pour mettre au chaud les bijoux ; de la peur, pour mettre à l'abri les dits « bijoux » ; de l'excitation érotique directe (par les doigts, les lèvres, la langue) ou indirecte (des titillations appliquées en tous points du corps) pour soustraire les testicules aux balancements.

Au pôle supérieur des testicules se trouve un muscle en forme de cordon qui rattache ce pôle au périnée : le crémaster. Sous les mêmes influences citées ci-dessus (le froid, la volupté, etc.), ce muscle se contracte et remonte les glandes. Voilà un fait que devraient bien noter les femmes : quand les bourses de leur amant se resserrent et que leurs testicules remontent c'est que l'éjaculation n'est pas loin. C'est un signe avant-coureur de l'éjaculation dont elles feront bon usage : se pré-

parer à l'orgasme de leur homme ou au contraire cesser de l'exciter si l'éjaculation n'est pas souhaitée. Si l'éjaculation ne se produit pas, les testicules redescendent.
Différents facteurs provoquent le relâchement des muscles dartos et crémaster et donc la redescente des testicules et le retour à la flaccidité des bourses : une baisse de volupté, la détente d'après-orgasme et la chaleur.
Les testicules sont extrêmement sensibles : toute pression, tout contact brutal provoquent une douleur. Un coup violent peut entraîner une douleur extrême et une perte de connaissance.

Les points secrets du périnée

Le périnée est l'espace compris entre la base de la verge et l'anus. Il est en partie masqué par le scrotum (la peau des bourses), qui s'y attache. Mais, les doigts le palpent bien à travers cette peau. Toute la surface du périnée est sensible et agréable à toucher, mais il faut appuyer assez fortement. Trois points sont particulièrement aimables : le point A, le point B et le point H (voir schéma).

Le point A, comme je l'ai appelé dans *Le traité des caresses*, se trouve à la face inférieure de la verge, un peu avant son implantation sur le périnée. Pour le repérer et le stimuler il faut presser nettement avec la pulpe du médius en la faisant rouler et tourner sur la profondeur. À un moment la pression déclenchera une sensation plus agréable, là est le point A. Il correspond au corps spongieux. L'intérêt de cette stimulation est de provoquer une érection ou de la renforcer.

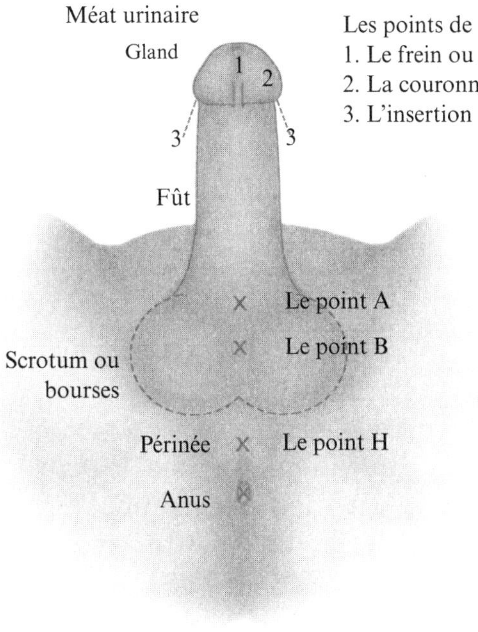

LES POINTS ÉROTIQUES DE LA VERGE

Le point B *(Le traité des caresses)* se situe un peu plus en arrière, dans la racine de la verge. Il correspond à l'extrémité interne du corps spongieux, là où il s'ancre dans le périnée. Pour l'exciter, il faut appuyer avec la pulpe d'un ou de deux doigts, fermement et par petits coups comme sur un bouton de sonnette ; ou bien faire rouler les doigts sur la racine qu'on sent saillir ; cette stimulation tient plus du massage que de la caresse. Elle provoque également un renforcement de l'érection.

Encore plus en arrière, à mi-distance entre la base de la verge et l'anus est une zone plus intéressante encore. On l'appelle « le point G de l'homme », ou « le point P » (P comme prostate) ou « le point H » (H comme homme selon une proposition de Brigitte Lahaie). Comment la femme peut-elle repérer ce point et le caresser ?

Le point H

Qu'elle vise le milieu de la distance entre l'implantation du pénis et l'orifice anal ; là, qu'elle palpe franchement et profondément le périnée avec la pulpe de son médius soutenu par son index – c'est aussi un vrai massage. Elle y rencontrera une petite zone, dépressible, autrement dit un petit creux. Elle se fera très attentive aux réactions de l'homme ; celui-ci se mettra à l'écoute fine de ses sensations et sera prêt à les manifester lisiblement. Au moindre petit « tilt » de l'homme, la femme saura qu'elle est sur le bon point. A l'avenir, ça sera plus facile car plus il aura été stimulé, plus le point sera chatouilleux. Pour l'instant, que la femme entreprenne d'exciter le point qu'elle a décelé en y exerçant toutes sortes de pression : pressions alternées en intensité (les unes fortes, les autres plus subtiles), pressions alternées en extensives (pressions ponctuelles sur place, pressions en petits cercles). Quand ses doigts fatiguent, elle peut les relayer par la paume de la main, voire par le poing, avec souplesse toutefois. Elle réglera ses gestes en se fiant aux expressions de son homme et à sa propre intuition.

La stimulation est très agréable. Elle peut même, après beaucoup d'entraînement et en associant d'autres stimulations (comme nous allons le voir) procurer des orgasmes. Pourquoi ? Parce que la prostate se trouve un peu au-dessus, à la verticale et que cette glande a une chair sensible et est pourvue d'un potentiel orgasmique. La difficulté est, qu'entre votre main et la glande il y a une bonne épaisseur de tissu (la peau assez épaisse et un tressage de muscles qui constitue le fond du bassin). La solution : appuyer très fort, comme du reste vous l'avez fait. On a pu dire que ce geste était un massage indirect de la prostate.

Au diable l'avarice : à ces caresses du point H, l'aimante pourra associer d'autres caresses qui amplifieront les joies de son homme, le propulsant dans l'allégresse. En effet, et comme toujours en matière de volupté, un plus un n'égale pas deux mais égale dix. Les plaisirs ne s'additionnent pas mais se multiplient. Bienheureuse arithmétique de l'érotisme et de l'amour. La femme associera par exemple une caresse-massage du point A ou du point B. Ou bien encore une caresse de la zone anale. Mais bien sûr c'est en associant une stimulation du pénis qu'elle procurera à son homme le plus extrême plaisir.

De ce pénis, qu'elle fasse ce qu'elle veut, qu'elle le prenne en main, qu'elle le prenne en bouche mais toujours elle devra s'efforcer de coordonner les stimulations du pénis avec celles du point H, et cela sur un rythme plutôt lent. Cette association est particulièrement recommandée pour les hommes débutants, le plaisir ressenti au niveau du pénis renforçant les sensations ressenties au niveau du point H. En tout cas il ne faut pas mener l'excitation pénienne jusqu'à l'éjaculation, sinon en vertu de la phase réfractaire, le pénis se met au repos et c'en est fini du travail d'association entre point H et pénis. Il faut donc arrêter la stimulation de la verge au point d'imminence de l'éjaculation, avant le point de non-retour, et ne la reprendre que le danger passé. Ce qu'il faut, c'est maintenir l'excitation pénienne à son stade en plateau pour qu'elle soutienne l'excitabilité du point H. À la longue, celui-ci se montrera de plus en plus excitable jusqu'au jour où il révélera son potentiel orgasmique. Patience, constance, écoute de son corps, écoute de celui de son partenaire et un jour mon orgasme viendra… et se répétera, car cet orgasme sec a la faculté de se renouveler.

Ajoutons que pour vous femmes, le « travail » sur le point H vous donne l'occasion d'offrir beaucoup de plaisir à votre aimé et de l'avoir à votre merci : entièrement remis à vous, tout jouissant entre vos mains, vous en êtes le maître : avant l'orgasme, il vous supplie de ne pas arrêter, à l'orgasme, il hurle que vous pouvez faire de lui ce que vous voulez. N'en abusez pas !

Pour les Orientaux, le périnée était le siège du Chakra de base, ou premier Chakra. Ils le situaient en arrière, juste devant l'anus. C'est lui qui détenait la plus forte énergie. Pour le stimuler, les tantrikas utilisaient, entre autres, une balle de bois sur laquelle ils s'asseyaient. En revanche, quand ils voulaient se relaxer, c'est un massage du périnée qu'ils pratiquaient. Il est vérifié que ces massages procurent une profonde détente.

Des fesses à l'astre

Puisque vous êtes dans la région périnéale, n'hésitez pas à faire un détour vers l'arrière-pays. Un détour soft comportant quelques menues réjouissances. L'homme étant toujours allongé sur le dos, cuisses écartées largement et pliées, vous pouvez aller de la main palper ses fessiers, les effleurer d'une pulpe douce, les griffant d'un ongle superficiel.

Insensiblement vous abordez l'étroite vallée qui mène à la marge de l'anus. Ici la peau est sensible et toujours prête à délivrer des bonheurs de sensations. Il suffit que vous la titilliez de l'extrémité d'un doigt pour faire réagir votre homme. Il aime beaucoup, mais comme il a toujours peur de passer pour un homo, il proteste. « Laisse faire, mon chéri, les mâles ont le droit d'aimer ça. » Il était prêt à serrer les fesses mais il vous a entendue et il se détend. Du coup, il apprécie : c'est vrai que c'est chatouilleux et même plus.

Alors, subrepticement, vous descendez sur l'astre anal. Fait de fins plis radiaires correspondant aux plissements de la peau resserrée par le sphincter comme par les cordons d'une bourse, l'orifice anal ressemble à un astre. Arrivée sur les rayons vous faites des petits signes avec la pulpe d'un doigt. Si votre homme paraît toujours apprécier, offrez-lui le grand cadeau : après lui avoir fait un gros baiser sur chaque fesse, vous allez poser votre bouche à l'horizontal de l'anus, de vos deux mains vous écartez les fesses et vous décochez une langue effilée en direction de l'astre. L'homme se tend, c'est un peu fort pour lui, un peu gonflé de votre part. Mais il se relâche et alors, vous jouez du bout de votre langue sur tous les rayons astraux. Il ne peut plus rien, il est suffoqué, il râle mais de plaisir.

Mais ce n'était pas votre dernier mot. Tandis qu'elle léchotte l'orifice, votre langue y laisse de la salive. Alors, vous glissez une main dans l'interfesse, vous en détachez un doigt que vous dirigez vers la marge de l'anus et, tout en continuant de lécher, vous introduisez un doigt dans le canal anal, très très lentement, à la vitesse d'un millimètre par heure (j'exagère). C'est comme un tour de prestidigitation ; votre amoureux, c'est à peine s'il l'a remarqué. Une fois qu'il est serti dans le canal, arrêtez votre doigt sans même pousser dans l'ampoule rectale. Maintenant, votre homme a bien conscience de la présence de votre doigt et il en ressent un plaisir nouveau, insolite, solide, qui retentit jusqu'à son pénis.

Son pénis, justement, vous y retournez, pour conclure la séquence, tout en maintenant votre doigt dans l'anus. Et vous constatez que les bontés que vous offrez à l'avant sont amplifiées par celles que vous délivrez à l'arrière. Ainsi, se vérifie encore la loi de la multiplication des joies.

Entendez votre aimant qui vous rend grâce. Demain ou après-demain c'est lui qui vous mènera de caresse en caresse sur les chemins lumineux du bonheur des sens.

Chapitre IV

LE PÉNIS : UN CHEF-D'ŒUVRE

Avant de passer aux caresses du pénis, un petit détour anatomique n'est pas inutile. Le pénis n'est que la partie visible du système sexuel de l'homme qui comprend par ailleurs les testicules blottis dans les bourses, les canaux déférents, la prostate, les vésicules séminales et l'urètre prostatique. Le pénis est constitué de trois parties : la hampe ou fût, la base ou racine, et le gland.

Avant de détailler cette anatomie, décrivons la silhouette du pénis vue de l'extérieur : de profil elle est concave vers le haut autrement dit, il rebique un peu vers le haut dans un galant mouvement d'ajustement à l'orifice du vagin et à sa courbure. Vue d'en haut, c'est-à-dire du point de vue de son propriétaire, le pénis est légèrement incurvé vers la gauche.

La hampe

Elle est comprise entre la base et le gland. Elle représente les deux tiers du pénis. Elle contient trois « corps érectiles », des tubes qui en se gorgeant de sang deviennent fermes et rigides : deux « corps caverneux » et un « corps spongieux ». Les deux corps caverneux se situent au-dessus et s'alignent parallèlement l'un à l'autre comme les canons d'un fusil à deux coups (comparaison inspirée par la justesse de l'image et non par je ne sais quel esprit guerrier), le corps spongieux se loge en dessous et s'aligne parallèlement aux corps caverneux ; en son centre est l'urètre.

Ces trois corps érectiles sont faits de tissus érectiles. Nous verrons dans le paragraphe « érection » comment cela fonctionne.

La base

Elle se situe dans le périnée, cet espace entre pubis et anus qui constitue en quelque sorte le fond du bassin. C'est-à-dire qu'elle est invisible. Elle représente le tiers du pénis, véritable racine de celui-ci, elle s'insère sur les muscles abdominaux en haut et sur l'os du pubis en bas. Cette insertion est très solide. Invisible, la racine n'est pas impalpable ; en pressant avec la pulpe des doigts le périnée, à travers la peau des bourses, on sent un renflement longitudinal : c'est l'extrémité postérieure du corps spongieux. C'est du reste une zone érogène, dite « point A » (voir chapitre III).

Le gland

Il est fait du renflement du corps spongieux. C'est donc aussi un corps érectile ; il est toutefois moins dur que les corps de la hampe, il est même élastique. La nature l'a voulu ainsi pour offrir à la femme un contact plus sympathique.

Le revêtement du gland est constitué d'une muqueuse c'est-à-dire un tissu fin et non d'une peau ordinaire, kératinisée, ce qui explique sa couleur rouge – le sang affleurant est visible – et son extrême sensibilité – ses capteurs sensitifs affleurant aussi sont presque à nu. Parmi ces capteurs figurent en tête les fameux corpuscules de la volupté, les corpuscules de Krausse. C'est le seul endroit du corps qui en possède, au même titre que le clitoris. Ils sont au nombre de 8 000. La couronne du gland – ce bourrelet circulaire qui saille à sa base – et le frein – ce « filet » qui, à la face inférieure du pénis se tend entre gland et fût – sont particulièrement riches en corpuscules voluptueux, ce qui les rend d'une exquise sensibilité. La moindre stimulation avec les doigts ou avec la bouche provoque chez le mâle un plaisir extrême.

Le prépuce

C'est le repli de la peau, ce capuchon qui recouvre et protège le gland. Il arrive que sous lui des sécrétions stagnent et favorisent des infections : infections locales de la peau du gland, infections remontantes des voies urinaires et infections de type IST (infections sexuellement transmissibles). Il arrive aussi que des adhérences s'installent à ce niveau. Il arrive enfin que le prépuce se resserre à son extrémité, rendant le décalottage et donc le nettoyage impossibles : c'est le phimosis. Une opération est nécessaire – une posthectomie – qui consiste en l'ablation du bord libre du prépuce, en veillant à laisser assez de peau pour que le gland soit toujours abrité.

Certaines religions, comme le judaïsme et l'islam, ordonnent l'ablation de la totalité du prépuce : c'est la circoncision. C'est une prescription contenue dans les textes sacrés. On la justifie aussi par des raisons hygiéniques. Mais, nous venons de le voir, il suffit pour prévenir les infections et les adhérences de pratiquer régulièrement le retroussement et le lavage.

L'ÉRECTION

Le principe de base de l'érection est simple : il s'agit de remplir d'un liquide sous pression – le sang – un tuyau clos – le pénis – fait de tissus érectiles, un tissu érectile étant un tissu vasculaire apte à se gorger du sang. En vérité, la réalisation d'une érection est un phénomène extrêmement complexe, subtile et admirable.

« Spongieux », le nom même des corps érectiles livre un premier enseignement : l'un de ces corps est structuré comme une éponge, c'est-à-dire fait d'alvéoles ; appelés « caverneux », les deux autres corps sont faits de petites cavernes. Alvéoles et cavernes sont des cavités, ainsi les deux sortes de corps ont la même structure : ce sont des accumulations de minicavités ou petits sacs de l'ordre de 3 millimètres ; il y en a des centaines de mille.

Chaque minicavité est pourvue d'une miniartère qui lui apporte le sang, et d'une miniveine qui l'évacue. Quand une excitation se produit, la miniartère se dilate et son débit augmente mais la miniveine se ferme interdisant au sang de sortir. Résultat : le sang est coincé, trappé dans la minicavité qui se met à gonfler ; mais ce gonflement est limité par l'enveloppe rigide qui entoure le pénis – l'albuginée. Donc le sang afflue mais comme la cavité ne peut plus s'expanser, sa pression augmente et accroît la raideur du tissu érectile. C'est le principe de la chambre à air et du pneu qui l'entoure : si on gonfle la chambre à air, mais que son expansion est contenue dans le pneu, la pression et la dureté de l'ensemble vont croître. CQFD.

Il faut savoir (car ce sera la base du traitement des impuissances par le « Viagra et consorts », que la membrane qui tapisse les minicavités – l'endothélium – sécrète du monoxyde d'azote (NO) et que c'est une substance qui crée la vasodilatation des miniartères et des minicavités en provoquant le relâchement des fibres musculaires lisses des vaisseaux.

Un système autonome

L'érection est gérée par « le système nerveux autonome » fait du « système sympathique » et du « système parasympathique ». Le sympathique commande la flaccidité : il détermine la vasoconstriction de l'artériole afférente à la cavité, ce qui réduit le sang contenu dans celle-ci et la dégonfle ; le médiateur chimique du sympathique est la noradrénaline, notez-le bien. Le parasympathique commande l'érection : il détermine la vasodilatation de l'artériole qui se rend à la cavité, ce qui accroît l'afflux de sang dans celle-ci et la gonfle ; le médiateur chimique du parasympathique est l'acétylcholine.

En dehors de l'excitation, le sympathique l'emporte, il existe un tonus sympathique permanent qui maintient les minicavités flasques (et donc la verge molle). En cas d'excitation, les stimulations sexuelles éteignent le tonus sympathique et c'est la parasympathique qui prend le dessus entraînant la turgescence des minicavités (et donc de la verge).

La peur, le stress, le froid provoquent une sécrétion d'adrénaline – médiateur chimique du sympathique – par les glandes surrénales, ce qui rend l'érection impossible.

La volonté ne peut commander à l'érection, phénomène entièrement placé sous la gouverne automatique du système nerveux autonome.

Qu'est-ce qui fait bander ?

Il existe d'innombrables circonstances qui provoquent l'érection. La plus évidente consiste à appliquer un stimulus sur la verge (caresse du 1er cercle) et spécialement sur les points les plus sensibles du gland : le frein et la couronne.

Mais l'érection peut s'obtenir aussi en stimulant tous les points du corps (caresses du deuxième et du troisième cercle). On sait qu'étreindre une femme ou même simplement lui prendre la main peut faire ériger le pénis. Bandant dès qu'on le touche, l'homme a toujours promptement envie de faire l'amour même si sa partenaire ne l'envisage pas. C'est à l'homme, sachant que son érection est un réflexe automatique, à ne pas lui donner suite automatiquement.

Dans l'espace du troisième cercle, un contact est particulièrement érogène, c'est le baiser de bouche à bouche. Ici, l'excitation est toujours au rendez-vous, comme elle l'est aussi, du reste, chez la femme que le baiser fait mouiller.

Tous les sens de l'homme, quand ils sont stimulés, peuvent mettre le pénis en goguette : la vue d'une femme en chair ou en image, nue ou pas, montrée dans sa totalité ou en partie, a le pouvoir de déclencher une érection ; ainsi que les revues avec photos dites « de charme », les films pornos et les femmes qui s'effeuillent. Oui, les hommes sont des « visuels ».

La voix d'une femme peut aussi avoir un effet excitant, spécialement la voix de la femme désirée, ou la voix qui prend une intonation dite « chaude » ; voix plutôt lente, un peu grave, presque chuchotée, évoquant l'intimité, ses confidences, son plaisir.

Enfin, l'odeur d'une femme est tout à fait capable d'engendrer une bandaison aussi surprenante que subreptice. Les phéromones émises par une dame depuis ses multiples sites atteignant les narines de l'homme vont culbuter son cerveau archaïque à son insu. Et voilà le mâle soudain euphorique et bandant. Nous savons que les molécules odoriférantes sont les messagères les plus primitives et efficaces du désir : elles réveillent en lui son passé lointain d'animal préhistorique puis de chasseur préhistorique qui lui succéda.

Il y a même des cas où l'homme n'a nul besoin de ses sens (toucher, sentir etc.) pour avoir une érection, il lui suffit de se remémorer, d'imaginer, de rêver, de fantasmer. Cette érection est purement psychogène. On retrouve ici le triomphe de l'image car c'est bien des images qui nous reviennent ou qu'on fantasme, pas des odeurs ou des voix.

Plus étonnantes encore sont les érections nocturnes, qui surviennent de préférence en fin de nuit et qu'on appelle « réveil triomphal ».

Chapitre V

COMMENT CARESSER LE PÉNIS

Le pénis a certes un rôle actif, rôle mécanique de bélier, destiné à pénétrer dans le vagin et à y exécuter des va-et-vient pour son plus grand plaisir et celui de sa compagne, mais il a aussi un rôle passif que je préfère appeler « réceptif » : accueillir et apprécier, ô combien, toutes les caresses qu'on pourrait lui prodiguer. C'est un organe très sensible et je ne parle pas seulement ici de sa sensibilité érotique mais aussi de son émotivité. Le caresser bien ne lui suffit pas, il faut l'aimer et même l'adorer.

N'hésitez pas à l'admirer

Adorer le pénis ? Oui, mais pas comme les hommes phallocrates l'exigeaient, c'est-à-dire en tant que phallus symbole de leur supériorité (alléguée) et de leur domination, en ces temps où ils s'étaient emparés du pouvoir et où ils avaient soumis la femme. L'adorer comme on peut le faire maintenant que nous sortons du patriarcat et de la guerre des sexes. Comme l'homme aimant le fait de la vulve. De nos jours, l'adoration de la femme porte sur le pénis comme emblème de l'autre pôle de l'Humanité qui est son complément, qui fait avec elle l'éternité de l'espèce et avec qui elle souhaite vivre en harmonie ; c'est le pénis comme signe particulier de l'être masculin avec qui elle connaît (et lui avec elle) le meilleur de ses bonheurs ; c'est le pénis comme attribut du mâle grâce auquel elle obtient les plus fous de ses plaisirs ; et aussi par l'apport de son gamète, la splendide tâche de perpétuer l'espèce. Adoration à charge de réciprocité, dans une parfaite égalité et dans un mutuel respect et une mutuelle reconnaissance. Avec tendresse.

Dans ce nouveau contexte adorer le pénis n'est nullement s'abaisser mais s'élever et élever la sexualité au niveau d'une relation admirable. Si un jour, emportée par l'amour et la volupté, vous déclarez : « Ô beau et fier pénis, symbole de l'homme, expression de toute la masculinité du monde, artisan de mon plaisir et de mon bonheur, je te rends hommage ! », eh bien, ce jour-là, vous vous grandirez. En plus, vous rassurerez l'homme car, de même que la femme ne veut plus être un objet sexuel, l'homme répugne à le devenir comme certaines amazones le lui font craindre.

Et puis vous savez bien, Mesdames, que le pénis, surtout le pénis qui vous aime et vous respecte, est vulnérable. Oui, le pénis est fragile. Alors n'hésitez pas à le complimenter, à l'admirer ; cette attitude humaine est aussi une attitude intelligente car, mis en confiance, le pénis vous le rendra au centuple. En tout cas, parler à son zizi, le bichonner, le flatter, le bécoter par simple tendresse fera fondre le cœur de votre homme en lui montrant qu'il n'est pas fait que pour bander. Et ça l'incitera à faire de même envers vous et votre « chatte » qui n'êtes pas faites que pour recevoir la bandaison.

Reste pour vous à apprendre les meilleurs gestes érotiques, les meilleures caresses à offrir à votre homme et à son pénis, comme vous aimeriez qu'il fasse pour vous et votre sexe.

D'abord assurez-vous de la verge : prenez le fût à pleine main, une main gourmande et fervente, tenez-le verticalement, tirez doucement la peau vers le bas pour dégager le gland de sa capuche prépuciale.

Le clitoris de l'homme

Il est une zone chez l'homme qui a l'exquise sensibilité du clitoris, c'est le frein du gland, ce petit « filet » tendu sous la verge, entre le bourrelet de la « cerise » et la hampe ; il est bourré de corpuscules de volupté de Krause comme l'est le bouton féminin et, comme lui, il est à peine touchable, surtout après quelque temps d'excitation.

D'abord, exposez-le bien en retroussant le prépuce et en le tirant vers le bas puis à vous de réaliser le chef-d'œuvre. Allez-y subtilement comme vous souhaiteriez que votre homme aborde votre clitoris. Mouillez la pulpe de votre index ou de votre médius et posez-le sur le filet. Ce simple contact procure une sensation extrêmement fine et extrêmement forte à la fois. Puis déplacez légèrement votre doigt ; de toute façon, l'étroitesse de la zone ne permet pas une grande amplitude. Faites des petits allers et retours dans l'axe du filet puis décrivez des mini-cercles. Alors, vous entendrez votre homme entamer quelques murmures de contentement qui iront très vite crescendo. Continuez sans vous presser de passer à autre chose ; il n'y a pas d'autre but que de faire durer le plaisir, là ou vous êtes.

Vous désirez maintenant faire gravir un degré de plus aux délices de votre aimé. Son filet étant maintenant rendu encore plus sensible, portez-y la langue. Qu'elle le léchotte lentement, longuement. Puis que sa pointe le titille, le taquine sur un rythme plus rapide. Puis, qu'elle alterne léchottes lentes et titillations rapides. Ensuite, que votre langue s'élargisse et lèche carrément et avec gourmandise le filet et la partie du gland qui le borde. Faites comme vous feriez à une boule de glace. N'oubliez pas de faire « Hum ! Hum ! » en dégustant. Alors, les murmures de votre homme monteront d'un cran encore et bientôt ses mains saisiront fébrilement la partie de vous qu'elles rencontreront : votre cuisse, votre hanche, votre taille, que sais-je, et en grifferont la peau ou y incrusteront leurs ongles.

Votre langue en œuvrant joyeusement et inlassablement a mis votre homme au supplice. Le bienheureux ne sait plus où il est. Ce qu'il ressent est à la fois plaisir aigu et douleur exquise. Bien entendu vos œuvres ont tendu son pénis comme la corde d'un arc et fait grimper son désir au zénith au point qu'il trépigne de vous pénétrer et vous le demande – « Por favor ».

Voilà donc que vous avez mis votre homme dans un état de belle exaltation en vous consacrant à cette terrible zone qu'est le frein. Il est bon de faire un break. Allongez-vous à côté de lui, ou mieux, sur lui. Vous sentez avec délices la tige dure et brûlante de son pénis s'imprimer sur votre ventre tandis que votre ventre apaise quelque peu le pénis en lui offrant une large pression. Puisque vous êtes grimpée sur votre homme, allez donner à ses lèvres un long et capiteux baiser, suivi d'une grêle de petits baisers sur sa frimousse. Vous lui susurrez d'une voie langoureuse, chaude et grave, venue du fond de votre gorge, des mots d'amour, des compliments. Tout cela par pur amour, par pure tendresse, mais aussi pour diffuser le plaisir et la tension de son sexe dans tout son corps.

Et vous retournez au pénis qui a un peu retrouvé ses esprits.

La couronne du bonheur

Alors vous entamez la seconde phase du merveilleux supplice : du frein à la couronne du gland, il n'y a qu'un pas, sautez-le. Si l'érection était un peu détendue, quelques petites léchettes sur le frein la relanceront sans délai. Le gland se rengorgeant comme un rouge-gorge en parade amoureuse, sa couronne – le pourtour de sa base – se surélève et saille nettement. C'est alors qu'il vous fait devenir orfèvre pour en tirer mille éclats de plaisir.

Suivez le plus saillant de l'arrondi d'une pulpe digitale mouillée et légère. Légère comme s'il s'agissait d'une bulle de savon. C'est un exercice subtil et passionnant qui réclame beaucoup d'amour et d'attention. Trop aérienne, la pression n'offrirait qu'un plaisir limité, trop forte elle pourrait provoquer un « plaisir douloureux ». Tournez donc votre doigt en écoutant les murmures de votre homme et en observant ses réactions – mouvements, mimiques, etc. Tournez lentement, tournez consciencieusement, tournez artistiquement. Faites du bon boulot comme vous aimeriez que votre ami fasse sur votre sexe. Évitez les ruptures de contact d'avec la ligne de crête. Ou bien, délibérément, faites des petits contacts en pointillés, en saut de puce.

Maintenant vous pouvez descendre de la crête pour aborder la zone intermédiaire entre la couronne du gland et le fût, zone où s'insère le prépuce. C'est à peine moins sensible, mais encore exquis et d'une tonalité intéressante de chair à cru ; que la pulpe de votre doigt en fasse et refasse le tour avec la même subtilité et une pression un peu plus appuyée. Elle peut aussi y faire des petites touches comme des pas de moineaux. Puis revenez à la couronne. Puis retournez à la zone d'attache du prépuce. Et ainsi de suite. Effleurez, sautillez, c'est le plaisir qui manque le moins. Voyez votre aimant : il est aux anges. Mais ce n'est rien encore ! Désormais c'est votre langue que vous allez charger d'une mission aussi délicate que terrible, véritable mise à la question : faire avec sa pointe sur la couronne, sur la crête précisément, ce que le pulpe du doigt avait fait, c'est-à-dire des tours, des retours, des sauts de puce... Déjà votre homme s'affole, mais ce n'est rien encore, je le répète.

Maintenant le plus pointu de votre langue va faire un véritable travail de joaillerie : elle va s'insinuer dans le très étroit espace entre les contreforts de la couronne et l'insertion du prépuce sur le fût. Au-dessus le versant à pic du bourrelet, au-dessous l'attache de la capuche, entre deux une peau à vif où affleurent sang et nerfs, une zone lagunaire où gîtent des myriades de plaisirs prêts à surgir. C'est d'ailleurs ce qui se passe : à peine la pointe de votre langue l'a-t-elle effleuré avec la prudence d'un écolo s'avançant dans une zone de nidification que des vols de voluptés s'en détachent. Affolement chez votre homme. Mais ce n'est toujours rien, je le rerépète.

Cette fois, au sommet de votre talent, de l'extrême pointe de votre langue vous allez ciseler une caresse digne de la guilde des diamantaires d'Amsterdam : votre langue, telle une fine guignette, va suivre le rebord abrupt et vertical de la couronne, côté fût, autrement dit va suivre le versant à pic lui-même. Les oiseaux qui alors prennent leur envol sont des oiseaux de feu. Aussi votre aimé, la tête remplie de battements d'ailes et de flammes, quitte la terre. Non sans laisser ici-bas les échos d'une musique dont on ne saurait dire si elle est mélodie ou complainte.

Ainsi fut fait

Sur le fût ou hampe, c'est la face inférieure qui est la plus sensible, en particulier le long de la ligne allant du frein du gland à la base d'insertion sur le périnée, ou racine, ligne qui d'ailleurs se marque sur la peau.

Vous qui aimez cet homme, commencez par le régaler avec des caresses de vos doigts, jouant de l'effleurement ou du griffement léger d'abord. Mais c'est en profondeur que vous éveillerez des plaisirs plus conséquents en appuyant nettement par petites touches le long de la ligne suscitée : chaque pression ponctuelle émet une note plaisante. C'est un peu comme si votre main, en parcourant le pénis, parcourait une flûte traversière. En vérité ce que rencontrent vos doigts c'est le corps spongieux, ce corps érectile qui s'aligne à la face inférieure du pénis. Pas étonnant que ça fasse du bien. Notez que parmi les touches pressées l'une correspond au point A décrit dans le chapitre III.

En prenant le relais de vos doigts, votre bouche courant le long de la face inférieure du pénis donnera mieux encore l'image d'une joueuse de flûte traversière : vos lèvres éversées et humides vont et viennent d'un bout à l'autre du rigide organe laissant des sillages de douces sensations. La langue, à son tour, de sa pointe ou de son plat saura se régaler le long du fût et régaler le fût.

Pour élever plus encore le niveau de vos connaissances allez donc piquer quelques idées dans le chapitre sur la masturbation (voir chapitre V).

Cours de branle

« Branler », dit le dictionnaire, c'est « mettre en mouvement, agiter, remuer » ; mais il ne cite pas la masturbation. Pourtant « branler » et « se branler » sont des termes consacrés et irremplaçables. Comme substantif correspondant, je retiendrai le « branle » car il est juste et joli ; du reste le « branle » était autrefois une danse où le danseur guidait les autres.

La grande plainte des hommes est que les femmes ne pensent pas, pas assez souvent, à leur faire le cadeau d'un branle. Et quand elles le font, elles le font mal. Leurs mains par exemple ne sont pas assez fermes, comme si elles avaient peur de faire mal. Ou au contraire trop brutales parce qu'à voir l'homme se servir de son pénis, on le croirait en acier trempé. À leur décharge, il faut dire que les femmes ne peuvent savoir bien user d'un organe qu'elles n'ont pas, de même que les hommes ne savent pas bien stimuler le clitoris dont ils sont dépourvus.

Avant même de se mettre à l'art du branle que les femmes demandent à leur homme de leur faire une démonstration en se masturbant devant elles et en commentant, comme j'ai, dans un autre ouvrage, conseillé aux femmes de s'autocaresser le clitoris devant leur homme pour leur apprendre l'usage du sacré bouton.

Tout geste érotique relève de l'art. Il faut chercher à offrir l'optimum à son (sa) partenaire et pour cela être attentif et s'appliquer. Bâcler est un manque de respect et d'amour. Bien faire est au contraire signe d'amour.

Vous voilà à pied d'œuvre. Si le pénis n'est pas droit comme la colonne Vendôme, stimulez-le par les adorables caresses ou les jolies léchettes précédemment décrites et il se raffermira ; ensuite les premiers mouvements de branle lui rendront toute sa prestance. Vous pouvez réaliser soit un manchon avec votre paume et vos doigts repliés, soit un anneau avec votre pouce et votre index replié. Faites alors glisser le manchon ou cet anneau le long du pénis de haut en bas et de bas en haut. En haut dépassez un peu la couronne, en bas, arrêtez vous au milieu du fût ; mais vous pouvez augmenter l'amplitude de vos mouvements par moments et descendre jusqu'à la base du pénis. Chaque fois que votre main descend elle entraîne vers le bas le prépuce, ce qui dégage le gland qui alors jaillit superbe, gorgé, renflé, rouge écarlate, véritable boule de feu.

Concrètement, ce mouvement de coulissement consiste à faire glisser la peau de la verge sur le gland en haut et en bas sur les corps érectiles sous-jacents (les deux corps caverneux au-dessus et le corps spongieux en dessous), corps intumescents et tendus que vous sentez de plus en plus brûlants et durs. Prenez garde à ne pas faire mal.

Quand votre main descend, elle entraîne avec elle le prépuce et en fin de course le frein – qui rattache le gland au fût – est étiré et si vous y allez trop fort, cela peut créer une douleur voire une déchirure au niveau du filet. Que vos yeux veillent à ce que le frein ne soit pas trop étiré et que vos oreilles guettent une plainte éventuelle de votre ami.

Quand votre main remonte, il arrive qu'elle laisse la peau du prépuce sur le fût et coulisse dès lors à nu sur le gland ; cette friction avec une main sèche d'un gland nu et sec également, peut être désagréable voire douloureuse. Veillez donc à ce que votre main ne lâche pas le prépuce sur le fût, mais au contraire qu'elle le remonte avec elle sur le gland afin que le frottement de celui-ci se fasse toujours à travers le prépuce. Si le prépuce est trop court (plus court que le gland) ou absent (circoncision), utilisez un lubrifiant pour favoriser le coulissement : huile d'amande douce, pommade de vaseline ou certaines huiles ou pommades spéciales sexe (Piment Rose : http ://www :pimentrose.biz BP 27, 06650 Le Rouret). Versez une once dans le creux de la main. Faute de lubrifiant, la salive dépanne.

Le branle peut se donner sans l'intention de provoquer l'éjaculation, comme une simple caresse ; dans ce cas les mouvements doivent être plus doux et plus lents et la femme vigilante aux signes d'imminence de l'éjaculation afin de s'arrêter à temps. Si l'intention est de faire éjaculer, c'est-à-dire de provoquer un orgasme, les mouvements seront plus énergiques et plus rapides ; toutefois la femme ne doit pas forcément conduire d'un seul élan et du premier coup son mâle à l'éjaculation, elle peut s'arrêter à la première phase de l'imminence, qui est en soi un plaisir intense, laisser passer le « danger » et reprendre le branle. Intérêt : offrir à l'homme plusieurs phases exquises d'imminence et faire monter son excitation en sorte que, quand se sera le bon coup, le plaisir de l'éjaculation soit considérablement accru.

Précisions « techniques » ou le secret de l'art

Quelle position pour la pulpe des doigts ? Quand votre main se place en manchon autour de la verge vous pouvez choisir de positionner vos pulpes digitales de façon à appuyer, c'est-à-dire à exciter, tel ou tel point sensible : sur le frein, sur le côté de la couronne, sur le dessus de la hampe, sur ses flancs, sur son dessus… changez de points alternativement.

Quelle pression appliquer ? Elle ne doit être ni trop forte, ni trop molle. Ferme voire vigoureuse mais mesurée. Demandez à votre homme si vous faites bien et priez-le de vous guider de la voix ou mieux de la main, sa main posée sur la vôtre. Si le but recherché est l'éjaculation, la pression peut être un peu plus forte, surtout au passage sur la couronne et un peu plus à l'approche de l'orgasme, sans toutefois étrangler le pénis.

Quelle amplitude donner ? Tout est possible : la course brève s'arrêtant à mi-fût et la course longue allant jusqu'à la racine, jusqu'au pubis. Si le but est la caresse, le massage, c'est la course longue qui est préférable, d'autant que sur la hampe sont des points jouissifs très bandants mais non aigus à en éjaculer. Si c'est l'orgasme qui est visé la course courte centrée sur les points exquis de la couronne est plus efficace.

Quelle vitesse ? Si le but est l'éjaculation le rythme sera progressif : d'abord lent puis, lorsque l'homme manifeste un plaisir plus intense – ses gémissements, ses gigotements et sa respiration en témoignent- il faut accélérer les mouvements et quand l'orgasme s'annonce, c'est-à-dire quand son plaisir semble atteindre une intensité majeure, il faut accélérer encore un peu, sans toutefois se déchaîner. Pour le projeter dans l'orgasme, allez-y franchement, branlez hardiment, serrez justement. Ici encore c'est l'homme qui devrait vous guider, au moins dans les premiers temps car par la suite vous devinerez tout de lui.

À ce point précis, voici quelques conseils en or qui feront la réussite de votre branle.

• Quand jaillit le sperme n'arrêtez pour rien au monde les mouvements de votre main, la maison devrait-elle s'écrouler. Vous pouvez tout au plus les ralentir et desserrer la pression. Arrêter en cours d'éjaculation et surtout au début, donnerait à l'homme le plus atroce sentiment de frustration qui soit car son plaisir cesserait aussitôt et son besoin infiniment aigu d'orgasme, un besoin porté à son apogée, resterait suspendu et ferait place à une affreuse, une insupportable impression d'inassouvissement qui peut tourner à l'enragement. Il faudrait que d'urgence une main secourable achève ce branle inachevé, la main de la femme maladroite ou inexpérimentée ou la main de l'homme en perdition. Mais il faut faire vite car l'orgasme coupé plus de quelques secondes ne pourra plus repartir et c'est là le naufrage du couple.

• Dès que cesse l'éjaculation, dès que la dernière giclée s'est produite, c'est-à-dire dès que vous ne voyez plus rien jaillir de l'orifice du gland, arrêtez vos mouvements car le gland est devenu hypersensible, quasi intouchable ; sa friction est carrément douloureuse. Tout est semblable à ce qui se passe pour le clitoris : pour lui aussi il ne faut pas arrêter les stimulations quand survient l'orgasme mais il faut les cesser quand l'orgasme est passé.

• N'abandonnez pas pour autant le pénis, maintenez-le dans votre main fermement mais pas trop serré ; c'est important pour l'homme de ne pas se sentir dans le vide mais au contraire bien tenu dans la paume de celle qui vient de lui offrir une si extraordinaire volupté.

Si le but est la simple caresse-massage, la vitesse de vos mouvements sera lente et ne devra pas s'accélérer. Le mieux est que vous vous guidiez sur le degré de l'érection : tant qu'elle se maintient c'est que le rythme est bon (ainsi que la pression) ; si elle retombe c'est que vous devez accélérer (et serrer plus fort). Mais surtout vous devez être vigilante à repérer la phase d'imminence de l'éjaculation et à ne pas atteindre le point de non-retour, ce seuil au-delà duquel le réflexe éjaculatoire se déclenche irrésistiblement. Attention, certains hommes « viennent » vite, très vite.

Rappelons les signes d'imminence, dits aussi signes annonciateurs de l'éjaculation : les manifestations de plaisir sont très intenses sans être orgasmiques, la respiration est rapide atteignant 30 mouvements par minute, le cœur s'accélère jusqu'à 120 à 140 battements par minute, les testicules ascensionnent et les bourses se ramassent, des frémissements parcourent la verge, que votre main peut bien percevoir. Pour apprendre à repérer les stades que traverse votre homme, vous pourriez lui demander d'effectuer quelques masturbations sous vos yeux ou lui offrir quelques branles jusqu'à éjaculation. À vous de bien noter ce qui se passe. Pour plus de sécurité, le mieux est de passer une convention avec votre ami : quand il sent qu'il entre en imminence il doit crier « stop ! » ou vous presser la cuisse.

Pendant que « votre belle main » réalise le chef-d'œuvre de branle, votre autre main ne reste pas inactive. Elle peut « baguer », c'est-à-dire tenir entre pouce et index la base de la hampe de façon à maintenir celle-ci verticale. Elle peut ramasser à pleine paume l'ensemble scrotum-testicules et les tenir ainsi fermement mais sans serrer (vous savez l'extrême sensibilité des testicules), ce qui procure à l'homme un bien être particulier qu'il apprécie beaucoup. Enfin cette main peut aller jouer sur le deuxième cercle : le périnée, la face intérieure des cuisses, la marge de l'anus ou même le canal anal. Un doigt placé dans l'anus sans même bouger multiplie les jouissances péniennes.

Chapitre VI

LE BAISER PÉNIEN (OU FELLATION)

Appelé en argot « pipe », « pompier »…, c'est un des temps forts et incontournables de l'échange érotique. Hélas, il est présenté dans les films pornos avec une telle trivialité et un tel manque de considération pour la femme, réduite à la fonction de trayeuse ou de buveuse de sperme, et pour l'homme, réduit à un engin cracheur de sperme, que ça écœure les femmes aussi bien que les hommes. Du sperme, encore du sperme, rien que du sperme. Oublions ces images et voyons ce qu'il peut y avoir de beauté, d'amour et de sens dans ce geste.

Les hommes disent que c'est le plus grand don et le plus grand plaisir (au moins un des plus grands) qu'une femme puisse leur procurer. Hélas, comme l'exprime un de mes correspondants : « Peu de femmes sucent. Encore moins en prennent l'initiative.

Celles qui le font ne le font pas assez souvent et pas toujours bien. » Aussi n'est-il pas surprenant que parmi les souhaits des hommes figure dans les premiers : « Plus de fellation ». Ce qui rejoint un autre souhait de l'homme : que la femme soit plus active dans les échanges sexuels. Au moins dans la succion, la femme prend l'initiative et se démène. « Après tout ce n'est pas à nous de toujours tout faire et elle à toujours de se laisser faire passivement ! »

Écoutons d'autres paroles d'hommes particulièrement édifiantes

« Jouir dans sa bouche, c'est le top. C'est doux, c'est chaud, c'est enveloppant. C'est vraiment phénoménal. »

« J'adore, je m'abandonne, je m'en remets à elle, je suis à sa merci, elle me possède. »

Dans cet abandon aux soins d'une femme, dans le nirvana qui en résulte on peut y voir, « mutadis, mutandis », une régression à une béatitude infantile. Mais à côté de ces actions de grâce, beaucoup de soupirs et de regrets de la part des hommes.

« C'est super quand c'est bien fait, c'est le paradis, mais les bonnes suceuses sont rares. »

« En général, les filles ne sont pas de super-suceuses, mais les bonnes, c'est extra. »

« Souvent, les filles ne savent pas. Souvent c'est mal, trop vite, trop fort, oui, elles serrent trop fort ; mais les expertes, c'est le pied. »

« Faut que la femme aime. Faut pas qu'elle le

fasse juste pour me faire plaisir. De toute façon, je le sens bien. »

« Faut du désir de la part de la femme, de la gourmandise ! Faut qu'elle aime le pénis. »

« J'aime quand la femme aime, quand elle est avide. Alors, elle est attentionnée. Je sens quand elle n'aime pas. Alors, elle le fait mal et c'est frustrant. »

« Je déteste que la femme me saute directement dessus. Faut qu'elle fasse le tour de mon corps, le tour de ma verge tout entière, qu'elle la lèche avant d'engloutir mon gland. »

« Elles manquent de nuances, elles font des mouvements automatiques de haut en bas. »

« Elles manquent de créativité, d'inventivité, c'est stéréotypé. »

« Faut qu'elles prennent leur temps, qu'elle soient subtiles, qu'elles ne le fassent pas comme une machine, de haut en bas et de bas en haut non stop et monotone. »

« Elles manquent de douceur. »

Attention à ne pas faire mal

« Elles serrent trop le pénis, c'est pénible. »

« Elles aspirent trop le gland, c'est désagréable. »

« Les dents ça fait mal. »

« J'ai peur des dents. J'ai peur de finir en sang. »

Ces remarques et ces reproches ont le mérite d'indiquer aux femmes ce qu'il est bon de faire et de ne pas faire. Les femmes n'ont nullement à s'en vexer. D'autant que dans un autre ouvrage, j'ai fait état des reproches que les femmes faisaient aux hommes en matière de cunnilingus.

Et les femmes que disent-elles de la fellation ? J'ai retenu quelques opinions révélatrices.

Les opinions positives

« J'adore le pénis : c'est fier, c'est droit, c'est du feu, c'est l'organe de l'homme, j'adore les hommes. »

« Sucer la verge de mon ami ? J'en raffole, c'est suave, c'est rond, c'est dur, c'est chaud. J'en ai des frissons rien que d'y penser. »

« C'est superbe un pénis. Ça se dresse. C'est la force de l'homme qui s'affirme, c'est son désir pour la femme qui s'affiche, un désir qui rejoint mon désir. »

« J'aime téter le pénis, c'est ferme, arrondi, c'est fait pour ça. »

« Cajoler le pénis c'est justice, il me donne tant de plaisir. »

« C'est magique de le faire durcir avec la bouche, de le faire jouir si fort que l'homme en perd la tête. »

Les réserves

« Faut un grand degré d'intimité. Faut beaucoup aimer cet homme-là pour lui faire ça. »

Les opinions négatives

« Une verge c'est pas beau, alors y mettre la bouche… »

« Une verge c'est impressionnant quand c'est raide. C'est grand, c'est gros. C'est comme une arme. Ça me fait peur. Je ne peux pas la mettre dans ma bouche. »

« Heureusement que j'avais vu ça dans les films pornos, sinon j'aurais eu un malaise. C'est comme un serpent. Impossible de sucer ça. »

« C'est trop gros. Ça me remplit la bouche. J'étouffe. »

« C'est trop long. Quand ça m'arrive au gosier, j'ai des haut-le-cœur. »

« Quand il l'enfonce jusqu'aux amygdales, j'ai la nausée. »

« C'est sale et malodorant. L'urine passe par là, ça doit être plein de microbes. »

Cette dernière réflexion on l'entend chez les hommes à propos du cunnilingus. Nul n'a à se vexer mais que chacun soit d'une hygiène exemplaire.

Pourquoi les hommes raffolent-ils de la fellation ?

Les motivations des hommes sont complexes.

• Connaître un plaisir qui est parmi les plus exquis.

• Obtenir une preuve d'amour : la femme qui prend le sexe de l'homme dans sa bouche, s'applique à le faire jouir et mieux encore, accepte de recevoir son sperme, doit l'aimer vraiment. Toutefois, il faut savoir qu'une femme peut être profondément aimante mais être écœurée par le sperme dans la bouche (son goût, sa viscosité, etc.).

• Narcissiser son pénis pour panser les blessures reçues d'une autre femme dans le passé : sa mère qui, pour l'éduquer, niait, voire, réprimait ses érections et punissait ses attouchements. Et voilà que maintenant une femme accepte son pénis dans sa bouche, alors, il n'est plus quelque chose de répréhensible. Son geste est une revanche sur la prohibition maternelle.

• Narcissiser son sperme dont la mère avait fait quelque chose de sale. Si une femme le reçoit dans sa bouche et même l'avale, c'est qu'il n'a rien de malpropre, de réprouvé. Son geste est une réparation de l'attitude maternelle.

• Renforcer l'estime de soi : je suis assez estimable pour qu'une femme reçoive mon sexe et mon sperme dans cet endroit noble qu'est sa bouche, lieu de sa parole, de son sourire et de sa gourmandise.

Donner un sens à cet attrait de l'homme pour la fellation enlève à cet acte toute connotation triviale et peut réconcilier les femmes avec ce geste.

Par contre, trouver les motivations qui poussent l'homme à éjaculer sur le corps, ou pire sur le visage de la femme, c'est moins facile. Au mieux, on peut dire qu'il veut faire le cadeau d'un onguent qu'il considère comme sacré, mais c'est à la femme de décider si c'est un cadeau et si le liquide est sacré pour elle aussi ; ce que du reste pensent certaines femmes qui spontanément par amour s'enduisent la peau du torse et du ventre du sperme de leur aimé. Au pire, c'est vouloir démontrer sa puissance en marquant son territoire. Ou pire encore, c'est vouloir souiller, abaisser la femme.

L'ART FELLATOIRE À L'ATTENTION DES FEMMES

• Attachez vos cheveux.

• Prenez une position confortable, au choix : agenouillée sur le côté de l'homme, agenouillée entre les jambes de l'homme, à califourchon sur son thorax. Et tout ce que vous voulez pourvu que vous soyez à l'aise.

• Ne vous précipitez pas sur le gland, intéressez vous d'abord à tout le troisième cercle qu'il vous faut gâter de caresses et de baisers. Puis passez au deuxième cercle, c'est-à-dire le voisinage du pénis : ventre, pubis, face interne des cuisses, périnée qu'il vous faut ensemencer de caresses duveteuses, de bisous convaincants et de petits coups de langue.

• Après l'avoir approché progressivement, lui avoir tourné autour pour l'apprivoiser, le faire saliver, occupez-vous maintenant du pénis. Prenez-le par sa base faisant un anneau avec le pouce et l'index ou un manchon entre le pouce et les grands doigts. Peut-être est-il dressé ; s'il ne l'était pas, il ne tardera guère. Il est important que vous teniez bien la hampe à sa base, ainsi vous garderez en permanence le contrôle des mouvements du pénis ou plus précisément des mouvement que lui imprime son propriétaire et vous pourrez l'empêcher d'entrer trop profondément et de vous étouffer ou de vous faire lever le cœur. C'est le moment de retrousser le prépuce et d'exposer le gland dans toute sa splendeur. Avec un doigt mouillé faites quelques exercices de virtuosité à la surface du frein puis de la couronne. Puis distribuez quelques caresses digitales superficielles ou profondes sur toute la longueur du fût, suivie de quelques friandises buccales : baisers, léchettes et compagnie comme vous savez faire maintenant. Soyez généreuse et n'hésitez pas à faire une escapade sur les bourses gentiment frôlées de la pulpe des doigts et même baisouillées, ce qui évitera de faire des jaloux.

• Enfin l'heure exquise est venue, l'heure de faire rencontrer votre langue et le gland. Le gland qui s'impatientait se réjouit soudain, il y a de quoi : vous venez de lui décocher une pointe de langue aussi imparable qu'irrésistible, décocher, c'est mal dire, car c'est une léchette voluptueuse qui effleure son sommet, suivie d'une autre et d'une autre encore. Voilà votre homme cloué de plaisir et qui s'exalte de savoir qu'avant peu son gland sera happé par votre bouche. Et le gland qui jubile que cela lui arrivera dans l'instant. Mais raffinée vous continuez vos exercices de virtuosité : une suite de pizzicati linguaux sur le frein, quelques tours de passe-passe autour de la couronne et tout ce que vous inspirera votre désir et votre amour.

• Admirable ballerine, votre langue dansait sur sa pointe. Maintenant, elle se fait gourmande et de toute sa largeur et de tout son appétit, elle se met à lécher toute la sphère charnue au-dessus, au-dessous, à gauche, à droite, en travers, en tournant comme on le fait d'une boule de glace sur un cornet. Votre homme gigote comme piqué par une fourmi rouge. Il a le gland en feu. Il aspire à le tremper jusqu'à la garde dans votre bouche afin que la salive éteigne l'incandescence, comme le forgeron trempe l'épée rougie dans un bac d'eau. Il vous prie même. Mais vous n'entendez pas ses prières car vous avez encore des raffinements à lui offrir qui, du reste, le rafraîchiront quelque peu.

• Rentrant votre langue pour la laisser reposer, vous confiez à vos lèvres une partition subtile. D'abord, posez sur le gland un gros baiser suivi de quelques bisous furtifs pour prendre contact, puis ayant bien mouillé les ourlets de votre bouche, promenez-les de droite à gauche et vice versa sur le sommet du gland comme si vous jouiez de l'harmonica ou de la flûte de paon. De votre homme, ne tardent pas à monter des sons, curieux mélange de réjouissances et de plaintes ; la caresse est « douce-aiguë », comme on dit « sucré-amer » en gastronomie, aussi le chant est doux mais toujours au bord de s'aiguiser.

• Maintenant entrouvrez vos lèvres mais sans desserrer les dents et placez le bout du gland dans l'antichambre ainsi formée et faites glisser l'intérieur humide de vos lèvres sur la surface du bout. Toujours dents serrées, glissez le gland entre gencives et dents d'un côté et joue de l'autre (ce qui ne peut se faire si le pénis est géant). Ce sont toujours des jeux d'approche, pour varier les plaisirs.

• Enfin, l'heure sublime a sonné, l'homme l'a bien mérité et il est à bout de patience : ouvrez la bouche et introduisez l'organe mâle dans votre cavité buccale en vous penchant un peu plus et activez-vous sur votre invité. En réalité, laissez faire votre instinct – et votre amour – les gestes viendront tout seuls : il s'agit d'alterner des mouvements de succion simples et des mouvement de succion-coulissement. La succion est un acte spontané, sans doute inné mais aussi souvenir immémorial des tètements infantiles du sein et du pouce, relayés plus tard par la dégustation des sucettes et des bâtons de glace. Rien ne ressemble plus à une fellation que ces gestes de gourmandise (c'est pourquoi certains amants enduisent le gland de miel ou de confiture). Les lèvres s'ajustent sur le gland en formant un rond, un O, la langue s'arrondit aussi autour du gland, les joues se creusent et rentrent à l'intérieur. Tous ces éléments se meuvent subtilement de façon à créer un massage – un malaxage – et un vide aspiratif autour du gland. À ce mouvement vous pouvez associer un coulissement : l'ensemble de la gaine que forment vos lèvres, votre langue et vos joues coulisse de haut en bas et de bas en haut sur le gland – spécialement sur la couronne et sur le frein – et sur le fût. Cette association décuple le plaisir de votre homme, lui arrache l'âme et le projette dans le cosmos. Vous pourriez lui demander de vous décrochez Vénus, il vous le promettrait.

Petit détail important : évitez de faire se rencontrer vos dents et le gland dont la peau est si sensible et fragile. Sans oublier les fantasmes de mutilation qui habitent l'inconscient de l'homme et pourraient lui donner des angoisses. Pour éviter cette mauvaise rencontre, prenez la précaution d'isoler vos dents en les recouvrant de vos lèvres repliées sur elles.

Quelle amplitude pour ce mouvement de coulissement ? Jusqu'à quelle profondeur amener le pénis ? Dans un premier temps, c'est juste l'anneau formé par les lèvres qui coulisse sur le gland puis progressivement c'est le manchon formé entre langue et palais. Ce qui veut dire que le coulissement n'intéresse d'abord que le gland et ensuite une bonne partie du fût, mais une partie seulement et non sa totalité. Ce n'est pas l'homme qui doit enfoncer son pénis dans la bouche, lui il doit rester quasiment immobile, c'est la femme qui agit en bougeant la tête de bas en haut et vice versa, vite en descendant, plus lentement en remontant. Si l'homme se mettait à imprimer des va-et-vient à son pénis, il devrait éviter d'aller trop profondément, c'est-à-dire jusqu'à la gorge car la femme alors étoufferait et aurait des haut-le-cœur. Pour éviter ces désagréments, qui lui couperaient toute envie de pratiquer d'autres fellations, la femme peut soit limiter la course du pénis grâce à la main qu'elle a placée à la base du pénis par sécurité et qui fait butoir, soit dériver le gland vers le palais ou l'intérieur des joues.

Quel rythme pour le va-et-vient ? Commencez doucement, accélérez progressivement. Même chose pour la pression exercée sur le gland et le long du fût par les lèvres et par la langue s'appuyant contre le palais. Même chose pour l'aspiration : douce au début, plus forte ensuite, mais toujours mesurée. Trop d'aspiration peut être désagréable. Veillez aussi à ce que la salivation soit abondante, le gland devant baigner dans la salive. Tout au long de la caresse, c'est à vous de moduler et de nuancer en virtuose, amplitude, vitesse, pression, aspiration.

Vous pourriez multiplier les voluptés de votre homme en associant à votre baiser phallique d'autres excitations.

• Vous pouvez pratiquer avec la main qui tient la hampe des mouvements de branle. Ainsi s'additionnent les deux stimulations les plus fortes qui soient. En réunissant ses lèvres et ses doigts sur les centimètres carrés les plus hypersensibles de l'homme, la femme détient le fabuleux pouvoir de le projeter dans un état sublime de jouissance. Entre la pulpe de ses lèvres et la pulpe de ses doigts, la femme possède l'homme tout entier. En effet la volupté est telle que l'homme, à tout instant, peut décoller pour le zénith de l'éjaculation.

• Vous pouvez lui offrir un supplément de bonheur en prenant dans votre main libre les bourses et les testicules ; de les empaumer et de les tenir tout simplement, de les rassembler dans le creux de votre main sans même bouger, sera très agréable. Mais si vos doigts sont très subtils, ils pourront un tantinet jouer avec les testicules : petits signes de connivence, pressions millimétrées, roulements microscopiques. L'extrême sensibilité des sphères veut qu'on les aborde avec la prudence d'un démineur. Mais si l'homme supporte plus allez-y gaiement.

• Plus hard : insérez un doigt dans l'anus de l'homme, doucement et profondément et restez ainsi sans bouger suffit à renforcer le plaisir de votre « fellation ». Vous pouvez faire un peu plus fort encore : massez- lui délicatement la prostate. Ce n'est qu'une suggestion. Le bonheur du baiser phallique est, en soi, déjà immense.

Bien entendu, comme vous jouez avec le feu, vous allez immanquablement conduire l'homme à l'incendie, c'est-à-dire à l'éjaculation. Mais étant experte, vous saurez en sentir les signes annonciateurs et vous arrêterez à temps. Et quand les signes d'imminence auront disparu, vous repartirez de plus belle. Ce jeu du « Stop and go » offre à l'homme un plaisir prolongé, sans cesse renouvelé et égrené de plusieurs pics de volupté. Mais quand vous déciderez de laisser exploser l'éjaculation parce que votre homme vous en supplie, la question se pose de savoir si cela se fera dans votre bouche ou en dehors. Ici, c'est à vous seule de le décider, mais le contrat doit être passé avant « l'exercice ». À vous de dire :

« Je veux bien que tu viennes », ou : « Je n'aime pas, je ne veux pas » ; ce à quoi l'homme répondra : « D'accord je viendrai », ou : « Je m'engage à me retenir, à ne pas éjaculer dans ta bouche. »

Les femmes qui acceptent sont soit celles qui aiment le sperme – son goût, son odeur, sa texture – et le savourent, soit celles qui aiment passionnément leur homme et dépassent leur dégoût (qui ne doit quand même pas être majeur) pour lui donner une preuve extraordinaire d'amour. Mais, je le répète, on peut aimer profondément son homme et pas du tout son sperme. Parmi celles qui acceptent, il y a celles qui avalent ou non.

La majorité des femmes trouvent le sperme « dégueu » et refusent que l'éjaculation se fasse dans leur bouche. Si vous êtes de celles-là, il vous faut guetter les signes annonciateurs du réflexe éjaculatoire bien décrits dans d'autres chapitres – en particulier le chapitre IX. Et guetter le signe qui a été convenu entre vous pour vous avertir de l'imminence de l'éjaculation : un mot, une pression de sa main, etc. À ce moment, vous sortez le pénis de votre bouche en reculant votre visage et en tirant la verge avec la main posée en anneau à sa base.

Très très important : vous devez absolument continuer de branler cette verge jusqu'à ce que le jet de sperme jaillisse et jusqu'à la fin de l'éjaculation. En effet, il n'est pas pire et plus atroce sensation qu'une verge qui commence à éjaculer, ou est en train d'éjaculer, et se retrouve dans le vide. Où diriger le jet ? Ici encore, c'est à vous de décider, ce n'est pas à l'homme à asperger votre visage ou vos seins. Si vous donnez (et votre homme aussi) à cette liqueur un sens précieux, parce qu'elle est l'essence du mâle ou plus précisément l'essence de votre mâle, libre à vous de l'accepter sur votre visage, vos seins, votre ventre et de vous en enduire.

N'oubliez pas, quand vous approchez des prémices de l'éjaculation, d'accélérer les mouvements de votre bouche, et d'augmenter la pression de vos lèvres et de votre langue. C'est ce crescendo final qui va déclencher le réflexe éjaculateur. N'oubliez pas non plus, dès que le sperme a fini de jaillir, d'arrêter vos mouvements, ceux de votre bouche si vous avez choisi de conserver la verge dans votre bouche, ceux de votre main si vous avez décidé de sortir la verge et de la branler. En effet, le gland, vous le savez, devient soudain hypersensible, le frotter devient extrêmement désagréable, voire douloureux. Toutefois, gardez fermement la hampe dans votre main serrée, mais immobile maintenant.

Peut-être étiez-vous convenus ensemble de pratiquer la fellation sans la mener à l'éjaculation, c'est-à-dire comme une « simple » – si on peut dire – caresse-massage. Alors, dès les signes d'imminence, suspendez vos mouvements de bouche et de branle. Puis, dès que l'homme est calmé, reprenez-les.

Bichonner le pénis, mettre tout son cœur à lui offrir les caresses les plus raffinées et donc les plus exquis plaisirs et le vénérer, telle est la mission d'une partenaire digne de sa place d'amante.

P.S. : Comme toute muqueuse sexuelle, la muqueuse qui recouvre le gland peut être porteuse d'infections sexuellement transmissibles dont l'herpès et le Sida. Par ailleurs, le sperme et le sang qui peuvent y apparaître (le sang par exemple en cas de blessure du frein) peuvent être contaminés par le virus VIH. Aussi, lorsqu'une femme n'est pas sûre des antécédents de son partenaire, doit-elle exiger que la verge soit recouverte d'un préservatif ; d'autant plus si elle-même présente une plaie dans la bouche (morsure, avulsion dentaire, etc.).

Chapitre VII

PÉNIS ET VAGIN : RENCONTRE DU 5e TYPE

Il est bientôt révolu le temps où les hommes pratiquaient l'acte sexuel en le limitant à la courte séquence : pénétration – bref va-et-vient – éjaculation, obsédés qu'ils étaient par l'orgasme. Maintenant, la plupart des hommes ont pris conscience que l'éjaculation ne peut être le seul but car il n'est qu'un feu de paille auquel succède une impression de déception et de désillusion ; ils avaient investi toute leur puissance sur cet objectif, mais en quelques instants tout est consommé : disparue la belle tension du désir, disparue l'énergie qui la portait, disparue la jouissance-éclair. Tout s'est passé très vite et en quelque sorte hors de leur présence. D'où leur insatisfaction.

Nombreux sont les hommes qui n'ont plus envie d'être les gagne-petit du plaisir et de se contenter d'un scénario rétréci sur l'éjaculation, scénario qui les prive d'une foultitude d'autres sensations et de l'accès à des états de conscience supérieurs.

Dans un premier temps, ces hommes là se sont préoccupés du plaisir de leur compagne. Ils avaient découvert que les femmes – en général – n'obtenaient un orgasme que si l'union sexuelle était précédée de préliminaires et se prolongeait un certain temps. Ils s'évertuèrent donc à offrir préludes et durée. Ils purent alors constater : premièrement, que les femmes pouvaient répéter leur orgasme ; deuxièmement, qu'en soi le va-et-vient prolongé apportait de grandes jouissances, nonobstant l'orgasme ; troisièmement, qu'eux-mêmes au cours de ce va-et-vient prolongé, éprouvaient beaucoup de volupté ; quatrièmement, qu'eux-mêmes, quand ils se retenaient d'éjaculer pour faire durer la pénétration, éprouvaient à un haut niveau d'excitation qui normalement précède l'éjaculation, une sorte de « pré-orgasme » ; et cinquièmement, qu'ils ne passaient pas par la phase réfractaire, ce qui laissait leur désir, leur érection et leur énergie inchangés et que donc ils pouvaient, un certain temps après le pré-orgasme, reprendre le va-et-vient pour leur plus grand bonheur et celui de leur compagne.

Les joies du coït, côté homme

Quand il introduit son pénis dans le vagin, l'homme ressent subitement une sensation particulièrement agréable et qui est à chaque fois une surprise. Il faut dire que c'est la partie la plus sensible de son être qui est concernée : le gland, sa très exquise couronne et son frein. C'est une sensation de coulissement dans une gaine chaude et humide. L'impression est globale mais chaque sensation est aussi importante : la sensation de chaleur (c'est elle qui prédomine, qui surprend agréablement), la sensation d'humidité et la sensation d'engainement. L'homme peut comparer avec sa masturbation où son gland est à l'air libre et plus ou moins frais, dans le sec, dans le vide.

Durant le va-et-vient dans la gaine vaginale, la verge perçoit des frottements doux, humides, onctueux. C'est un frottement optimum, ça glisse tout seul. C'est à peine si la couronne du gland perçoit les plis – les rides – de la muqueuse vaginale pourtant épaissie par la turgescence crée par l'excitation (de fait, le bourrelet de la couronne cascade sur la succession de ces plis). Ce qui rend le contact spécialement agréable, c'est qu'il se perçoit tout autour et tout au long de la verge ; c'est le fait de l'engainement.

En plus des frottements, le pénis perçoit la pression de la gaine, qui elle aussi est totale, c'est-à-dire s'exerce sur tout le tour et tout le long ; en effet, la gaine, loin d'être molle, est particulièrement tonique, surtout en certains points : à l'entrée du vagin, là où se situe la base de la verge intromise, la pression est un peu plus forte en raison d'un resserrement dû à la présence du muscle constricteur de la vulve qui entoure l'orifice vaginal (et que la femme peut contracter par petits coups), de la turgescence des tissus érectiles de la gaine, du rebord de l'os du pubis situé en avant.

À quatre centimètres de l'entrée du vagin, le pénis peut ressentir un autre resserrement dû ici au muscle pubo-coccygien, partie intégrante du périnée féminin, qui cravate le canal vaginal et le rétrécit quelque peu. Au moment de l'orgasme de la femme, ce muscle se contracte de façon rythmique et automatique sur la verge. Mais, en dehors de l'orgasme, la femme peut contracter volontairement ce muscle et exercer une pression sur le pénis qu'il entoure. L'alternance de contraction-relâchement, sorte de mouvement de traite, procure chez l'homme des joies très originales qui font qu'il ne regrette pas ce détour sur cette Terre et plus précisément ce passage dans les bras de cette terrienne à qui il voue désormais une profonde reconnaissance. Mais toute femme peut devenir une experte en la matière, pourvu qu'elle entraîne son muscle pubo-coccygien comme je le décris plus loin (voir chapitre VII).

Au fond du vagin, le gland bute sur le col du vagin et sur le cul de sac postérieur. Le col est ressenti comme une butée ferme et néanmoins tendre ; les anatomistes lui ont donné le nom de « museau de tanche » – lequel est cartilagineux – c'est tout dire. Les hommes disent aimer ce contact et certains s'enfoncent profondément pour se sentir totalement pris dans la gaine et dans la femme, mais aussi pour sentir ce col.

Aux joies physiques, sensuelles du coït, s'ajoutent des bonheurs psychiques. L'union des sexes concomitant de l'union des corps recrée les fusions originelles : celle de la vie intra-utérine et celle de la vie post natale. C'est une forme de régression heureuse, quasi nirvanique, dans un sentiment d'amour océanique et d'unité qui délivre de l'insoutenable solitude de l'être et pause toutes les déchirures antérieures : celle de la naissance, celle du sevrage, celle de la résolution de l'Oedipe, celle des ruptures amoureuses.

AMÉLIORER LA RELATION PÉNIS-VAGIN

Pour l'homme comme pour la femme, un autre élément importe : la congruence, c'est-à-dire l'ajustement de telle verge à tel vagin et réciproquement. Aussi, il faut considérer que la femme a également à travailler sur son vagin.

Travail commun de la femme et de l'homme

Il est bien agréable. Pour aider à la congruence entre le fourreau et le glaive, je conseillerai de prolonger le coït : plus il y a de frictions entre le pénis et le vagin, plus le sang afflue, plus les tissus érectiles de part et d'autre gonflent et se font coalescents. De plus, la prolongation des contacts a bien d'autres conséquences heureuses qui compensent les problèmes de taille.

• Un accroissement de température des organes qui est extrêmement voluptueux, le pénis et le vagin ayant l'impression de se fondre dans un même creuset.

• Une exacerbation de la sensibilité des muqueuses

qui rend le plaisir suraigu.

• L'apparition d'une sorte de magnétisme à la surface des organes qui les fait s'attirer, se coller et irradier de l'un à l'autre. Bien entendu, pour prolonger le contact, il faut posséder la maîtrise de l'éjaculation et pratiquer « la caresse intérieure », ce que chacun peut acquérir.

Travail de la femme

Au cours de la relation sexuelle, la femme s'amusera à pratiquer de petites contractions de son vagin autour de la verge, pour lui faire signe, le contacter. En dehors de ces moments, la femme pourra s'attacher à fortifier les muscles de son périnée et spécialement du muscle pubo-coccygien, qui va du pubis au coccyx en entourant l'orifice d'entrée de son vagin, muscle dit aussi « muscle papillon » ou « muscle du bonheur ».

Ce travail musculaire va améliorer l'ajustement du vagin au pénis. De plus, il va accroître la force des orgasmes de la femme et préviendra d'éventuelles pertes d'urine. Pratiquement, ces exercices dit « de Kegel » sont simples : interrompre plusieurs fois le jet de l'urine au cours de la miction permet de repérer le muscle pubo-coccygien ; reste à le contracter à blanc 4 ou 5 fois dans la journée par série de 20 à 30 contractions. Un kiné pourrait guider la femme.

La caresse intérieure

Parmi les hommes qui s'efforcent d'améliorer leur sexualité en modifiant leur physiologie primaire, par exemple en maîtrisant leur réflexe éjaculatoire, beaucoup m'ont dit être déçus par l'attitude d'un certain nombre de femmes. Habituées à des pratiques plus expéditives ou moins raffinées, elles sont désorientées et n'apprécient pas à sa juste valeur l'art de ces hommes. C'est pour les informer et les allécher que je leur confierai ce que je ressens : le vécu d'un homme qui pratique « la caresse intérieure ».

« À chacune de mes poussées, mon bassin cognait ton bassin, ébranlant ton corps et faisant trembler tes seins. Tu te mordais les lèvres en gémissant car mon sexe à l'intérieur de toi avait touché ton col au, fond de toi, et la secousse avait également ébranlé ton ventre et tes entrailles. Mais soudain, je sentis à la racine de ma verge, là où elle s'attache au périnée, un plaisir aigu qui fusait en même temps qu'un plaisir, aigu aussi, mais superficiel, s'emparer de mon gland. Je savais que l'éjaculation était proche. Je suspendais mes mouvements et respirais à fond par le nez en gonflant mon abdomen. Le plaisir qui était apparu s'épanouit en une forme d'orgasme, mais le besoin d'éjaculer s'éloigna.

Alors, le regard emmitouflé de plaisir, je te contemplais. Ton visage s'était détendu, tu me souriais. Tes mains empaumèrent mes hanches. Je caressai ton front, tes joues. Je suivis d'un doigt la crête de ton nez, la pulpe de tes lèvres. Cent parfums montaient de ton corps, tous plus enivrants les uns que les autres. De nos sexes unis s'élevait, tel un encens, des volutes capiteuses où se mêlaient tes fragrances et les miennes. Mais je reconnaissais tes propres arômes, ceux un peu plus épicés venus de l'arrière de ta vulve – cannelle et giroflée –, ceux plus boisés de ton vagin – santal et vétiver – et ceux plus brûlés-sucrés de ton pubis – champ de cannes à sucre en feu. De tes aisselles, montaient des odeurs plus piquantes de pain grillé et de pouliche alezane. Bref, tu baignais dans un halo capiteux de brune. Au milieu de ces volutes, je perçus, venu de derrière tes oreilles et de ton décolleté, ton parfum d'Hespérides qui tranchait comme la couleur orange sur un fond d'ocre brun. Souviens-toi, c'est de ton odeur de brune mandarinée que j'étais tombé amoureux fou. Je me penchai pour humer profondément tes aisselles. Cela suffit à retendre ma verge qui s'était quelque peu détendue.

Aussi, je repris mon va-et-vient en toi, lentement cette fois. Je t'abordai doucement, comme la vague, la plage un soir d'été. Et tu accompagnais ce ressac en t'avançant un rien vers moi. Nous étions les yeux dans les yeux, aussi profondément que nos sexes l'un dans l'autre. J'essayais de percevoir ou d'imaginer tous les détails de ta nef vaginale, ses fronces gonflées par le désir, sur lesquelles la couronne de mon gland tressautait à l'aller, puis au retour, provoquant en moi comme en toi les mêmes délices. J'essayais de caresser de ma couronne ton point G, ce relief qu'avec mes doigts j'avais bien perçu, ce qui m'aidait maintenant à le visualiser pour y conduire mon gland.

Bien que les mouvements soient lents, je voyais ton visage exprimer un plaisir croissant. Te voir jouir, sentir ma verge explorer tes points érogènes, sentir ta gaine me tenir si bien, imaginer ton intérieur carminé, vivant tel une anémone de mer, se resserrant à son entrée, se dilatant à son sommet, faisait croître mon plaisir. Ma verge eut un regain d'érection, aussi j'accélérai mes mouvements. C'est alors que tu éclatas – crias, renversas la tête, révulsas tes yeux, raidis ton corps, griffas mes cuisses – pour la troisième fois.

J'arrêtais de bouger à la fin de ton orgasme, car j'avais senti en moi le plaisir aigu dans mon périnée qui annonçait l'éjaculation. Je dégustais mon pré-orgasme, tandis que tu savourais le décours de ton orgasme. Moment de conscience fabuleux où l'on quitte la terre pour quelque endroit de l'espace où l'on n'est plus qu'amour, félicité et lumière. Interpénétrés, enlacés, les yeux dans les yeux, unis nous filions sans poids mais non sans corps, l'air chaud caressant nos peaux et des scintillements de toute sorte nous croisant.

Le vertige s'est décanté et tu étais à nouveau là, sur les draps parme, plus femme que jamais, les yeux remplis d'éclats agathe et de reflets ambre, le visage radieux, dans un nuage d'arômes. Nous étions rivés par le sexe. Je me sentais profond en toi et bien pris par toi, chaque vaisseau, chaque goutte de sang de ton vagin s'étant ajusté sur ma verge, l'ayant moulée, épousée. Tu me fis la surprise de serrer par petits coups ta tunique vaginale. Étrange et merveilleuse impression que tu puisses me parler ainsi avec ton intérieur. Je te laissais me saluer un certain temps avant de te répondre par quelques frétillements de mon pénis.

Puis je t'ai dit que je te trouvais plus belle que jamais, que j'aimais tes yeux, ta bouche, ton nez, tes oreilles, ton menton, tes épaules, tes seins, tes tétons, ton ombilic, etc. Je t'ai dit aussi que tes yeux étaient des caramels en flamme, que ta bouche j'en ferais des confitures de groseille, que tes mamelons étaient de gros bourdons et qu'un jour je ferai boire une tourterelle dans le creux de ton nombril. Et je me suis penché pour embrasser ta bouche et happer la langue que tu sortais. Puis, j'ai joué avec tes seins, finement de la pulpe des doigts effleurant leur galbe, taquinant leurs boutons. Mis en appétit, j'ai pincé et tiré tes mamelons avant de saisir à pleine main tes globes, de les presser. Tu aimais à ravir, alors ma verge s'est un peu plus raidie et tu as amorcé un mouvement de ton bassin. Et nous avons repris la longue promenade, le sexe dans le sexe.

J'allais et tu venais. Je venais et tu allais. Dieu quel bonheur ! Tantôt nous flânions, tantôt nous accélérions le pas. À un moment, j'ai mouillé mon pouce de salive et je l'ai glissé à l'avant de ta vulve où il tomba pile sur ton clitoris qu'il se mit à presser à la cadence de nos mouvements. Tes murmures de plaisir montèrent d'un cran et à chaque pression de mon pouce, tu gémissais, tu suppliais : «Oui ! Oh oui !", car en même temps le velours de mon gland visitait le cul-de-sac postérieur de ton palais. Soudain, ton cri déchira l'air et tu jouis. Tu jouis à pleurer, à rire, à sangloter, à dire oui, à dire non. Il te fallut du temps pour t'apaiser et rejoindre mon immobilité car j'avais suspendu mes mouvements ; de te voir te déchaîner m'avait mis au bord de l'éjaculation et je m'étais arrêté juste à temps.

Et nous nous retrouvions dans la suspension, dans le calme, les sexes noués, les yeux liés. Pleins d'un bonheur débordant à grosses vagues, à gros bouillons. Tu promenais tes mains sur mes bras, sur mon thorax, sur mon ventre. Tu me caressas la joue, oh cette caresse ! Tu me dis des choses sur moi, tu me parlas de la glycine qui n'avait jamais été si fleurie que cette année, du rossignol qui n'avait cessé de chanter cette nuit. Puis on se tut. De temps à autre, tu me faisais signe avec ton vagin et je répondais avec mon pénis.

Et l'on reprit notre marche pour un bout de chemin. Tu avais mis les bras en croix et tu regardais le plafond, totalement donnée. J'allais en toi mais je n'avais plus la sensation de coulisser dans un fourreau fermé. J'avais l'impression de glisser dans ton corps, dans ton ventre, jusqu'à la pointe de ton cœur. Tout cela communiquait, tout cela n'était que volupté, tout cela ne faisait qu'un. Comme toi et moi communiquions, ne faisions qu'un. Nous étions une seule masse critique de plaisir. Je m'arrêtai quand je sentis l'éjaculation monter et je jouis d'un pré-orgasme profond et doux. Toi, tu sentis les frémissements de ma verge et tu fus projetée au ciel de lit. Ton cri, oh ton cri ! Où donc les femmes vont-elles chercher ces cris ? C'est surhumain, c'est d'ailleurs, d'un endroit à elles. Homme, on se sent petit quand on entend ces cris, on se sent demeuré sur terre, distancé. Vas-tu revenir ? Tu revins et tes yeux me baignèrent de tendresse. Ton sexe était brûlant, ta peau incandescente et tes arômes flambaient. J'eus l'impression qu'on fondait, qu'on allait se mélanger, que notre fusion affective et spirituelle allait se doubler d'une fusion charnelle véritable, une fusion "métallurgique" et que nous ne ferions plus qu'un corps. Alors un mot, un mot immense, un mot superflu me monta aux lèvres : "Je t'aime" te dis-je en plongeant un peu plus mon regard dans le tien. "Je t'aime" me répondis-tu.

Quand alors je te dis "je t'aime", je le dis aussi au lierre qui encadre la fenêtre, au prunus en fleurs qui remplit le ciel, à la grive qui y chante, à toutes les femmes qui sont en toi, à celles qui t'ont précédée, à celles qui te succéderont sur cette planète, à toutes celles que j'ai aimées, à toutes celles que je n'ai pas su aimer. Je suis plus grand que moi, tu es plus grande que toi. Et tu sens, comme moi, que tu dépasses ton plaisir et ton corps flamboyant. »

La maîtrise de l'éjaculation

C'est la clef de voûte de la caresse intérieure, le moyen de prolonger la durée de l'union des corps et des sexes. Et donc le moyen de donner à l'homme comme à la femme l'optimum de plaisir. C'est plus spécialement pour l'homme, la seule façon de s'opposer à la brièveté de son acte instinctif et à sa phase réfractaire. Génétiquement l'homme est programmé, à l'instar de ses cousins les primates supérieurs, pour éjaculer en quelques dizaines de secondes. S'ils se laissaient aller, 80 % des hommes éjaculeraient en deux minutes. La femme, elle, orgasme entre quinze minutes et une heure, ça dépend de son tempérament, de son entraînement, de son éducation, de son âge. Je donne les chiffres dans le seul but de comparer l'excessive brièveté de l'homme et le plus long délai de la femme et en conclure à l'impérieuse nécessité pour l'homme de se maîtriser afin d'allonger la durée du coït.

Mais j'ajouterais aussitôt trois remarques.

• Une femme bien « entraînée » peut arriver à jouir dans un délai proche de celui de l'homme ; l'entraînement consistant à se stimuler soi-même le clitoris et le vagin ; l'éveil des muqueuses vaginales devant se pratiquer dès l'adolescence.

• L'allongement du coït constitue aussi un « entraînement » à l'éveil des muqueuses érotiques et à la révélation de la capacité multi-orgasmique de la femme (si l'intumescence de la femme est plus lente à se produire, elle est aussi plus lente à se défaire, lui offrant des possibilités de rebonds).

• L'allongement du coït hormis ses finalités orgasmiques constitue en soi un très grand plaisir et un très grand bonheur : celui d'être uni de façon prolongé.

L'art de contrôler l'éjaculation a été pratiqué en Orient depuis plus de 6000 ans avant J.-C. par les adeptes du Tantrisme et du Taoïsme, c'est-à-dire par toute la population de Chine, du Japon et de l'Inde.

Ces civilisations ont été caractérisées par une parfaite harmonie entre l'homme et la femme, et l'absence de pratiques sexuelles sadiques et masochistes.

La technique

Pour l'homme comme pour la femme il s'agit de repérer les signes de l'imminence de l'éjaculation, signes qui précèdent le point de non-retour au-delà duquel le réflexe éjaculatoire se déclenchera sans que rien, et surtout pas la volonté de l'homme, ne puisse l'arrêter. Rappelons que ce réflexe consiste en la contraction des voies spermatiques (vésicule séminale, canal éjaculateur, prostate, urètre prostatique) dans le but d'expulser le sperme. Les signes d'imminence correspondent à la phase de mise en tension des voies spermatiques, principalement de l'urètre prostatique quand il se remplit de sperme, juste avant qu'elles ne se contractent. Si on perçoit les signes on peut stopper le déroulement vers la phase de contraction, c'est-à-dire vers l'éjaculation.

C'est à l'homme et à la femme de bien observer tout ce qui précède et entoure l'éjaculation. En ce qui concerne l'homme, il lui appartient de bien se connaître ; il est un signe annonciateur qui ne peut lui échapper : c'est une sensation soudaine de plaisir aigu ressenti à la racine de la verge et aussi au niveau du gland ; ce que j'appelle le « pré orgasme ». Pour ce qui est de la compagne de cet homme les signes annonciateurs de l'éjaculation masculine sont : une accélération et une intensification des mouvements du mâle qui deviennent frénétiques, une accélération de sa respiration qui par ailleurs devient bruyante (bruits de gorge), des manifestations vocales de plaisir atteignant une grande intensité (mots, onomatopées, murmures, cris, quoique beaucoup d'hommes ont le plaisir muet), un courant « électrique » qui parcourt le corps masculin, un raidissement de son corps qui brusquement s'immobilise. Un autre signe ne se distingue bien qu'au cours de la masturbation (par l'homme lui-même ou par sa compagne) c'est l'ascension de l'ensemble bourses-testicules, avec une hypersensibilité des testicules. Il est important que la femme sache repérer ces signes car elle-même va jouer un rôle dans la maîtrise.

À titre d'entraînement la femme pourra pratiquer la masturbation de la verge de son partenaire selon le mode « stop and go » : arrêter la masturbation quand les signes annonciateurs de l'éjaculation surviennent ; la reprendre quand les signes ont disparu.

Ces signes étant repérés, il faut à la femme réagir aussitôt :

• stoppez immédiatement vos mouvements et toutes manifestations d'excitation et de plaisir (cris, mimiques…),

• si vous êtes en position supérieure (position Andromaque par exemple), soulevez-vous un peu pour ne laisser que le premier tiers de la verge dans votre vagin. Mais attention à ne pas la faire sortir.

Par ailleurs, la femme ne s'étonnera pas de voir l'homme réagir de son côté. Vous le verrez donc :

• stopper immédiatement ses mouvements,

• retirer sa verge jusqu'au premier tiers du vagin, autrement dit ne laisser que le gland à l'intérieur,

• inspirer profondément par le nez et envoyer l'air dans son abdomen jusqu'au bas-ventre ; bloquer alors sa respiration en fermant sa glotte quelques secondes,

• grincer des dents, serrer les paupières, appuyer le dessous de sa langue repliée contre son palais.

Et sans doute vous confiera-t-il qu'il a pratiqué des contractions des muscles de son périnée en serrant les fesses et l'anus, en fermant la vessie comme s'il se retenait d'uriner, et surtout qu'il a dû détourner son attention de toutes les images excitantes, réelles ou fantasmées.

Autant de secrets de l'homme nouveau pour vous procurer le meilleur des plaisirs.

En réalité, le périnée n'a pas de secret pour vous les femmes. Vous savez que les accouchements entraînent son relâchement et par conséquent des risques de fuite d'urine ; aussi il y a belle lurette que vous pratiquez les exercices de KEGEL pour raffermir les muscles périnéaux et en particulier le pubo-coccygien (en plus vous savez que ces exercices accroissent l'intensité de vos orgasmes). Ce que vous apprendrez ici avec votre aimé, c'est que ce pubo-coccygien en se contractant stoppe le réflexe d'expulsion du sperme : pas étonnant, ce muscle passe exactement au point où le canal éjaculateur se branche sur l'urètre.

Dans l'entraînement « stop and go », l'homme devra être bien conscient de la contraction de son pubo-coccygien sous le regard attentif et attendri de son aimante.

En attendant de bien posséder l'art ci-dessus décrit voici des actes techniques qui vous aideront ; ils peuvent être réalisés par l'homme comme par la femme.

• Compression du périnée par l'homme lui-même ou par la femme : appuyer et presser fortement avec l'index et le majeur sur le périnée sous lequel passe la racine de la verge contenant elle-même l'urètre. En même temps l'homme pratiquera une profonde inspiration.

• Compression du gland par l'homme lui-même ou par la femme : l'homme retire complètement la verge du vagin et il ou elle, serre fortement la couronne du gland dans l'anneau formé par le pouce et l'index. Le danger passé, la verge est à nouveau introduite dans le fourreau vaginal.

• La suspension des mouvements par l'homme et par la femme durera une centaine de secondes, après quoi les amoureux reprendront leur marche conjointe.

• Les hommes qui auraient des difficultés à rester en érection pourraient utiliser un anneau (dit cokril) qui se place à la base de la verge. Mais il s'avérera vite superflu car plus on pratique la caresse intérieure plus on bande ferme et continu.

• S'il arrivait que l'homme n'ait pas pu contrôler son réflexe éjaculateur que la femme évite de se détacher de lui quand l'homme est entrain d'éjaculer car il en éprouverait une impression extrêmement désagréable, voire douloureuse. Bien sûr, si la femme n'a pas de contraception, le retrait est indispensable mais alors qu'elle prenne dans une main la verge de son ami et lui offre une branle consolatrice dans la perfection de l'art. Mais qu'elle s'arrête à temps : la friction du gland après l'éjaculation étant insupportable, rappelez-vous : « à temps » veut dire à la fin de l'éjaculation.

• Il se peut aussi que, lors des premières rencontres, l'homme étant fort tendu et inquiet (« vais-je savoir satisfaire mon amie ? »), tombe en panne d'érection ou soit victime d'un accident d'éjaculation précoce. Que son amie crée un climat détendu et joyeux, un climat heureux et complice, qu'elle lui parle de tout pour le sortir de son obsession de réussite, qu'elle lui offre un apéritif ou une coupe de champagne, qu'elle le caresse ou le masse.

Les hommes jeunes dont la libido est plus intense et plus impulsive auront plus de difficultés à se contrôler, mais ils y arriveront. Des milliards d'orientaux pendant des millénaires ont aisément exercé cet art, pourquoi pas eux ? Qu'ils ne partent pas battus ou ne se déclarent pas battus trop vite ! Trop d'hommes disent, sans avoir essayé, « c'est pas possible ! ». Il faut au contraire se positionner positivement et sereinement : « je suis relaxe, j'y arriverai, si ce n'est pas cette fois, ce sera la prochaine fois ! »

Les avantages de la caresse intérieure

La femme aussi bien que l'homme trouvent des avantages considérables dans l'union sexuelle pratiquée comme une « caresse intérieure ». C'est une transformation complète de la façon de faire l'amour qui apporte beaucoup plus de plaisir et une grande harmonie entre les deux partenaires.

Avantages pour l'homme

L'homme gagne énormément à la caresse intérieure : son plaisir est multiplié en quantité comme en qualité, il n'a plus rien à voir avec la brève et bête explosion d'antan. Le plaisir de l'homme atteint celui de la femme. Il devient poly-orgasmique. Se donner du temps est le secret de cette réussite. Dans cette profusion de plaisir, on trouve :

• Le plaisir issu du gland allant et venant, frottant les parois du vagin ou pressées par elles est non seulement prolongé mais en plus intensifié : plus les contacts durent, plus sont aiguisés et excitables les récepteurs du gland, autrement dit, plus ça dure, plus la verge est sensible et jouissante.

• Le plaisir des pré-orgasmes, cette volupté des plus intenses qui précède le point de non retour, est de plus en plus fort. Et en plus il peut se renouveler à l'infini. L'orgasme lui, quand l'homme décide de libérer après un long temps de va-et-vient, atteint une intensité incroyable, tellement plus fort qu'un orgasme habituel, qui paraît dès lors bien fade. Et sa diffusion dans tout le corps est bien plus grande, comme si l'excitation du va-et-vient prolongé avait ouvert des passages pour que le plaisir envahisse tout l'organisme.

• Un nouveau plaisir apparaît dans le pénis : le plaisir de connivence : lors des interludes entre les séquences de mouvements, l'homme immobile, bien présent à ses sensations prend parfaitement conscience de ce que son sexe ressent : la chaleur du vagin, son enveloppement, le magnétisme qui passent entre vagin et pénis. Il ressent aussi – Ô divine surprise – les petits signes que, taquine, la femme lui fait en contractant son muscle constricteur de la vulve et son pubo-coccygien. Et l'homme alors de lui répondre sur le même ton en faisant bouger son pénis grâce aux muscles bulbo-spongieux et ischio-caverneux, doux frétillements qui met son aimée « aux anges ».

• Autre plaisir accru : celui de la tension du pénis. Plus on prolonge une séquence de caresse intérieure, plus l'érection se renforce. Les sensations qui proviennent de cette verge tendue au maximum, rigide à se verticaliser, dure comme fer sont extrêmement agréable à l'homme et lui donne une impression réconfortante et flatteuse de puissance virile. Du reste, à la longue la caresse intérieure va réellement renforcer la puissance de la verge : ses dimensions, l'intensité de la turgescence et sa durabilité.

• Les plaisirs liés à la suppression de la phase réfractaire. La phase réfractaire se caractérise, comme on l'a vu, par la réduction du désir, la baisse de l'érection et un état de fatigue et de désintérêt. Pendant l'union sur le mode caresse intérieure, c'est l'absence de phase réfractaire et donc la persistance du désir et de l'érection qui permet la prolongation du coït ; de plus cette persistance du désir est vécue comme un plaisir qui se concrétise et se ressent dans la tension du pénis, comme on vient de le voir. Ce désir continu est aussi ce qui inspire à l'homme toutes ses belles intentions et attentions vis-à-vis de sa compagne et toute son inventivité. Après l'union sur ce mode, c'est également l'absence de phase réfractaire et donc la persistance du désir et de l'érection qui permet un postlude merveilleux.

Merveilleux pour l'homme car le désir en soi est un plaisir : cette tension de la verge et dans le corps est jubilatoire, signe de vivance, expression de masculinité ; dans le cadre de la caresse intérieure, ce désir persistant fait partie du jeu, il n'est pas subi, il pourrait être satisfait à tout moment par la proximité et la complicité de l'aimée.

Merveilleux pour la femme qui a, à côté d'elle, non seulement juste après l'union, mais pour de longues heures un homme toujours désirant, donc toujours amoureux, tendre, attentif. Un vrai bonheur ! Oui la survivance du désir est le grand acquis de la caresse intérieure et de la maîtrise de l'éjaculation.

Pour les deux partenaires

La caresse intérieure permet de multiplier les caresses et les sensations, y compris pendant les pauses. Bien qu'immobiles les sexes, parce qu'ils sont en étroites unions, continuent de se transmettre des signaux, de se donner des excitations réciproques. Je ne parle pas seulement des micro contractions du vagin sur le pénis ou des micromouvements du pénis sur les parois vaginales mais de toute une série de micro manifestations tout juste perceptibles qu'on les dirait chuchotées et qui éveillent des sensations ultra douces, très intériorisées : incandescence, échanges d'électricité, battements de sang, vibrations, lancinements.

De plus, pendant les interludes, les suspensions, les mains sont libres et peuvent aller semer ou cueillir des voluptés ou simplement des tendresses sur toute la surface du corps, dans l'un ou l'autre des trois cercles. Caresser le visage de la femme aimée ou de l'homme aimé en l'envisageant du regard et en plongeant ce regard dans le sien tandis que les sexes sont étroitement unis est de la plus grande tendresse. Caresser ses épaules, ses seins, ses hanches est d'autant plus voluptueux que sous l'effet du plaisir irradié des sexes, leur peau est devenue éminemment sensible, hyperesthésiée, comme la peau des mains devenues également ultra sensible. Les peaux sont comme « magnétiques » si bien qu'elles s'attirent irrésistiblement et se collent l'une à l'autre quand elles se touchent.

Aller flâner dans le premier cercle va déclencher des plaisirs très forts car là on est au marche des sexes et la zone est particulièrement congestionnée et donc plus encore sensibilisée. Effleurer, taquiner une marge de l'anus mise en appétit ravit le bénéficiaire. Passer un doigt et titiller le clitoris outrancièrement à vif et avide procure des envols de délices à remplir les ciels de lit.

Tous les sens, ai-je dit, sont en éveil, leurs capteurs grands ouverts et ils perçoivent ce qu'ils ne perçoivent pas d'habitude. La peau, nous l'avons vu, a sa sensibilité exacerbée. L'ouïe, maintenant, entend le moindre souffle, le moindre soupir de plaisir, de bonheur, d'amour avant même qu'ils se fassent mots, l'ouïe maintenant entend le langage intérieure. La vue, elle, plus claire à en être clairvoyante, parcourt et développe le corps et le visage de l'aimé(e), les pénètre, les devine, les approuve, les remercie, les admire. Il faut dire que le corps et plus particulièrement le visage irradient de félicité et d'amour. Le visage est diaphane et les yeux sont d'une beauté infinie, d'une profondeur et d'une transparence à y voir passer l'âme.

Pour la santé

Pour la santé la caresse intérieure est une activité très bénéfique. L'homme en maîtrisant son éjaculation échappe à la phase réfractaire, l'a-t-on assez dit : pas de fatigue et encore moins d'épuisements, pas d'abattement, pas de mélancolie. Même après une séquence longue (une heure voire trois heures), l'homme reste tonique et heureux et euphorique. C'est qu'il n'a pas perdu d'énergie, au contraire il en a emmagasinée. L'éjaculation est une charge explosive qui volatilise l'énergie, le pré orgasme de la caresse intérieure est une charge intériorisée d'énergie.

La femme que ne fatigue pas – en général –, son orgasme est ici revigorée par le feu d'artifice orgasmique que lui procure la caresse intérieure. De plus elle se réjouit d'avoir un mari qui n'accuse ni fatigue, ni désintérêt mais qui est au contraire vif et tendre.

Ces avantages de la caresse intérieure permettent à un tel couple de faire l'amour tous les jours et même chaque jour matin et soir (dans ce cas ce sera des séquences plus courtes). Cette pratique décuple l'énergie et ses pratiquants sont des êtres dynamiques, biens vivants et en excellente santé. Ils vieilliront allégrement et continueront à faire l'amour jusque 80 ans et plus.

Les anciens Chinois disaient que la pratique de l'union amoureuse sans émission de sperme était un facteur de bonne santé et un gage de longévité. Des travaux modernes ont montré un parallélisme entre activité sexuelle heureuse et fréquente et durée de vie.

EXISTE-T-IL DES VARIÉTÉS DE CARESSES INTÉRIEURES

La caresse intérieure a le temps pour elle et on peut y inscrire toutes les variations possibles concernant les préliminaires, les caresses associées (du 3e, du 2e ou du 1er cercle), les positions, la profondeur, la direction et le tempo de l'intromission. On peut, du reste, alterner pénétration orificielle et pénétration profonde, le meilleur étant d'alterner lenteur et rapidité, alterner les trajectoires vers le bas, le haut, les côtés (il suffit de déplacer son bassin), alterner force et tendresse.

Dans le pur tantrisme, la position est celle du lotus, les deux aimants étant face à face, le pénis ou lingam étant juste engagé dans le vagin ou yomi ; les mouvements sont de faible amplitude voire nulle, le contact des sexes suffisant à donner l'euphorie.

Chapitre VIII

POSITIONS ET MOUVEMENTS

Je vais vous parler de ce que préfèrent les hommes et qui est bon pour les femmes. Le but des variations dans l'acte sexuel est d'éviter la routine et donc de prévenir l'usure du désir et l'usure du couple. Changer les positions dans lesquelles peut se pratiquer la conjonction fait partie des variations imaginées.

Il faut savoir du reste que l'intérêt de modifier les postures n'est pas seulement de varier les gymnastiques corporelles mais aussi de varier le point d'impact du pénis sur la muqueuse vaginale : selon le point touché par l'organe mâle, les plaisirs de la femme seront différents. C'est pourquoi il est de votre intérêt de participer activement à ces jeux ou d'en prendre l'initiative.

FEMME EN DESSOUS

La position du missionnaire

C'est la position de base, celle de l'Occidental, traditionnel.

La femme est couchée sur le dos, jambes allongées et écartées, l'homme est couché sur le ventre sur la femme, jambes allongées entre les jambes de la femme. On l'appelle position du missionnaire car, en particulier dans les pays d'outre-mer, les prêtres faisaient croire que la seule position digne d'un Chrétien (à vrai dire d'un mâle, « être supérieur ») était celle où l'homme était au-dessus.

Cette position présente quand même quelques intérêts pour les deux protagonistes.

• Les amants peuvent se voir, bien qu'avec quelques difficultés.

• Les amants peuvent se donner des baisers, en particulier de bouche à bouche, et se faire des confidences à l'oreille.

• Les amants peuvent se prendre à pleines mains, se saisir les épaules, le dos, les fesses ; l'homme peut prendre les seins de la femme, bien qu'inconfortablement. Comme, par ailleurs, les poitrines et les ventres se mêlent, c'est un étroit corps-à-corps qui se produit, créant une véritable fusion charnelle.

Toutefois les inconvénients de cette position sont nombreux aussi.

• L'introduction du pénis n'est pas facile car les jambes de la femme étant peu écartées, la vulve et le vagin sont peu ouverts, or le vagin présente à son entrée une chicane ; de plus les mains de l'homme, aussi bien que celles de la femme, se glissent difficilement entre les deux corps, d'autant plus que l'homme est en équilibre sur ses mains et sur ses coudes. Ici, la femme doit collaborer : écarter ses poils et ses lèvres (grandes lèvres et nymphes), mouiller de salive ses muqueuses si sa mouillure n'est pas suffisante, prendre le pénis dans ses doigts et le guider dans l'orifice vaginale. Elle peut aussi glisser ses mains sous ses propres fesses et aller écarter sa vulve.

• La posture des partenaires est inconfortable, spécialement celle de l'homme : celui-ci, appuyé et en équilibre sur les coudes ou sur les mains d'une part et sur les genoux d'autre part, doit se cambrer ce qui peut engendrer des douleurs dans ses lombes ou « reins ».

• La posture laisse peu de liberté et est donc trop statique : la femme est écrasée, sa respiration gênée, l'homme est empêtré. Coincés, les partenaires ne peuvent faire valser leur bassin.

• Les seins et le clitoris sont malaisément accessibles par l'homme aussi bien que par la femme. Difficile pour la femme de se masturber.

• Le point G n'est pas impacté par le pénis, l'angle d'introduction de ce dernier le fait passer en dessous.

Les positions jambes en l'air

Au lieu d'avoir les jambes et les cuisses allongées, la femme replie les cuisses sur son bassin et élève plus ou moins ses jambes.

Les intérêts de ces positions sont les suivants.

• D'ouvrir largement la vulve et de permettre ainsi une pénétration profonde du pénis, jusqu'aux culs-de-sac vaginaux.

• De basculer le bassin vers le haut et de favoriser le contact du pénis avec le point G. La femme devra signaler à l'homme s'il est tombé pile dessus ou s'il doit tâtonner pour trouver le bon impact.

• De mettre le clitoris en contact du pubis de l'homme.

• De libérer les mouvements des partenaires.

Toujours avec les jambes relevées, la femme fléchit ses cuisses à demi sur son bassin et pose ses pieds sur la taille de l'homme. Les avantages sont ceux exposés ci-dessus.

Toujours dans la même position, la femme pose cette fois les pieds sur les épaules de l'homme. En plus de ceux exposés ci-dessus, les avantages de cette position sont les suivants.

• L'ouverture de la vulve est encore plus grande et la profondeur de pénétration possible plus grande aussi.

• La bascule du bassin est plus importante et la possibilité d'impacter le point G meilleure.

Cette fois, la femme fléchit au maximum ses cuisses sur son bassin et ses jambes sur ses cuisses, ses genoux touchant ses seins.

Les avantages sont majeurs ici, particulièrement la profondeur de pénétration possible. Deux variantes sont spécialement intéressantes.

• Mettre un coussin sous les fesses de la femme pour basculer un peu plus son bassin et donc mieux exposer son point G.

• Mettre l'homme à genoux entre les cuisses de la femme afin que lorsqu'il se penchera en avant son pénis et son pubis contactent mieux le clitoris : ici le coussin sous la femme est indispensable.

Femmes au-dessus

La position d'Andromaque

C'est celle que préfère l'homme moderne car elle donne à la femme toute sa liberté. Ici, l'homme est couché sur le dos et la femme à califourchon sur son pubis, cuisses écartées. La femme soulève et abaisse alternativement son bassin de façon à faire coulisser son vagin sur le pénis dressé. Elle peut aussi faire rouler son bassin autour de l'axe du pénis. Elle peut enfin pencher son buste soit en avant soit en arrière. Un coussin peut être mis sous les fesses de l'homme pour accroître la conjonction.

Les avantages sont nombreux.

• L'introduction du pénis dans le vagin est facile.

• Les partenaires peuvent se regarder, voir la beauté de l'autre, de son visage, de son corps, voir en particulier les yeux, le sourire, les mimiques de plaisir, voir ses seins qui dansent, ce qui est bon pour l'amour et l'excitation. Ils peuvent se parler à l'aise.

• Les partenaires ont les mains libres. L'homme a facilement accès au corps de la femme en particulier à ses seins qu'il peut empaumer, presser, tordre ; et à ses fesses qu'il peut pétrir, griffer, etc. ; toutefois l'accès de l'homme au clitoris est plus malaisé. Mais les mains libres de l'homme ne servent pas qu'à caresser, elles peuvent aussi guider la femme, spécialement en les posant sur ses hanches et en l'incitant à amplifier ou à réduire ses mouvements de bas en haut, à amorcer des mouvements de rotation ou encore à se fléchir en avant ou en arrière. De son côté, la femme a facilement accès au corps de l'homme pour le caresser tous azimuts, soit par tendresse, soit pour l'exciter. Elle peut l'embrasser sur le visage, sur la bouche en se penchant en avant.

• Mais l'avantage majeur c'est que la femme peut bouger comme elle l'entend, elle est maître de la manœuvre et peut faire ce qu'il faut pour se donner le meilleur plaisir possible. Elle peut régler la profondeur et l'angle de la pénétration du pénis en elle, le rythme, les pauses, et se donnant du plaisir, elle en donne à l'homme. Celui-ci est déchargé de la conduite des opérations et des initiatives à prendre.

• La femme peut très facilement se caresser le clitoris ce qui lui permet d'accéder à l'orgasme clitoridien et d'entraîner, par conditionnement, sa muqueuse vaginale à jouir jusqu'à l'orgasme.

• La femme en se penchant en avant favorise l'impact entre son clitoris et la base du pénis et le pubis de l'homme.

• La femme en se penchant en arrière favorise l'impact du pénis sur son point G.

• Cette position permet à un pénis non totalement érigé d'être introduit pour son bonheur et celui de la femme, car le point G n'est guère qu'à 4 cm de l'entrée. De toute façon, il n'est pas rare que le pénis, mis ainsi en confiance et en appétit, se mette à grandir.

Variantes d'Andromaque

• La femme est accroupie au lieu d'être à califourchon.

• La femme tourne le dos à l'homme au lieu de lui faire face.

Femme à genoux

La position de la lionne (dit vulgairement de la « levrette »)

C'est la position la plus excitante et la plus jouissive pour l'homme.

La femme est « à quatre pattes » sur ses genoux et sur ses coudes, la tête reposant ou pas sur le lit, les cuisses étant légèrement fléchies et écartées. L'homme est à genoux entre les cuisses de la femme.

La vue de la femme présentant, on peut dire « pointant » ses fesses, sa vulve et son anus de façon aussi éclatante, voire impudique, est pour le mâle, irrésistible. En outre cette position évoquant l'union des quadrupèdes doit stimuler en nous un reste d'animalité : il y a sept millions d'années nos ancêtres qui n'avaient pas encore acquis la position verticale – debout –, se tenaient et marchaient le plus souvent à quatre pattes ; ils copulaient donc par l'arrière. Nous n'avons rien oublié et nous retrouvons tout naturellement nos atavismes.

La femme en lionne présente bien des avantages.

• L'introduction est facile, l'axe du pénis est exactement dans l'axe du vagin ; rien d'étonnant, c'était la position naturelle, celle de nos ancêtres animaux puis hominidés.

• La pénétration est profonde et atteint le col utérin et les plots des culs-de-sac vaginaux.

• Le point G est facilement impacté par le pénis.

• L'accès au clitoris par les mains de la femme comme par celles de l'homme est aisé.

• L'homme peut facilement caresser tout le corps de la femme et spécialement ses seins et ses fesses. L'homme peut mordre aisément le dos ou le cou de la femme.

• L'homme peut voir et admirer le corps de la femme en sa face postérieure : ses fesses, ses reins, son dos, sa nuque, ses épaules, ses cheveux. Il peut humer les fragrances de son sexe qui s'élèvent jusqu'à ses narines.

• Le contact entre le ventre de l'homme et les fesses de la femme est très agréable.

Au total, c'est la position où l'accès à l'orgasme est le plus facile pour les deux sexes.

Les mouvements sont effectués par l'homme d'arrière en avant et réciproquement. La femme peut aller au-devant des mouvements de l'homme ;

en synchronisme inversé. Elle pourrait aussi agir seule, l'homme étant immobile ; mais c'est une variation peu confortable.

Si les femmes aiment aussi cette position, c'est non seulement qu'elle leur apporte des plaisirs très forts mais c'est aussi qu'elle leur permet de faire à l'homme aimé un magnifique cadeau. Comme dans la caresse intérieure, les amants alternent les séquences de mouvements et les pauses. Les mains de l'aimant empoignent les hanches de l'aimée pendant l'action et vont jardiner son corps pendant les pauses. Romantiques, elles promènent leur douce pulpe sur les fesses, les flancs, le dos, le cou, les épaules, la nuque où elles éveillent soupirs et chair de poule. Félines, elles laissent traîner des griffes sur ces mêmes zones, histoire d'aiguiser les frissons ; elles iront même poser des petites griffures dans les fossettes de la nuque, histoire de faire dresser les cheveux. Gourmandes elles pétrissent à pleines paumes et par grands plis la glaise féminine, etc.

La position en lotus

C'est la position de l'érotisme tantrique, la Mathunea. La femme et l'homme sont assis l'un en face de l'autre, les jambes pliées, celles de la femme posées sur celles de l'homme. C'est la posture de méditation. Le sexe de l'homme est inséré dans celui de la femme.

Les corps ne bougent pas. L'orgasme, ou plutôt l'extase, ne vient pas d'un va-et-vient mécanique mais du contact prolongé des deux sexes. Bien entendu, il faut que l'homme ait une érection prolongée (mais pas forcément importante), ce qui s'obtient par la maîtrise de l'éjaculation.

La position sur table

Les hommes en raffolent, les femmes y trouvent de grands plaisirs. Il faut disposer d'une solide table, comme ces tables de ferme en chêne ou en noyer.

La femme est allongée sur le plateau dans le sens de la longueur, les fesses à la limite d'une extrémité, cuisses repliées sur l'abdomen, et un peu écartées, c'est-à-dire la vulve bien exposée et ouverte. L'homme est debout entre les cuisses féminines.

Les avantages sont évidents.

• L'introduction est facile, le pénis étant à la hauteur de la vulve, laquelle est bien exposée. Et la pénétration peut être profonde.

• Les mouvements de l'homme sont aisés.

• Le clitoris est facilement accessible à la femme aussi bien qu'à l'homme.

• La face antérieure du vagin, et donc le point G, sont impactés pour un homme de taille moyenne et une table de hauteur normale. Mais si la taille de l'homme et la hauteur de la table font que le pénis est plus haut que le vagin ce sera la paroi postérieure (point P) qui sera touchée ; si le pénis est plus bas ce sera la face antérieure à nouveau.

Une variation : la femme est debout face au bord de la table, elle se penche et s'appuie sur elle, l'homme est debout derrière elle et la prend par l'arrière.

Les positions sont innombrables et nombreux les livres qui les décrivent. Plutôt qu'une étude exhaustive des postures, j'ai trouvé plus utile d'exposer les positions de base, leurs avantages et les points d'impact, ce qui permettra aux hommes de mieux cibler sur les zones sensibles du vagin les mouvements de leur pénis.

Mouvements libres

Parmi les mouvements qu'apprécie l'homme et qui font autant plaisir à la femme, il y a : porter son bassin à la rencontre de l'homme pour accroître l'impact du gland sur la muqueuse vaginale et intensifier l'union des sexes, translater son bassin ou l'incliner pour cibler un point érogène vaginal.

À vrai dire l'homme adore lorsque la femme bouge son bassin. Sentir sous lui ou voir devant lui une femme onduler du bassin, le tortiller, telles les Orientales qui pratiquent la danse du ventre, est une sensation ou une vision plus qu'excitante, bouleversante. Hélas, la quasi-totalité des femmes occidentales ont le bassin verrouillé. Il est urgent qu'elles fassent des exercices pour apprendre à débloquer leurs vertèbres lombosacrées et leurs hanches. Ce devrait être une priorité de ces milliers d'associations de gymnastique et de yoga où elles passent au moins une soirée par semaine. Elles pourraient compléter ces séances par la pratique du « houla-hoop », ce cerceau qui assouplit si bien les hanches. Les hommes aussi du reste.

Bien entendu il faudra que les amants accordent leurs mouvements, les harmonisent, les synchronisent. N'oublions pas que l'amour est une danse.

Inversement, il faut veiller à ce que chacun n'entrave pas les mouvements de l'autre, et spécialement les mouvements de son bassin. Évitez de peser de tout votre poids sur l'autre. Quand l'homme est au-dessus de la femme, qu'il ne s'affaisse pas sur sa poitrine sous peine de l'étouffer, qu'il n'écrase pas son bassin qui, alors, ne peut plus danser ; pour libérer les mouvements de la femme, il doit prendre appui sur ses mains, redresser le buste et cambrer les reins. Quand c'est la femme qui est au-dessus de l'homme, elle doit veiller à ne pas bloquer son bassin afin qu'il puisse le soulever, le mouvoir.

Autre chose dont les hommes raffolent : quand la femme contracte par petits coups certains muscles de son vagin (le muscle constricteur de la vulve à l'entrée du vagin et le pubo-coccygien quatre centimètres plus haut). Nous avons vu dans les chapitres précédents comment actionner ces muscles et réaliser ces bijoux d'érotisme qu'appréciaient déjà les Chinois et les Hindous anciens, orfèvres en la matière. On lit dans *L'Ananga Ranga* : « Pour que le plaisir de son mari soit complet, la femme devra toujours s'efforcer de resserrer son yoni de telle sorte qu'il se moule au lingan, se dilatant et se comprimant à volonté, pareil à la main de la laitière Gopala qui trait la vache. Ceci peut s'apprendre… L'art, une fois appris, ne se perd plus. Son mari alors l'appréciera au-dessus de toutes les femmes ; et il ne l'échangerait pas contre la plus belle reine des trois mondes, tant est précieux à l'homme le yoni qui se resserre ! »

En guise d'introduction

La séquence pénétration est meilleure, tant pour la femme que pour l'homme, lorsque la femme est bien préparée par des caresses tous azimuts ; le summum étant lorsque la femme merveilleusement excitée réclame elle-même l'intromission. « Prends-moi ! Viens ! Oh viens vite ! » est une des plus belles prières qu'un homme puisse entendre. Sa vulve et son vagin sont ouverts et même éversés telle une fleur au meilleur de son épanouissement, leur muqueuse est parfaitement lubrifiée et leur chair gorgée de sang du désir. L'homme peut aisément y introduire sa verge. Toutefois, il est bon que la femme l'aide à le faire.

En effet, il est bon que la femme, tout d'abord, vérifie qu'elle est assez lubrifiée ; si ce n'est pas le cas (manque de désir, insuffisance de préparation, toilette préalable, veille des règles…), elle y remédiera en portant un doigt à l'entrée de son vagin, toujours humide, lui, et en ramènera la mouillure sur la surface de la vulve. À moins qu'elle y amène un peu de salive. Ensuite, la femme ouvrira sa vulve en écartant de ses doigts pilosité et grandes lèvres.

Puis, prenant le pénis d'une main, elle le guidera vers l'orifice vaginal, tout en faisant des petits mouvements d'avancée de son bassin à la rencontre de l'homme. Enfin, retirant sa main du pénis, elle saisira à deux mains les hanches de l'homme et le tirera vers elle. C'est l'instant délicieux où chacun sentant la verge s'enfoncer tressaille de plaisir et de joie.

C'est dans la stricte position du missionnaire (femme dessous, jambes allongées) que l'introduction est la plus difficile, surtout si la femme ne donne pas un coup de main. Mais dans les trois variations : jambes de la femme en l'air, jambes sur la taille ou les épaules de l'homme ou jambes fléchies sur son propre ventre, ses genoux touchant ses seins, la vulve est mieux exposée et l'introduction plus aisée. Pour améliorer encore l'introduction, l'homme pourra se mettre à genoux et la femme un coussin sous les fesses.

Dans la position d'Andromaque, femme à genoux et à califourchon sur l'homme, la vulve baille au maximum et donc l'introduction est facile. Celle-ci sera confiée à la femme qui a toute liberté de manœuvre pour initier et opérer l'intromission, libres sont ses mains, libre est son bassin.

Dans la position de la lionne, l'exposition et l'écartement de la vulve sont idéales et l'introduction par l'homme rêvée. Toutefois, il est bon quand même que la femme guide de deux doigts le pénis pour le faire glisser dans la vulve comme une lettre à la poste. Et puis l'union doit toujours être un duo. Il faut veiller à la perfection de la position : la femme doit avoir les genoux devant son bassin, c'est-à-dire sous son ventre afin que son postérieur pointe bien ; l'homme doit mettre ses cuisses et ses genoux entre les cuisses un peu écartées de la femme ; ainsi chacun étant bien positionné, vulve et pénis se retrouvent nez à nez et le bal des ardents pourra débuter. Attention toutefois : que l'homme ne se précipite pas tête baissée au fond du cul-de-sac vaginal postérieur il pourrait en coûter quelque douleur à sa cavalière. Qu'il esquisse quelques pas de danse, poussant doucement et par petits coups son pénis dans le palais vaginal.

Durée du coït

« Bref », le coït se déroule en quelques minutes. L'homme en érection peut éjaculer entre une et quatre minutes. La femme excitée et au vagin suffisamment éveillé et « entraîné », c'est-à-dire ayant atteint sa « majorité sexuelle », arrive à jouir aussi en quatre minutes. Cette brièveté se voit dans les embrasement soudains et joyeux : les partenaires également très désirants et très excités se retenaient depuis quelques heures quand ils se retrouvent enfin seuls l'un en face de l'autre ; alors ils se jettent sans préambule et fougueusement l'un sur l'autre, avec une faim comparable. C'est l'amour « à la hussarde » où les partenaires ne prennent même pas le temps de se déshabiller ou alors s'arrachent les vêtements. Hélas, le plus souvent le coït bref est la façon habituelle de faire l'amour des hommes sous-développés sexuellement ; pour le plus grand malheur de leur compagne.

D'une « durée moyenne », le coït occupe quinze minutes. C'est « l'ordinaire » de la majorité des gens, la « messe basse ». Mais on peut quand même se faire du bien dans cet intervalle. Et puis on peut s'offrir une « grand-messe » de ci et de là.

« Longs » les coïts atteignent quarante minutes. C'est la grand-messe. Pour les jours fériés, les RTT, les vacances.

« Très très long » (TTL), le coït occupe 4, 5, 6 heures. C'est la grande fête, quasi le festival. À faire de temps en temps. Expérience merveilleuse pour un couple. Ça vous rapproche plus encore. Ça unit encore plus.

Bien entendu, dans toutes ces unions sexuelles qui durent, la maîtrise de l'éjaculation et de l'art de la caresse intérieure est indispensable. Au cours de ces longues unions, la femme récolte plusieurs orgasmes ; parfois les orgasmes s'enchaînent de façon continue, mettant la bénéficiaire dans un véritable état de transe. Quant à l'homme, il n'est pas de reste, la durée fait croître sans cesse sa volupté, fortifie son érection et lui offre nombre de pré-orgasmes.

La plupart des gens disent qu'ils n'ont pas le temps de faire l'amour, l'amour long en particulier. En vérité, chacun peut trouver le temps nécessaire, il suffit de supprimer une soirée de télévision, un spectacle, un match. La vie sexuelle, dans un couple, doit avoir la priorité.

Jouir en même temps

L'orgasme simultané, l'homme en rêve. Et c'est lui qui peut le mieux le provoquer : progressivement, il a fait monter l'excitation de son amoureuse par des préliminaires puis par une pénétration prolongée ; maintenant, l'excitation de la femme est à son comble, il la sent prête à décoller ; alors il déchaîne ses mouvements, son orgasme éclate et son éjaculation fuse ; la femme perçoit soudain le terrible plaisir de l'homme, ses mouvements accélérés, son souffle précipité, ses cris et elle sent son pénis devenu hyper-brûlant et hyper-magnétique frémir, battre et expulser un liquide chaud qui inonde son ventre, tandis que l'homme l'étreint avec force. Alors au summum de l'excitation, elle déchaîne son corps et jaillit dans l'orgasme.

Il est une autre façon d'atteindre la communion orgasmique : l'homme fait l'amour de la meilleure manière qui soit pour amener la femme à un haut niveau d'excitation. Tant que la femme n'y accède pas, il contrôle son éjaculation ; mais lorsqu'il sent sa compagne commencer à s'élancer, il accélère ses mouvements pour rattraper la femme et ils éclatent ensemble.

C'est une expérience des plus marquantes que celle de se déchaîner ensemble, de danser frénétiquement ensemble, de crier et de souffler ensemble, de partager un plaisir extrême et un état de conscience sublime fait d'unité et de félicité. C'est la fusion vécue absolument.

Toutefois ce ne doit pas être le but de tout rapprochement : il n'est pas atteignable à tous les coups ; et puis il faut dire que lorsqu'on est dans son propre orgasme, on ne peut être tout à fait attentif à l'orgasme de l'autre, or de voir et de vivre bien consciemment le plaisir suprême de son aimé(e) est un événement extrêmement important. Donc il vaut mieux, le plus souvent, avoir un orgasme chacun son tour.

Que l'on commence par l'orgasme de la femme (un ou plusieurs), car l'homme après son orgasme présente sa fameuse phase réfractaire où son désir et son érection retombent, or quand c'est fini pour l'homme c'est fini pour la femme. Que l'homme se maîtrise le temps que la femme monte en excitation et accède à quelques orgasmes. Puisqu'il s'accorde, s'il la décidé, un orgasme personnel avec éjaculation. C'est une option. La caresse intérieure sans éjaculation en est une autre.

Chapitre IX

LE SEPTIÈME CIEL AU MASCULIN

Le cycle du plaisir comprend chez l'homme comme chez la femme : la phase d'excitation ascendante, la phase d'excitation en plateau, l'orgasme, la phase de résolution et la phase réfractaire.

La phase d'excitation ascendante

Les différents stimuli, soit directs, c'est-à-dire portant sur la verge, soit indirects, c'est-à-dire jouant par l'intermédiaire des organes des sens – la vue, le toucher, etc. – provoquent un afflux de sang dans les tissus érectiles de la verge. Cette intumescence ou turgescence entraîne l'érection ou rigidification de la dite verge. Tout le bassin reçoit aussi un afflux de sang et tous les organes pelviens se congestionnent. Pendant cette phase le plaisir apparaît et croît. Il est de plusieurs sortes.

Plaisir provoqué par des contacts extérieurs : stimulations diverses (digitales, buccales, etc.) appliquées sur la verge, ou frottement de la verge sur une surface (le vagin, le sein, etc.)

Plaisir engendré par l'érection perçue de l'intérieur : sensation de remplissage, d'engorgement par le sang et sensation de tension du sang sous pression.

La phase d'excitation en plateau

L'intumescence est à son plein, l'érection à son maximum et se maintient de façon constante.

Ici, le plaisir continu de croître, devient superlatif pour atteindre une intensité extraordinaire juste avant que n'éclate l'éjaculation.

C'est au cours de cette phase que les bourses se ramassent et que les testicules ascensionnent jusqu'au périnée, cela afin d'éviter d'être ballottés en tous sens au cours de l'acte sexuel. Les bourses augmentent de 50 % leur volume.

La phase d'imminence d'éjaculation

Avant que ne jaillisse le sperme, l'homme ressent une sensation de plaisir aiguë à la surface de son gland, liée, elle, aux frottements sur la muqueuse vaginale et une autre, plus aiguë, plus terrible à la racine de la verge, là ou elle s'implante sur le périnée, liée, elle, à la mise en tension des voies spermatiques (vésicules séminales, prostate, urètre) et plus précisément à l'accumulation du sperme dans l'urètre prostatique et donc à la pression de ce sperme. Un petit bouton muni de capteurs sensibles – le veru montanum qui se trouve dans l'urètre prostatique – informe du niveau de cette pression et du plaisir qui va avec. Ce plaisir plus aigu constitue le point pré-éjaculatoire ou point d'imminence de l'éjaculation.

À cet instant si les stimulations cessent (celles de la main, de la bouche ou du coït), le réflexe éjaculatoire ne se produira pas.

La phase d'éjaculation

Si les stimulations continuent encore quelques dizaines de secondes, on franchit le point de non-retour et le réflexe se déclenche brusquement, de façon irrésistible, sans que la volonté n'y puisse rien, non plus qu'une quelconque menace extérieure ; le sperme est expulsé et l'homme est emporté par un plaisir culminant : l'orgasme, un plaisir à crier. Mais rarement l'homme ose crier, ce qui est regrettable car il jouirait encore plus fort.

L'éjaculation, comme on l'a vu au chapitre précédent, correspond à des contractions rythmiques des voies spermatiques et du périnée. À chaque secousse expulsive correspond un pic de plaisir ; les trois premiers pics de plaisir sont extrêmement forts, les suivants vont decrescendo. La quantité de plaisir n'est pas proportionnelle à la quantité de sperme. S'il y a plusieurs éjaculations successives, à la fin, les plaisirs-orgasmes seront secs, mais extrêmement voluptueux.

Les voies du sperme

Elles conduisent le sperme des testicules à l'extrémité du gland. Le circuit est complexe, les voies spermatiques comportant une succession de conduits sur lesquels se branchent des réservoirs et des glandes. La première section – dite épididyme – est située sur le pôle supérieur de chaque testicule ; en forme d'entonnoir, elle recueille le sperme sécrété par la glande correspondante. La seconde section – dite canal déférent – longue de plusieurs centimètres, part de l'épididyme, gagne l'intérieur du bassin et aboutit en un point situé sous la vessie où elle reçoit un fin canal issu d'une vésicule séminale. La troisième section – dite canal éjaculateur, longue de quelques millimètres – va du point sus-cité jusqu'à l'urètre prostatique. La quatrième section – dite urètre prostatique – longue de 15 millimètres, traverse la prostate et atteint le pénis ; à ce niveau elle reçoit les canaux excréteurs des glandes de Cooper. La cinquième section – l'urètre pénien – suit l'axe du corps spongieux jusqu'à l'orifice du gland.

Les vésicules séminales sont de petits réservoirs qui sécrètent un liquide dit séminal qui constitue les 2/3 du sperme ; elles stockent les spermatozoïdes venus des testicules et le liquide séminal. Lors de l'éjaculation, ces réservoirs se contractent et chassent le sperme dans l'urètre.

La prostate est une glande située sous la vessie et entourant l'urètre dès sa sortie de la vessie, urètre justement appelé « prostatique ». La prostate a une forme de châtaigne et mesure 15 millimètres. Elle est plus développée en arrière, c'est-à-dire vers le rectum ; c'est pourquoi en pratiquant un « toucher rectal », c'est-à-dire en mettant un index dans l'ampoule rectale, on sent bomber cette prostate, ferme, élastique et lisse. Elle sécrète un liquide qui entre pour 1/3 dans la constitution du sperme. Elle a une sensibilité certaine qui peut en faire une zone érogène douée d'un potentiel orgasmique. De plus, en se contactant par secousses elle participe à l'orgasme général.

Les glandes de Cooper sont situées sous la prostate. Elles sécrètent, quand le désir pointe ou qu'une excitation survient, quelques gouttes d'un liquide qui a pour mission de lubrifier et de nettoyer l'intérieur de l'urètre afin que le sperme y glisse parfaitement. Ces gouttes apparaissent à l'extrémité du gland, au méat urinaire : c'est la « rosée d'amour » ; elle apparaît plutôt chez les jeunes.

L'éjaculation

Le sperme est formé de sécrétions venant des testicules, de la prostate et des vésicules séminales. Il est stocké dans les vésicules séminales. Avant que de jaillir sous l'effet de l'excitation, le sperme s'accumule dans l'urètre prostatique, entre l'anneau musculaire qui ferme la vessie en haut et l'anneau musculaire qui ferme l'urètre en bas à sa sortie de la prostate. Pris entre deux anneaux fermés, la pression du sperme s'accroît, accroissement capté par un bouton sensible – le « veru montanum » – qui déclenche l'éjaculation lorsque la pression atteint un certain niveau. Alors, l'anneau du haut se resserre plus encore pour empêcher le sperme de remonter dans la vessie (ce qui arrive parfois, c'est l'éjaculation rétrograde), tandis que l'anneau du bas s'ouvre pour laisser passer le jet de sperme.

Parallèlement, des muscles se contractent en synergie pour expulser le sperme de l'urètre prostatique vers l'extrémité du gland.

• Contraction des voies spermatiques : canaux déférents, vésicules séminales et prostate.

• Contraction de l'urètre prostatique.

• Contraction des muscles du périnée en particulier des muscles bulbo-caverneux et pubo-coccygiens qui alors pressent l'urètre qu'ils enveloppent.

Les contractions sont rythmiques, cadencées (alternance contraction-relâchement) ; l'intervalle entre deux contractions est de 8/10 secondes, il est plus grand pour les dernières ; le nombre total de contractions est de 3 à 6 ; les premières sont violentes et les dernières plus douces. La durée totale de l'éjaculation est de 8 à 15 secondes. L'éjaculation est un réflexe automatique que la volonté ne peut ni provoquer, ni suspendre. La jouissance orgasmique précède le train de contractions puis l'accompagne. Elle est ressentie dans le pénis et la prostate.

On remarquera la similitude des réactions orgasmiques de l'homme et de la femme. Chez les deux, l'orgasme s'accompagne de contractions rythmiques des muscles du périnée selon la même cadence. Comme la femme, l'homme devrait renforcer sa musculature périnéale par des exercices pour accroître l'ampleur de son orgasme.

La phase de résolution

Les stimuli cessant, le sang en quelques secondes quitte les tissus érectiles : les corps caverneux et le corps spongieux se vident. C'est la détumescence. Le pénis reprend sa taille de repos et sa flaccidité. Le sac scrotal se relâche, les testicules redescendent. Le gland reste hypersensible, voire douloureux ; s'il est demeuré dans le vagin, ça l'empêche de bouger, s'il est sorti, ça le rend intouchable.

L'homme est fatigué, « vidé », il a besoin de repos, il a aussi envie de dormir irrésistiblement. De plus, il a du vague à l'âme, il est mélancolique. *« Post coïtum omne animal triste »* remarquait déjà Gallien. Ce triste état a deux origines : une origine biochimique liée à l'effondrement du taux des neuro-hormones du plaisir (endomorphines, etc.) après qu'elles aient atteint un pic au moment de l'orgasme ; et une origine psychique due à la déception de l'homme qui, pendant quelques instants, avait jailli au septième ciel, y avait connu une brève fusion avec sa partenaire, mais n'a su y rester et est retombé plus bas que terre et plus seul que jamais.

À vrai dire, cet état pitoyable de fatigue et de langueur est le fait de l'homme machiste qui réduit l'acte sexuel à une banale séquence de « pénétration-éjaculation » par ailleurs dépourvue de sens. L'homme généreux, au contraire se trouve régénéré et dans un état de conscience supérieure – l'extase – étant donné qu'il pratique la maîtrise de l'éjaculation et la « caresse intérieure », comme nous l'avons vu au chapitre VII.

La phase réfractaire

Elle double la phase de résolution. L'homme y est devenu réfractaire à toute activité sexuelle : il est moins sensible aux stimulations diverses, son désir est diminué, voire annulé, son érection réduite, voire impossible. Cette phase réfractaire dure, selon l'âge, de quelques minutes à quelques jours ou à quelques mois. Elle est moins marquée chez les hommes jeunes ou chez les hommes à forte libido ; chez eux, désir et érection persistent après l'éjaculation, aussi peuvent-ils répéter les coïts jusqu'à 3 à 4 fois contre 1 ou 2 fois pour la population masculine moyenne. Ils ne seraient que 15 % à pouvoir répéter, presque sans compter, leurs éjaculations.

La phase réfractaire et ses inconvénients concernent spécialement l'homme machiste en raison de sa façon de faire l'amour qui, nous l'avons assez vu, se réduit à la séquence aussi banale qu'automatique « pénétration-éjaculation ». Hélas, cette phase est encore plus catastrophique pour la partenaire de cet homme. Elle aimerait que les ébats durent et rebondissent pour atteindre à son tour l'orgasme et elle aimerait baigner enduite dans de tendres postludes. Ce qui est impossible avec un homme ayant perdu son désir et son excitation, en un mot désintéressé.

Les hommes généreux ne connaissent pas les effets négatifs de la phase réfractaire. La pratique de la « caresse intérieure » et du contrôle de l'éjaculation fait que leur désir et leur érection persistent aussi longtemps que dure la relation sexuelle et même après, quel que soit leur âge. Leur partenaire peut donc atteindre l'orgasme et le répéter. Ensuite, ils restent blottis physiquement et unis psychologiquement, dans un état de conscience privilégiée.

Les réactions du corps

La peau rougit, souvent par tâches, et devient plus chaude, plus attirante, plus « magnétique ».

La pupille des yeux se dilate. Cette « mydriase » est un signe de désir et de plaisir. Elle est aussi un signal qui éveille le désir de l'autre, comme nous l'avons déjà vu. C'est elle encore qui donne au regard sa profondeur et sa beauté pendant l'union sexuelle. Cependant, cette mydriase a un inconvénient : elle provoque une hypersensibilité à la lumière, voire une photophobie ; la pupille grande ouverte laisse entrer trop de jour. Il faut donc que les amoureux atténuent la lumière et même qu'ils ferment les yeux au cours de l'orgasme.

Les mamelons se dressent et se congestionnent, toutefois, moins chez l'homme que chez la femme.

Les muscles sont très actifs pendant l'acte, voire déchaînés dans l'acte ordinaire de l'homme ancien mais au contraire paisibles dans la caresse intérieure de l'homme nouveau. Ils sont même immobiles dans la relation tantrique. Ils se détendent totalement après l'orgasme. Les muscles du visage se crispent dans l'acte ordinaire mais ils restent doux dans la caresse intérieure ; ils sont carrément « zen » dans la relation tantrique, ce qui donne au visage cet aspect radieux qu'on trouve aux couples sculptés sur les temples orientaux.

Le cœur s'accélère et ses contractions s'amplifient. Dans l'acte ordinaire, le rythme cardiaque peut atteindre 110 voire 160 pulsations par minute et friser la tachycardie ; ce qui n'échappe pas à la partenaire qui sent le cœur de son homme cogner très fort. La tension artérielle monte de 3 à 6 points. Ces modifications cardio-vasculaires doivent rendre prudents les hypertendus. Dans la caresse intérieure le pouls et la tension augmentent beaucoup moins.

La respiration s'accélère passant de 18-20 inspirations par minute à 30 voire 40, ce qui est de l'essoufflement. Après l'orgasme, la respiration s'apaise et un (ou deux ou trois) gros soupir termine ce decrescendo. Dans la caresse intérieure, la respiration s'accélère sans atteindre l'essoufflement.

Le vécu de l'orgasme

L'homme égoïste qui « saute » une femme, qui « tire son coup », c'est-à-dire qui exécute l'acte sexuel presque sans préliminaires, sans guère de raffinement et en un temps court, ne peut avoir qu'un plaisir réduit et limité à ses organes sexuels. Il ressent pendant le va-et-vient un plaisir aigu à la surface du gland qui frotte sur la muqueuse vaginal ; et au moment de l'orgasme, une jouissance extrême d'allure explosive par sa brutalité soudaine et à type de crampe voluptueuse (ne dit-il pas « tirer sa crampe » ?) qu'il ressent à la racine de la verge et dans le périnée. C'est un plaisir du zizi et de sa racine. Parfois ça peut irradier dans le dos ; mais ça ne s'expanse pas, ça n'englobe pas tout le corps, ça n'implique pas l'homme, c'est un plaisir d'organe, un plaisir partiel, fugitif, qui ne fait que passer. Tout se passe comme si l'homme voulait se décharger d'une tension nerveuse, se débarrasser d'une excitation en les déversant avec agressivité dans le vagin. Comme s'il avait à relever un challenge, celui d'éjaculer, et qu'il devait, pour y arriver, s'éreinter et ahaner.

L'homme généreux, lui, fait précéder l'acte sexuel de longs préliminaires plus ou moins raffinés intéressant toutes les parties du corps et tous les sens. L'acte lui-même, accompli selon l'art de la « caresse intérieure », dure un certain temps (de plusieurs minutes à plusieurs heures). Aussi les plaisirs sont infiniment plus longs, plus forts et plus totaux. Les plaisirs de la verge sont croissants et très intenses, ils irradient dans le périnée et dans les reins, ils enchantent tout l'être. Quant à l'orgasme, il est fantastique, il explose du gland à la racine de la verge et ses ondes de choc fusent dans tout le corps, ravageant le périnée, soufflant le bassin, éclatant dans le ventre, arrachant la colonne vertébrale, irradiant dans le thorax, pour exploser à nouveau dans la tête. Le corps se dilate, le corps s'expanse, le corps chante, le corps crie, le corps brille.

Alors, le plaisir de l'homme n'a rien à envier à celui de la femme. En plus, dans la caresse intérieure il peut répéter ses acmés. Du reste, les descriptions masculines de l'orgasme rejoignent celles des femmes.

Chers orgasmes

« Je sens très rapidement une sensation de plaisir très aigu dans le pénis, spécialement dans sa racine. Puis je sens des secousses formidables dans cette racine et des saccades de sperme passant par ma verge ; alors le plaisir passe dans mon ventre, puis il monte dans mon dos. Ça envahit tout mon corps, ça prend possession de moi. »

« C'est une tension dans ma verge, dans mon bas-ventre qui croît, qui croît et soudain, c'est l'explosion. Le plaisir est terrible, il brûle mon sexe et embrase mon ventre. Je perds la tête, je ne sais plus rien, je ne sais plus où je suis, qui je suis. C'est l'ivresse. »

« C'est un séisme, des ondes parcourent ma verge, secouent mon ventre puis tout mon corps des pieds à la tête. Je quitte la Terre, je m'envole. »

« C'est violent, ça vous emporte comme un cyclone. Tout mon corps chavire, ma tête chavire. Je ne suis plus là. Le temps n'existe plus. »

Bien entendu l'orgasme n'est pas toujours au summum. Ça varie avec les jours, le stress, la fatigue. L'orgasme est suivi d'une profonde détente musculaire et nerveuse et d'un immense bien-être. L'homme raffiné aime rester blotti dans les bras de l'autre, baignant tout deux dans la même euphorie, ne faisant toujours qu'un. Cet « après-orgasme », dans ces conditions, est un des plus grands bonheurs qu'un humain puisse connaître : « Après l'amour, j'aime rester en elle, mon sexe bien chaud et moi dans ses bras et elle dans mes bras. C'est le nirvana. »

Le périnée : une lyre en délire

Comme l'avaient montré les travaux fondamentaux de Masters et Johnson, l'orgasme s'accompagne de la contraction spécifique d'un groupe de muscles particuliers : les muscles périnéaux.

Le périnée, qui est le fond du bassin, est constitué d'un tressage de muscles dont le principal est tendu entre le pubis et le coccyx en arrière : le muscle pubo-coccygien. Quand survient l'orgasme (et l'enregistrement montre que la sensation précède le train d'ondes musculaires), les muscles du périnée, dont le fameux pubo-coccygien se mettent à se contracter, par intermittence et en cadence, autrement dit, ils présentent des contractions érectiles rythmiques, ils battent comme des ondes qui vibrent. L'intervalle est de 0,8 seconde, le nombre de contractions-battements de 8 à 14. C'est exactement ce qui se passe dans les orgasmes de la femme.

Chapitre X

LA PANNE D'ÉRECTION : COMPRENDRE ET AIDER L'HOMME

La panne c'est l'impossibilité pour la verge de se mettre en érection et l'impuissance où est l'homme de la commander. « Impuissance », le mot est lâché : il dit bien que le roi le plus prestigieux, le savant le plus brillant n'y peuvent rien, que la volonté est incapable de déclencher le phénomène de la turgescence.

Face à une femme qu'il voudrait pénétrer ou qui souhaite être pénétrée, l'homme se trouve alors dans une situation extrêmement difficile et humiliante, car c'est sa virilité qui est en cause.

On évite actuellement le terme « impuissance » qui a une connotation tellement négative. On préfère dire : « panne », « asthénie sexuelle », « troubles de l'érection » ou « dysfonctionnement érectile » qui est le terme officiel, ainsi défini : « C'est l'incapacité à obtenir et à maintenir une érection suffisamment rigide et durable pour permettre une relation sexuelle satisfaisante ». En effet, l'érection est la condition de l'union sexuelle.

Ça n'arrive pas qu'aux autres

Ce que nous appelons « pannes », Stendhal l'appelait « fiasco ». Oui, la panne, tout homme l'a connue, la connaît ou la connaîtra.

La déception du plaisir raté n'est rien en comparaison de la honte que ressent l'homme vis-à-vis de la femme, et du profond sentiment de dévalorisation qui le crucifie. C'est son statut d'homme qui est en question. « Je ne suis plus un homme » pense-t-il.

Voilà qui nous punit d'avoir brandi le phallus érigé comme l'étendard de la virilité et le symbole d'une supériorité qui nous permettrait de dominer la femme. Mal nous en prit car l'érection est la fonction la plus vulnérable, sauf chez les barbares.

Si la panne se renouvelle, ou pire s'installe sur un mode chronique, les conséquences en sont graves. Pour la vie sexuelle d'abord : dans les premiers temps, l'homme garde l'espoir ; s'il monte au front avec appréhension, il se dit toutefois que ça pourrait peut-être fonctionner ; mais les échecs s'accumulant, il renonce à faire l'amour et fuit même la femme.

Pour le couple les suites sont funestes aussi : pour tester ses capacités de bandaison, l'homme commet quelques infidélités ; pour tester sa désirabilité et s'octroyer des plaisirs compensatoires, la femme s'autorise quelques aventures extraconjugales, les humeurs sont mauvaises, des conflits éclatent, le désamour gagne, le couple est en danger. Enfin, pour l'impuissant, les conséquences psychiques sont dramatiques : mésestime de soi, perte de confiance en soi, perte de la qualité de vie, état dépressif, déstructuration. Certains finissent par se suicider.

Ce sont chez les hommes de rang « supérieur » et chez les mieux « baraqués » que l'asthénie érectile est le plus mal vécu.

Les causes des pannes

Il existe plusieurs causes possibles :

- **Causes psychiques**

Pour que l'érection se déroule parfaitement, il faut que les vaisseaux et les nerfs qui y participent, à chaque étage du système érotique, soient en bon état. Toute altération entraînera un dysfonctionnement érectile. On peut donc à ce dysfonctionnement trouver des causes psychiques, des causes organiques et des causes toxiques. Ceci posé, neuf pannes sur dix ont une cause psychique. Néanmoins, avant de dire « c'est psychologique », il faut s'assurer qu'il n'y a pas d'altération organique en pratiquant un examen physique et un bilan sanguin.

Parmi les causes psychiques, les émotions et spécialement les émotions de peur et d'anxiété sont les premières.

Les émotions les plus contraires à l'érection sont : la peur, l'anxiété, l'angoisse, l'appréhension, l'inquiétude, le stress, la colère, l'agressivité. Toutes situations qui déclenchent de telles émotions sont fatales pour la turgescence.

Il est une autre cause psychique du trouble de l'érection : c'est le manque de désir. Pas de désir, pas d'érection, c'est logique. Ce manque peut venir de l'homme lui-même : préoccupations, fatigue, dépression, maladie, autant de raisons qui coupent toute envie de faire l'amour.

Ces pannes d'origine psychique affectent plus particulièrement les hommes sensibles et émotifs, les hommes cultivés et les hommes nouveaux. Elles ne concernent pas les barbares et très peu les hommes anciens.

- **Les causes organiques**

Un ou plusieurs organes de la fonction sexuelle est malade. Pour le dépister, il faudra ausculter l'homme, faire une analyse de son sang (doser le sucre, c'est-à-dire la glycémie, les graisses, c'est-à-dire le cholestérol et les triglycérides, et l'hormone mâle autrement dit la testostérone) ; les explorations spécialisées concernant la verge et l'érection viendront ensuite.

- **Les causes toxiques**

Tabac, alcool, drogues, médicaments peuvent aussi être à l'origine des pannes.

Le rôle majeur des femmes

Face à une panne, elles peuvent achever un mâle ou le sauver, être la meilleure alliée de la sexualité masculine ou son pire ennemi.

Mais voyons d'abord comment la femme prend la chose. Ce qu'on croyait être un drame pour nous s'avère être un drame pour elle : « S'il ne bande plus, c'est que je ne suis plus bandante », traduisez « désirable », « séduisante ». Alors que nous désespérions de n'être plus suffisamment homme, voilà que c'est elle qui désespère de n'être plus suffisamment femme. Et nous qui souhaitions être rassuré et consolé ! Il nous faut la sécuriser et la cajoler : « Ma chérie, tu es plus attirante que jamais. Oui tu es parfaitement femme. Et tu es la meilleure des amantes. C'est moi qui suis fatigué. »

Alors le visage de la femme s'éclaire et elle décide de s'occuper de nous. « Ce n'est pas grave, mon chéri, tu travailles trop. Si ça ne va pas ce soir, ça ira demain ! » Le malheur, c'est qu'on n'a pas envie d'attendre demain pour voir si nous sommes encore un homme. Notre attitude et notre mine montrent à l'évidence que ce qui est pour elle un incident, est pour nous une catastrophe. Quant à notre discours, il ne trahit pas moins qu'une véritable angoisse existentielle. Elle comprend alors que si ça ne se remet pas en marche ce soir c'est la nuit blanche assurée et l'humeur noire jusqu'à perpette. C'est le moment de se remémorer ces articles de la presse féminine à propos de la panne : « Prenez ça au sérieux, l'homme est tout entier dans son zizi. Une panne est terrible pour lui. »

Alors la fibre maternelle de l'aimante vibre. « Tu as dit maman bobo, j'arrive. » Sauf qu'il lui faut se comporter à l'inverse d'une mère qui, elle, pratique la répression face aux activités péniennes de son garçon et veut tout ignorer. Qu'importe, la voilà qui entreprend un branlage de la verge assoupie avec compassion, tendresse et, qui sait, un soupçon de désir.

Du va-et-vient, elle croit tout savoir. Mais ni l'un ni l'autre n'a été dans la peau de l'autre. Ni l'un ni l'autre n'a montré à l'autre comment faire : la subtilité des mouvements, l'intensité, l'amplitude, le rythme. Bref, la femme qui croit bien faire confond en réalité la verge de son amant avec un pis de vache ; ses mouvements de traite se révèlent inadéquats. Bientôt elle s'étonne que la verge ne s'érige pas majestueusement. Elle se fatigue, elle se lasse. Et lui n'ose pas expliquer ce qui ne va pas et comment elle devrait s'y prendre. Mais si les manœuvres féminines ne l'ont pas fait bander, elles l'ont un peu plus excité. Pas question d'arrêter et de remettre ça à demain, comme il sent bien que la femme le souhaite.

Il a l'air si dépité et dans une telle attente qu'elle décide de changer de tactique. N'écoutant que son bon cœur, elle porte sa bouche sur le pénis. Celui-ci apprécie, frémit, frétille et se tend enfin vers le palais de la ravissante charmeuse de serpent. « Oui ma chérie, oui, continue ! ». C'est vrai que c'est pas mal, mais il manque quelque chose pour que ce soit parfait et radical. La verge s'essouffle. Madame aussi. Son cou lui fait mal. Elle relève un peu la tête et la verge pique du nez. « Chérie, on va dormir… »

Il voudrait lui dire comment améliorer sa technique, mais il n'ose toujours pas. Elle est fatiguée, elle considère qu'elle a fait le maximum. Lui, pense qu'après tout c'est lui le coupable, l'incapable. Elle arrête. Il est tellement excité qu'il voudrait se branler, pour ne pas rester comme ça en suspens, pour se soulager. Il n'ose pas non plus. Mais en lui-même, il se dit : « Si j'avais mis aussi peu d'application, si j'avais consacré aussi peu de temps à caresser ton clitoris ou ton point G, tu n'aurais jamais joui. » Amer ? Oui ! Il y a de quoi.

Alors, il décide de rédiger un mini-manuel de la parfaite réanimatrice de verge.

• D'abord, la femme ne doit pas penser qu'elle n'est plus désirable, ce qui est rarement le cas. Et si elle le pense, qu'elle décide d'être plus sexy et de devenir experte en matière d'érotisme.

• Par contre, il lui faut considérer que son homme est dans une situation plus douloureuse qu'elle ne le croit. Que si les femmes peuvent simuler, les hommes, eux, ne peuvent pas tricher : leur infortune est exposée à la face du monde.

• La femme doit rassurer son homme, lui dire qu'il y aura forcément une solution au problème, que la virilité ne se mesure pas à la raideur du pénis et qu'elle l'aime pour ce qu'il est et pas pour son érection.

• Ensuite, elle entreprend les grandes manœuvres. Tout d'abord, caresser et embrasser l'ensemble du corps de son aimé – le troisième cercle – pour le détendre, l'apaiser, faire baisser son taux d'adrénaline. Un massage du cuir chevelu, ou du dos ou des pieds, c'est radical question adrénaline (voir chapitre II).

• Ensuite, l'amante va s'ingénier à stimuler avec les doigts et avec la bouche les points érogènes du deuxième cercle, en particulier ceux du périnée, tel le fameux point H (voir chapitre III).

Puis, elle va passer aux points les plus érogènes du pénis : les point A et B du fût pour aboutir aux points les plus exquis du gland, le frein et la couronne (voir chapitre III).

• Et tout cela, que la femme le fasse par le jeu en disant à son ami : « Écoute, on s'amuse bien, profite bien de chaque plaisir mais ne cherche pas à bander, ça se fera tout seul. » Qu'elle le fasse au mieux, bien centrée sur ses gestes et ses sensations, attentive aux réactions de l'homme et avec subtilité. Qu'elle passe le temps qu'il faut. Surtout qu'elle ne bâcle pas !

Quand le corps de l'aimé baigne dans le plaisir, elle peut « attaquer » le branle. Elle le pratiquera dans les règles de l'art (voir chapitre V), sans automatisme, avec ferveur, en sentant bien ce qu'elle a sous les doigts, en faisant glisser le prépuce sur le gland, en modulant les pressions (un peu plus fortes sur la hampe, un peu plus légères sur la couronne du gland), en alternant les amplitudes du mouvement de coulissage (plus ou moins bas sur le fût, plus ou moins haut sur le gland). Pas trop vite, mais dans un temps soutenu, en accélérant au cas où l'orgasme s'annoncerait. En tout cas sans interruption. Que la femme écoute son instinct, qu'elle redevienne la femme sauvage.

Après un certain temps de branle, l'amante passera au baiser pénien. Bien entendu, si au cours d'une de ces étapes, la verge présentait une fermeté durable, les amants pourraient tenter de l'introduire dans le saint des saints ; en général, quand elle y est, elle se réjouit et l'affaire est dans le sac. Si l'érection ne tient pas ou a fortiori ne se produit pas, il faut passer à l'étape suivante, en l'occurrence, le baiser pénien ou fellation, que la femme exécutera à la perfection, de tout son cœur, de toute son âme, en tout cas sans automatisme, avec gourmandise et délectation. Que ce soit pour elle un régal (voir chapitre VI).

En réalité, la perfection c'est d'associer des mouvements de branle avec les doigts sur le fût et des mouvements de coulissage et de succion avec la bouche sur le gland. Cette association constitue ce qu'il y a de plus fort pour réveiller un pénis, surtout lorsqu'il a été préparé par tout ce qui précède. Et toujours faire sans se presser, sans être tendu de façon obsessionnelle vers la bandaison.

La femme doit savoir qu'un pénis à demi-érigé, voire flaccide, peut s'introduire dans le vagin dans certaines positions, en particulier dans la position d'Andromaque : la femme à genoux et à cheval sur les cuisses de l'homme, a la vulve qui baille et l'orifice du vagin qui s'ouvre. Elle peut, de ses mains, prendre le pénis, le placer et le pousser dans son ouverture, puis, faire des petits mouvements de haut en bas avec son bassin afin d'amorcer des petits coulissements du gland. C'est bon pour tous les deux : pour la femme dont l'entrée du vagin est sensible et le point G à guère plus de 4 centimètres ; et pour l'homme dont le gland est doucement caressé par les muqueuses vaginales. Bien souvent la verge, ravie de retrouver l'endroit du monde où elle se sent le mieux, et, soit dit entre nous, qui est fait pour elle, se dresse de bonheur. Les quelques mouvements de va-et-vient qui vont suivre vont confirmer sa résurrection. Et c'est reparti. À l'intérieur les sexes n'en finissent pas de se congratuler. À l'extérieur, les sourires qui épanouissent les visages valent plus que les plus belles phrases. Bien entendu, l'attitude de la femme lui vaudra la gratitude infinie de l'homme dont un souper aux chandelles et au champagne ne sera qu'un épisode ; quant à la femme, elle sera habitée de la fierté inégalée d'avoir sauvé un homme.

Si le miracle d'Andromaque ne s'était pas produit, il reste à la femme – à qui j'apprends qu'une verge à demi-molle peut quand même aller jusqu'à l'éjaculation – à poursuivre sa branle, combinée au baiser pénien. De quoi rendre sa bonne humeur à l'homme.

Enfin, quand rien n'a marché, la femme avertie peut tirer de sa manche deux atouts : un, l'érotisme anal, un doigt dans l'anus peut offrir des plaisirs valables, voire un orgasme. Et même déclencher une érection. Deux, le massage de la prostate : arme secrète de destruction massive de la mélancolie masculine, elle provoque des plaisirs rigolos et même des orgasmes. Il va de soi que tandis que la femme s'occupe de lui, l'homme se préoccupe d'elle et lui promet mille caresses pour après. Et au cas où l'érection n'aurait pas couronné ses admirables efforts, l'homme veillera à procurer à la femme un ou plusieurs orgasmes par d'autres façons : la grâce du clitoris ou l'intercession du point G, par exemple. Il peut aussi lui proposer de s'autocaresser et de s'envoyer par elle-même dans les cimes du bien-être. Ce qui d'ailleurs pourrait bien réveiller les ardeurs du pénis. La femme qui s'excite, c'est très excitant pour le mâle.

Les traitements de l'impuissance

Avant tout, l'homme doit dédramatiser la situation – d'autant que la dramatiser perpétue le trouble – et il le peut pour deux raisons : les femmes, mêmes les femmes « modernes », accordent plus d'importance à l'amour qu'à la pénétration. Alors qu'il se montre plus tendre et caressant que jamais au lieu de se morfondre et d'être désagréable.

Il y a une solution dans tous les cas. Qu'il n'hésite pas à consulter un sexologue ; plus vite il le fera, plus vite il sera guéri : c'est une illusion de croire que « ça s'arrangera tout seul ». Quant à se résigner à ne plus connaître les joies de l'érotisme, c'est une erreur car ces joies entretiennent notre vitalité psychique et physique.

Chapitre XI

L'ÉJACULATION PRÉMATURÉE

Saliver à la vue d'un bon plat, sentir ses papilles gustatives s'impatienter et voir le plat vous passer sous le nez, dix fois, ça va, cent fois bonsoir les ébats. C'est pourtant le sort du malheureux atteint d'éjaculation prématurée et de sa compagne.

En soi, éjaculer vite n'est pas une maladie, c'est suivre son destin biologique. Le mâle a hérité de ses plus anciens ancêtres préhistoriques – ceux qui constituèrent le chaînon commun aux hominidés et aux singes supérieurs dits primates – un comportement sexuel expéditif : quand ils descendaient des arbres pour copuler dans une clairière, ils devaient faire vite car des prédateurs aux crocs acérés rodaient alentour ; aussi, ils exécutaient le rapport sexuel en 15 secondes et 12 mouvements de va-et-vient. Ce comportement, on l'observe toujours chez les chimpanzés dont 99 % du capital génétique est semblable au nôtre. Les éjaculateurs prématurés ne font rien d'autre qu'appliquer le programme sexuel masculin instauré à l'aube de l'humanité. De toute façon, ce que veut la nature, c'est que le mâle dépose sa semence dans le corps de la femelle. Et le plus vite sera le mieux. Qu'importe le plaisir de l'un ou de l'autre ; encore que le plaisir du mâle va l'inciter à semer sa graine, tandis que le plaisir de la femelle n'est d'aucune utilité dans la reproduction. Mais l'humain est humain justement parce qu'il a dépassé sa physiologie de base : il veut joindre l'agréable (j'allais dire l'inutile) à l'utile. Manger pour vivre ne lui suffit pas, il a inventé la gastronomie, coïter pour perpétuer l'espèce ne le comble pas, il a inventé l'érotisme.

Or, l'érotisme, ou art d'accroître les plaisirs, exige de prolonger la relation sexuelle. Pour l'homme, plus c'est long plus c'est bon, plus l'orgasme est fort. Pour la femme, la longueur est la condition sine qua non de son plaisir et de son extase ; contrairement à l'homme qui peut jouir en quelques minutes, la femme a besoin d'un long contact entre sa muqueuse vaginale et celle de la verge. L'éjaculation en un temps bref, autrement dit prématurée, ne lui permet pas d'épanouir sa sexualité.

Définition

Éjaculation prématurée, mais prématurée par rapport à qui, à quoi ? Par rapport au plaisir de l'homme ? Certes, la brièveté ne lui permet pas de ressentir l'optimum de volupté, mais il a le maximum donc ce n'est pas lui la référence. Par rapport au plaisir de la femme ? Assurément la brièveté ne l'autorise pas à atteindre ce summum de la jouissance, c'est-à-dire l'orgasme. Mais, qualifier de « prématurée » l'éjaculation qui survient avant l'orgasme de la femme serait imprécis étant donné que pour s'élancer dans le firmament, elle met de 15 à 45 minutes. Donc ce n'est pas elle non plus la référence. Alors, les sexologues, arbitrairement, sont convenus d'appeler « prématurée », toute éjaculation qui survient moins de 5 minutes après la pénétration.

L'éjaculation prématurée est la dysfonction la plus répandue chez l'homme. 25 % – un homme sur quatre – éjaculent avant les 5 minutes de référence.

Il y a ceux qui éjaculent avant la pénétration, à la porte de la vulve – « ante portam ». Il leur a suffi, après l'avoir vue se déshabiller, que la femme les frôle pour que jaillisse leur sperme ; c'est le cas de 1 % des hommes. Et il y a ceux qui éjaculent dans le sexe féminin après 30 secondes, 1 minute, 4 minutes de pénétration.

Les conséquences

Elles sont redoutables. L'homme rate la longue, la délicieuse, l'heureuse union avec la femme. La femme voit le gâteau lui passer sous le nez, plus frustrée encore que l'homme qui, lui au moins, a eu son orgasme.

À la longue, l'un et l'autre, mais surtout la femme, perdront l'envie même de se conjoindre. Lui se sentira « au-dessous de tout ». Elle, nourrira un ressentiment croissant pour ce partenaire décevant. Ils savent bien tous deux qu'un bon amant doit être capable de retenir son réflexe éjaculatoire pour faire durer son érection.

Les causes

L'éjaculation prématurée survient fréquemment la première fois qu'un homme fait l'amour avec une femme aimée ou désirée. Le garçon, ou le jeune homme, est très ému, très excité et inexpérimenté. Il se laisse déborder par son désir et son excitation. En plus, il a l'habitude de faire vite : quand il se masturbe, il procède par de rapides mouvements car il est pressé de jouir de l'orgasme et il craint l'irruption des parents. Quand il fait l'amour, il n'a pas d'espace à lui, il le fait dans une voiture, au cinéma et vite pour ne pas être surpris. Et s'il va voir une prostituée, elle l'exécutera en moins de temps qu'il n'en faut pour se déshabiller.

Ensuite, dans le cours de sa vie, l'homme connaîtra d'autres « premières fois » ; à chaque nouvelle femme, c'est la même appréhension, il faut être à la hauteur : bander à fond, durer longtemps, trouver les bonnes caresses, réussir à la faire jouir. En tout cas, il faut être aussi bon, voire meilleur que les concurrents.

L'homme peut aussi être impressionné par la nature de la femme, qu'elle soit trop belle, trop sexy, supérieure, hostile ou dominatrice, elle lui fait perdre le contrôle de son réflexe éjaculatoire.

On le voit, c'est son anxiété qui trahit l'homme. C'est donc elle qu'il faudra apaiser.

Autre cause d'éjaculation prématurée : ne pas faire assez souvent l'amour. Tout se passe comme si le désir était tendu à l'extrême et les voies spermatiques remplies à déborder. Le jour où cet homme fait l'amour, le désir éclate et le sperme sous pression fuse.

Traitement de l'éjaculation prématurée

La femme a ici un grand rôle à jouer et elle en sera récompensée au centuple car enfin elle pourra accéder à l'orgasme par l'union.

Il est bon de connaître des petites astuces qui peuvent retarder l'éjaculation.

• Se masturber avant la pénétration : après une éjaculation, l'homme entre dans la phase réfractaire où une autre éjaculation est plus lente à venir. Cette masturbation, l'homme peut la faire seul ou avec sa femme.

• Enduire le gland d'une crème anesthésique (à base de benzocaïne) ou enfiler un préservatif enduit de ce produit : le gland à demi-endormi et ne sentant plus très bien les sensations voluptueuses ne se précipitera pas tête baissée dans le réflexe éjaculatoire.

Il faut surtout détendre l'anxiété de l'homme qui est pour beaucoup dans sa perte de maîtrise de l'éjaculation. Il existe un moyen simple de s'apaiser, c'est la respiration à quatre temps : inspirer profondément par le nez en gonflant l'abdomen, poussant l'air vers le bas, faire une pause, expirer par la bouche, faire un pause. Plusieurs mouvements respiratoires de ce type apportent un début de sérénité. On peut aussi recourir aux différentes techniques de relaxation, dont la sophrologie est la plus efficace. Si l'anxiété atteint des degrés plus élevés, il ne faudra pas hésiter à entreprendre une psychothérapie dans l'espoir d'extirper les racines du mal ou de le mettre à distance. Certains médecins prescrivent des antidépresseurs ; ils ne visent pas tant à détendre le sujet qu'à réduire sa libido et sa puissance érectile, ce que je trouve excessif et toxique.

Il existe des exercices spécialement destinés à contrôler l'éjaculation.

• Les exercices de Kegel consistant à renforcer le muscle pubo-coccygien dont nous savons qu'il croise l'urètre à sa sortie de la prostate. La contraction du pubo-coccygien stoppe le réflexe éjaculatoire. Comme nous l'avons déjà vu, en matière d'exercices de KEGEL les femmes sont expertes et pourront conseiller l'homme.

Il est possible pour l'homme comme pour la femme de repérer de l'intérieur le fonctionnement des muscles du périnée et spécialement du muscle pubo-coccygien et de s'amuser à les contracter, ce qui aura deux heureuses conséquences.

1) Pour l'homme et la femme d'accroître leur force de contraction, donc l'intensité de l'orgasme

2) Pour l'homme, d'acquérir une parfaite maîtrise de l'éjaculation en contractant ces muscles qui sont l'immanence de l'éjaculation, ce qui permettra à la femme d'atteindre l'extase. Nous y reviendrons.

Ces exercices sur les muscles du périnée s'appellent exercices de KEGEL. Comment repérer, identifier ce muscle ? Au cours d'une miction, amusez-vous à stopper le jet d'urine à plusieurs reprises : le muscle qui rend ce jeu possible c'est justement le pubo-coccygien ou P.C. Après plusieurs jets semblables, c'est-à-dire en dehors de la miction, votre conscience l'a identifié.

Il vous reste à entraîner, c'est-à-dire à renforcer ce muscle régulièrement. Pendant 15 jours, faites trois séries par jour de dix contractions d'une durée de deux secondes. Pendant les 15 jours suivants, faites trois séries quotidiennes de vingt contractions d'une durée de cinq secondes. Pendant les troisièmes 15 jours, les séries comprendront trente contractions de huit secondes.

Ensuite, vous pouvez adopter un régime de croisière de trente contractions de huit secondes, matin et soir, avec des pauses quand vous le désirez. Pendant les contractions, respirez profondément et maintenez les yeux ouverts.

• Les exercices « Stop and go », (arrêt-marche). Le but est d'apprendre à analyser ses sensations, à apprécier son degré d'excitation et à repérer le point de non-retour. Dans l'avant-orgasme, le sphincter externe strié de l'urètre est fermé, la sensation ressentie est exquise (pré-orgasme), mais la situation est contrôlable, à condition de cesser ses mouvements. Quand l'éjaculation se déclenche, le sphincter s'ouvre, la sensation est orgasmique et la situation n'est plus contrôlable quoi qu'on fasse.

Il y a deux variétés de « Stop and go ».

Stop and go avec masturbation

L'exercice consiste en une masturbation à interruptions effectuée par le sujet lui-même. Le déroulement est le suivant : se masturber, guetter le point d'imminence, s'arrêter juste avant l'instant de jouir, – point de non retour – laisser passer quelques secondes, reprendre la masturbation jusqu'à la prochaine imminence. Répéter plusieurs fois ce cycle. Si on dépasse le point de non-retour et que l'éjaculation se produit on aura au moins pu repérer comment ça se passe et comment ne pas aller trop loin la prochaine fois.

Il existe une variante : c'est la masturbation de l'homme par la femme. Ensemble, ils conviennent que l'homme signalera son arrivée au point d'imminence par un signe – par exemple une pression de la main sur la cuisse de la femme – et qu'alors la femme cessera instantanément ses mouvements.

Stop and go avec pénétration

Les amants adoptent la position d'Andromaque, femme à cheval sur le bassin de l'homme couché.

La femme insère le pénis dans son vagin. Dans un premier temps, ils restent ainsi sans bouger ni l'un ni l'autre, devisant calmement. Puis, elle sort le pénis et ils continuent de bavarder. Puis, elle réinsère le pénis, toujours sans bouger. C'est la séquence statique qui comprend trois ou quatre figures comme celles que nous venons de décrire. Ensuite la femme entreprend de faire quelques petits va-et-vient de son bassin sur le pénis, mais dès que l'homme sent ses sensations se faire plus aiguës – signe d'imminence – il le signale à la femme d'un geste convenu ; aussitôt, celle-ci sort le pénis de son vagin. C'est la séquence dynamique qui comprendra trois ou quatre figures. Ils pourront alterner séquences statiques et séquences dynamiques, le temps qu'il leur plaira. Il existe à cet exercice deux variantes.

Première variante : « avec squeezing »

L'exercice est le même complété par un « squeezing » ou compression : aussitôt sorti, le gland est comprimé par la femme entre le pouce et l'index (placé de chaque côté du gland), juste sous la couronne, jusqu'à ce que l'envie d'éjaculer soit passée. La pression doit être assez forte pour pincer l'urètre. Après quelques instants de repos, la femme réinsère le pénis dans son vagin et ainsi de suite.

Deuxième variante : avec traction des testicules

Même exercice complété par la traction des testicules. Quand le plaisir de l'homme arrive près de son pic, juste avant le point de non-retour, l'ensemble bourses-testicules remonte vers le périnée, nous l'avons vu (par contraction réflexe des muscles crémaster et dartos). Si à ce moment l'homme lui-même, ou sa compagne, empêche avec une main les testicules de remonter, l'éjaculation ne se produit pas.

Les exercices choisis sont à poursuivre pendant cinq à six semaines.

À l'issue des exercices, la femme et l'homme peuvent se sentir excités et en même temps frustrés. Il est important alors que l'homme offre à la femme des satisfactions : tendresse, baisers et caresses de toutes sortes, y compris du premier cycle : clitoris, point G, etc., jusqu'à l'orgasme.

Sans doute, aussi bien pour l'impuissance que pour l'éjaculation prématurée, le travail à faire – les caresses et les exercices – peut effrayer a priori l'homme comme la femme. En réalité, ce qui est à faire n'est pas compliqué et peut se faire sur un mode ludique.

Et puis, il y va du bonheur et de l'harmonie du couple. Le danger de ne rien faire ne réside pas seulement dans la persistance des insatisfactions qui condamnent les partenaires à une vie pénible, mais aussi dans la certitude qu'elles déboucheront sur des événements douloureux : conflits à répétition, dépressions, infidélités de compensation dont on ne peut prévoir l'évolution et, à l'extrême, séparation. Autant de malheurs qu'un peu de courage et d'amour pourraient éviter.

Chapitre XII

LA FLAMME DU DÉSIR

Votre mari n'a plus envie de faire l'amour ? En comprenant les lois du désir vous allez trouver le moyen de rallumer sa flamme.

Une statistique montre que, dans la première année de vie commune, les partenaires font l'amour 3 fois par semaine, la deuxième année 2 fois par semaine. Après 10 ans, c'est une fois par semaine. Après 30 ans, c'est une fois par mois. Ainsi, au début de la rencontre, les hommes sont tout feu tout flamme, puis, une fois mariés, ils chaussent des pantoufles de vieil amant. Il semble que les femmes soient moins paresseuses mais elles sont bien obligées de s'adapter au rythme de leur compagnon.

Il faut réagir, c'est sûr, car sans le désir, la relation perd de sa vivance, de son piment. La tendresse, c'est bien beau mais il y manque les palpitations et le souffle de la vie.

Les grandes lois du désir

Le désir pousse sur le manque

Un proverbe dit : « Vouloir nous ronge et pouvoir nous détruit. » Notre conjoint(e), quand nous ne vivions pas encore ensemble, quand nous étions « fiancés », nous avions toujours envie de le (la) voir, de le (la) serrer dans nos bras, de la caresser et, suprême bonheur, dont nous avions tellement rêvé, de faire l'amour avec lui (elle). Nous y pensions tout le jour, nous aspirions à finir notre travail pour le (la) rejoindre. Il en était de même pour lui (elle) ; dans les premiers temps de la vie commune, nous partagions la même ferveur. Penser que le soir venu nous allions nous retrouver et nous ébattre dans le lit nous remplissait de joie toute la journée.

Peu à peu l'enthousiasme a diminué. C'était toujours le bonheur mais sans la folie. Encore un peu de temps et sont arrivés des soirs où nous avons senti que notre fatigue et notre besoin de dormir étaient plus forts que notre envie de faire l'amour. Avoir cet homme (cette femme) sous la main, accessible et disponible jour et nuit, pouvoir s'offrir les joies de l'amour quand bon nous semblait, faire du plaisir une habitude, enlevait aux relations sexuelles de leur magie. Le désir s'est estompé et les relations sexuelles se sont espacées.

Mais un jour, votre conjoint(e) est parti(e) à Montréal pour un congrès. Comme le temps vous a paru long, la maison grande et le lit vide ! Et votre désir qui montait, vous agaçait, puis vous lancinait. Comment, vous êtes-vous dit, ai-je pu certains soirs me coucher auprès de cet être merveilleux et ne pas l'honorer ? Vivement qu'il (elle) revienne. Il (elle) est revenu(e). Vous êtes allé l'attendre à l'aéroport, vous l'avez étreint(e) à l'étouffer, vous l'avez embrassé(e) sauvagement. Dans la voiture, vos mains impatientes n'ont pu s'empêcher de palper des trésors charnels qui vous avaient échappés. À peine rentrés à la maison, vous l'avez entraîné(e) sur le lit où, en la déshabillant à peine, vous l'avez pris(e) sans plus attendre.

Vous venez d'expérimenter cette imparable loi de psychologie : « Nous ne désirons rien tant que ce que nous ne possédons pas, mais ce que nous avons nous nous en lassons. » Si l'être que l'on désire est à proximité et son accès possible et autorisé, le manque ressenti est nul et léger le désir. En revanche, si l'objet du désir est éloigné ou son accès impossible, interdit, le manque est profond et vif le désir. Mais que la personne se rapproche ou devienne accessible, le manque se réduit et le désir aussi. Le manque est bien constitutif du désir. À bon entendeur salut !

On le voit, il est bon dans un couple de cultiver le manque. Cela se fera naturellement si on choisit de sortir de la fusion et d'accorder à chacun une part d'autonomie. Dans la vie en couple, il faut distinguer la vie commune, ce que l'on fait ensemble (la sexualité, les enfants, la maison, certaines sorties, certains loisirs, les projets, etc.) et la vie personnelle : nous avons le droit de poursuivre nos recherches et nos activités artistiques, sociales, sportives, spirituelles, etc. C'est d'ailleurs bénéfique pour l'autre car les richesses acquises à l'extérieur l'enrichiront et nourriront la relation et les conversations. À l'autonomie il faut adjoindre une part de mystère : éviter d'être totalement transparent, d'être connu « par cœur », d'être prévisible, d'être formaté et banalisé. Pour cela, éviter de tout dire : ce que l'on fait, où l'on va, où l'on est allé – et de tout expliquer ou justifier.

Autonomie et mystère, voilà les deux secrets des couples heureux, qui ne s'ennuient jamais, qui ne s'usent pas. Or, ces attitudes créent naturellement des manques : ne pas tout faire ensemble, ne pas tout se dire génère des absences, des attentes, des interrogations, de la curiosité, de l'intérêt. Et quand on se quitte un jour, un week-end, une semaine, quel bonheur de se retrouver.

Le manque, on pourra aussi le créer en quittant de temps en temps le lit à deux places, pour dormir dans notre pièce personnelle. Car l'autonomie suppose que nous ayons non seulement un temps personnel, mais également un espace à soi, une pièce à soi. Le lit à deux places implique une coexistence où l'on a en permanence notre partenaire sous la main, où donc le manque est nul. En allant dans notre lieu personnel, faire ce que bon nous semble et en particulier y dormir, nous créons ce manque. Alors, quelle joie lorsque, poussé par une envie de câlins, nous nous glissons dans le lit commun et redécouvrons la peau comme neuve de notre aimée.

Restez une amante

Heureusement, toutes ces entraves au désir ne sont pas inéluctables. On peut être des parents et rester amants. Et ne pas entrer dans le jeu du maternage de son conjoint en même temps que des enfants. D'ailleurs, on peut se chérir devant les enfants, se regarder, se toucher, s'embrasser avec appétit, à condition de ne pas offenser la décence. C'est très bon pour l'équilibre des enfants : avoir des parents qui s'aiment et se désirent les sécurise et leur donne une référence pour plus tard ; sentir l'amour et le désir circuler réchauffe l'ambiance et libère les relations dans la famille.

On peut aussi ne pas s'appeler « papa » et « maman », mais s'appeler par son prénom, des petits noms ou des appellations amoureuses, souvent du reste empruntées au bestiaire romantique : mon lapin, mon poussin, mon loup… Et au lieu de dire aux enfants : « Demande à papa », pourquoi ne pas dire : « Demande à ton papa », ou « à Jacques, à Noah, etc. » Et faire garder les enfants par Papi, Mamie, la nounou non pas pour aller au cinéma, au restaurant avec des copains mais pour faire l'amour, organiser une soirée érotique avec lumières et musiques douces… Et ce sera à vous d'en prendre périodiquement l'initiative pour que l'image de l'amante dissipe celle, trop prégnante, de la maman.

Les causes d'une baisse du désir

Chemin faisant, nous en avons rencontré quelques-unes. Voyons les autres.

Les causes qui relèvent de l'homme lui-même

Les causes psychiques

• L'investissement excessif dans le travail : il peut détourner de la sexualité. « Mon mari n'a pas la tête à ça », dit l'épouse de tout homme qui se donne « à fond » dans son boulot. D'une part, son activité peut lui procurer un plaisir qui le comble ; d'autre part elle lui cause des tensions permanentes voire des stress, tensions qui sont tueurs de libido ; elle entraîne aussi surmenage et épuisement qui réduisent l'énergie libidinale.

• L'investissement excessif dans le sport : il peut apporter tellement d'euphorie par sécrétion diluvienne d'endomorphines que l'homme n'a plus besoin de faire l'amour pour trouver sa dose d'euphorie, autrement dit pour se shooter. C'est ainsi que l'on voit des drogués du jogging, préférer le dimanche matin les chemins frais des zones vertes aux bras chauds de leur femme. Et des drogués de surf préférer les ondulations des vagues aux rondeurs des filles qui les admirent depuis la plage. Nombre d'observations montrent que ces mâles sportifs ne sont pas des plus friands de corps-à-corps, ayant un autre moyen de se donner leur dose d'endomorphines.

• Les préoccupations et autres soucis : familiaux et professionnels, entre autres l'insécurité financière, le chômage.

• La dépression, quelles qu'en soient les causes. L'anaphrodisie est l'un des signes de la dépression.

Les causes médicales

De nombreuses expériences ont confirmé le rôle de l'hormone mâle dans le désir et l'activité sexuelle. Une enquête récente montre même qu'il existe une relation entre le taux de testostérone et la fréquence – ou le besoin – des orgasmes : quand le taux est élevé, les hommes obtiennent 11 orgasmes par semaine, quand il est normal, les hommes en obtiennent 3. Le déficit en testostérone atteint 1 homme sur 10. Le traitement d'un tel déficit consiste en la prise de gélules contenant l'hormone ; il n'est fondé que si le dosage dans le sang a prouvé le déficit. Prendre des gélules de testostérone dans l'espoir de devenir superman est inutile et dangereux : c'est risquer de favoriser un cancer ou un adénome de la prostate.

• L'insuffisance thyroïdienne : elle entraîne également une baisse du désir et de l'activité sexuelle. C'est aussi le cas de toute maladie qui, en fatiguant ou en déprimant l'homme, réduit sa libido : l'hypertension artérielle, les maladies de cœur, les affections douloureuses (arthrite, arthrose, sciatique, etc.)

• Certains médicaments affectent également la libido. Ils le font en agissant sur le cerveau ou en réduisant l'érection car, à force, l'asthénie érectile étiole le désir. Sont en cause : certains hypotenseurs, certains anticholestérol et surtout, nombre de psychotropes comme les anti dépresseurs (le Prozac, par exemple) et les neuroleptiques. En aidant l'érection par des substances sexo-actives (Viagra, etc.) on amorce un cercle vertueux : un soupçon de désir + un Viagra = une belle érection = une relance du désir.

• L'alcool a, à petites doses et sur l'instant, un effet aphrodisiaque (en réalité, par désinhibition). Mais, sur le long terme, il réduit la libido, diminuant la sécrétion de testostérone et détruisant tout le système érotique.

• Les aliments contenant des œstrogènes (hormones féminines) tels le poulet et le veau, pourraient abaisser la flamme du désir chez les mâles (et réduire leur taux de spermatozoïdes). Le soja, qui a également un effet œstrogène, pourrait avoir, pris en excès, un pouvoir féminisant.

Les causes qui relèvent de la femme-partenaire

La baisse du désir chez l'homme peut provenir de l'attitude ou de la qualité de sa partenaire.

Sont néfastes :

• Une partenaire peu intéressée par la sexualité par tempérament ou par névrose. Pas douée, pas demandeuse, pas réactive, elle finit pas désespérer le désir de l'homme.

• Une partenaire qui présente une pathologie sexuelle : anaphrodisie (manque de désir), dyspareunie (douleurs au cours de rapports), vaginisme ou anorgasmie, frigidité. Si elle n'accepte pas de se soigner, elle découragera finalement le plus désirant des amants.

• Une partenaire hostile, conflictuelle, dévalorisante, dominatrice, castratrice ou pire atteinte de troubles psychiques graves : dépression, paranoïa, schizophrénie…

• Une femme qui se néglige, qui ne fait aucun effort pour être séduisante ou pire qui est sale.

• Une femme atteinte d'une maladie grave qui soit l'empêche de pratiquer l'acte sexuel (douleurs, maladie du cœur, paralysie…) soit détériore gravement son aspect.

Les traitements de la baisse du désir

Nous avons vu, au fur et à mesure que nous analysions les causes de la baisse du désir, les solutions que nous pouvions lui apporter ; il est sûr que les bonnes réponses sont celles qui sont adaptées à chaque cause. Toutefois, il existe des substances ou des moyens qui prétendent accroître le désir dans tous les cas. Autant les connaître.

Avant tout, il faut que le mâle soit « en pleine forme », qu'il songe donc à recharger son énergie : se reposer, prendre des vacances, se relaxer, se faire masser, suivre une bonne diététique, renoncer aux toxiques (drogue, alcool, tabac, sauf le vin raisonnablement), voilà le programme de base.

Les substances

Les substances médicales

• La testostérone

Son usage n'est légitime que si un dosage révèle un taux sanguin abaissé, sinon l'excès d'hormone créé peut aggraver ou même provoquer des pathologies de la prostate. Par contre, la prise de « zinc oligosol » est toujours bénéfique : cet oligoélément participe à la synthèse de la testostérone par les testicules et entre dans la composition du sperme. Enfin le massage des testicules peut favoriser la sécrétion de testostérone, pourquoi ne pas le pratiquer de façon régulière, avec douceur.

Les substances sexo-actives : « Viagra » et compagnie

Elles ne créent pas le désir, nous le savons, mais elles peuvent aider à sa renaissance : chez les hommes frappés d'impuissance, en restituant l'érection, elles restaurent la confiance en eux et l'envie de faire l'amour. Chez les autres hommes, elles peuvent réamorcer un cercle vertueux comme nous l'avons déjà exposé : un soupçon de désir + un Viagra = une belle érection = un désir plus grand.

Les substances traditionnelles aphrodisiaques

Les plantes : le ginseng, le gingembre, le bois bandé, la noix de cola, la noix vomique, la menthe poivrée.

Les aliments : le céleri, la truffe, les piments, les épices, les fruits de mer, les œufs.

Le champagne à petites doses.

Dans *Le traité des caresses* j'ai donné des menus aphrodisiaques pour soupers d'amoureux.

Les drogues

L'alcool, le cannabis, l'ecstasy ou encore les poppers peuvent avoir des effets euphorisants à petites doses. Mais, outre le danger que la consommation même occasionnelle de ces substances représente, des doses plus fortes provoquent l'effet inverse et diminuent l'appétit sexuel.

LES FILMS PORNOGRAPHIQUES

On les trouve en vidéo, en DVD, sur les sites Internet ou à la télévision.

Visionner un film porno ça excite, ça fait bander les hommes (et rarement mouiller les femmes), ça donne envie de faire l'amour et toute personne peut être bonne à assouvir cette envie. Ce n'est pas tout à fait ça relancer le désir : désirer c'est avoir spontanément envie d'être intime avec une personne précise, choisie. En vérité, ce que fait le porno, c'est juste réveiller sur l'instant la pulsion sexuelle, pas plus.

La poésie

La poésie est peut être ce qu'il y a de plus aphrodisiaque car elle crée le désir dans l'âme, là où il échappe à la chosification donc à l'usure, là où il ne peut être jeté après usage. Les âmes accompagnées de leur corps se conjuguent et leur désir est éternité. Le désir qui s'est habillé d'âme est impérissable. Son nom est amour.

La caresse intérieure

Dans la caresse intérieure, le désir loin de s'émousser, se régénère, même si on s'unit chaque jour, voire deux ou trois fois par jour. Le même phénomène s'observe dans l'érotique tantrique qui est proche de la caresse intérieure.

Chapitre XIII

LA PAROLE EST D'OR

Dans les premiers temps de la relation amoureuse on est tellement pleins d'amour et de désir qu'il n'y a rien à dire, on est heureux, que dis-je ivres, de tout ce qui arrive. Et puis on ne fait qu'un (c'est la fusion) et on se sent semblables (le mythe des âmes sœurs). Alors si des mots se disent ce sont des expressions spontanées inspirées par cette ivresse.

Mais, bien naturellement, au bout d'un certain temps, chaque membre du couple va recouvrer sa personnalité et redevenir une personne différente : différente quant à son sexe (et nous avons vu les dissymétries qui existaient entre la sexualité féminine et la sexualité masculine), différente quant à sa libido (l'un ayant beaucoup de désir, l'autre moins), différente quant à sa structure psychique, résultante de son éducation, de sa sensibilité, de sa sensualité, de ses névroses, de ses habitudes sexuelles, etc. Bref, ces deux mondes qui se sont rencontrés doivent se parler pour coopérer, s'ajuster, s'harmoniser sur tous les plans, y compris sexuel.

Bien sûr, l'amour et le désir ont jeté un pont sur le bras de mer qui sépare les deux îles faisant croire qu'il n'y avait pas de mésententes. Mais en raison des différences qui se révèlent peu à peu, les problèmes vont surgir. Il sera alors nécessaire d'établir un autre pont qui est la communication : se dire à l'autre et l'écouter pour faire comprendre les différences et aplanir les différends.

Parler d'amour et de sexe

En matière de sexualité, la parole est vraiment d'or et le silence mortel. Or, c'est un domaine où traditionnellement on parle peu ou pas assez précisément ou pas assez profondément. Pourquoi ? Par pudeur, la honte jetée sur l'activité sexuelle depuis des siècles ayant imposé le silence. Par peur surtout : l'homme craint de se mettre en position d'infériorité par rapport à la femme qui sera libre de satisfaire son désir ou pas. Et en position de faiblesse car révéler un besoin revient à dévoiler sa sensibilité, sa fragilité. Quant à la femme, si elle n'ose « réclamer » c'est par peur de passer pour une femme de « mauvaise vie » ou par peur de vexer son partenaire qui pourrait interpréter la demande féminine comme un signe de sa propre incompétence.

Et puis il y a des croyances qui s'opposent au dialogue.

« Quand on s'aime, on n'a pas besoin de parler, on devine ce que souhaite l'autre, on se comprend sans mot dire… » À ce jeu de devinettes, on a plus à perdre qu'à gagner.

« Le bonheur sexuel va de soi, il nous est donné, il est d'emblée parfait. » C'est ignorer les fameuses différences entre les êtres, et ignorer la plus lente révélation de la sexualité de la femme qui l'amène à n'acquérir sa maturité érotique qu'après 5 ou 10 ans de pratique, le plus souvent.

Hélas, cette absence de dialogue va avoir des conséquences graves : elle rend impossible tout progrès dans la vie sexuelle. Or, celle-ci n'est jamais optimale dès le premier jour. Faute de paroles, elle s'enlise et s'use avec les conséquences que l'on sait : infidélité, rupture…

Heureusement la libération de la sexualité a commencé à délier les langues.

Mesdames, parlez de vos attentes insatisfaites : « J'aimerais recevoir telle caresse », pour qu'elles ne se transforment pas en frustrations délétères. Parlez de vos griefs : « Je te trouve trop rapide… », sinon, ils se transformeront en ressentiments rédhibitoires. Dans le silence non seulement le couple ne progresse pas, mais ses membres s'écartent et s'éloignent imperceptiblement l'un de l'autre et le couple se désagrège. Faute de partager ses aspirations, ses désirs, (certains) de ses fantasmes, la complicité disparaît. Faute de voir reconnus ses besoins, un sentiment de solitude apparaît en chacun. Parlez Mesdames...

... pour informer : indiquer vos goûts, faire savoir vos envies, demander telle caresse. « J'adore, confie un homme, quand une femme ose me dire ce qu'elle souhaite. » Inversement, de plus en plus d'hommes osent dire ce qu'ils aimeraient que la femme leur fasse, et les femmes s'en réjouissent.

... pour guider la main ou les mouvements de l'autre de façon à obtenir le meilleur plaisir possible. Chacun de nous est seul à connaître ce qui lui donne le plus de volupté, à savoir où se situent ses zones érogènes favorites.

... pour exprimer votre plaisir, ce qui a pour effet d'encourager votre partenaire et de l'exciter. « Ça m'excite un max quand ma partenaire manifeste sans réserve sa jouissance. » Et votre déplaisir, votre inconfort ou vos douleurs, bien entendu.

... pour remercier et féliciter. Vous obtiendrez davantage de progrès de votre aimant par des louanges. Le besoin de gratitude de l'homme ne relève pas d'un banal narcissisme, c'est un besoin de reconnaissance légitime ; et puis nous savons l'inquiétude de l'homme nouveau quant à ses capacités à satisfaire la femme nouvelle.

En conclusion, verbaliser ses attentes et son plaisir crée et renforce la complicité entre les aimés.

En choisissant les mots pour le dire

La façon de communiquer est importante. On peut tout dire mais pas n'importe comment, surtout dans le domaine très sensible de la sexualité. Retenez ces quelques conseils, ils vous seront précieux.

Utilisez des mots simples : « Oui, c'est bon », « J'aime quand tu me fais cela », « Plus doucement », « Plus fort », « Plus vite », « Moins vite », « Plus haut », « Plus bas », « Plus à droite », « Plus à gauche », « Encore », « Continue », « Arrête »... Que de plaisirs avortés que d'orgasmes ratés pour un mot qui n'a pas été dit ! « Si les femmes parlaient on se planterait moins souvent, dit un homme, et on serait moins souvent rejeté ». « Si les hommes nous disaient ce qu'ils aiment on ne serait pas dans le vide devant eux. » Pour beaucoup de femmes l'homme est un inconnu.

Utilisez des mots positifs : relevez les qualités, dites ce qui est bien et non ce qui est mal. Dites : « Quand tu as fait cela, c'était bon. » Mieux : indiquez comment mieux faire.

Proscrivez les mots négatifs et ne remettez pas sur le tapis un passé litigieux.

Utilisez des mots doux, tendres, chuchotés à l'oreille, des mots respectueux. Proscrivez les mots vulgaires, salaces. On a déjà dit pourquoi l'homme veut voir dans la femme jouissante une putain et non une madone : pour ne pas être inhibé par l'émotion, l'adoration, la fascination. Nous avons vu aussi qu'avec l'homme nouveau cette attitude n'était plus de saison.

Soyez claire et précise dans la formulation de vos désirs.

Respectez sa réponse même si elle est négative : un refus n'est pas un affront, c'est l'expression d'un désir non partagé encore.

En vérité, il faut appliquer au dialogue sexuel les règles générales, d'une bonne communication.

Savoir dire : utilisez le « je » et interdisez-vous le « tu ». Le « je » exprime votre souhait, votre désir, il informe votre partenaire ; le « tu » le juge, l'accuse et le dévalorise, ce qui ne l'incite pas à faire mieux et même le braque.

Savoir écouter : il est aussi important d'écouter que de parler, encore faut-il que vous entendiez et que vous teniez compte de ce que l'autre dit.

Conclusion

Vous voilà bien renseignée et plus apte encore à devenir une merveilleuse amante comblant son homme de bonheur. Pour qu'un équilibre parfait s'établisse avec celui-ci, il serait souhaitable que lui-même soit un bon amant également.

Est-ce important d'être de bons amants ? À quoi ça sert ? Premièrement à passer ensemble d'heureux moments et d'exquises heures ; le tiers de notre vie se passant au lit, autant ne pas s'y ennuyer. Deuxièmement, ça sert à éviter la routine justement ; c'est la routine sexuelle qui engendre l'usure du désir et l'usure du couple, usure qui a des conséquences douloureuses : l'infidélité par insatisfaction des partenaires, des conflits fréquents et, à la fin, la séparation. Troisièmement quand on s'entend bien sexuellement, quand on est complice et créatif dans la chambre à coucher, on s'entend bien aussi dans la vie ; on est de bonne humeur et plein de reconnaissance et de tendresse envers l'autre.

Du reste, il est écrit dans un célèbre traité d'érotisme sacré – L'ANANGRA-RANGA – : « La principale cause de la séparation des époux, celle qui jette le mari dans les bras de femmes étrangères et la femme dans ceux d'hommes étrangers, c'est l'absence de plaisirs variés et la monotonie… En variant les plaisirs de sa femme, le mari peut vivre avec elle comme avec trente-deux femmes différentes, lui procurant des jouissances toujours nouvelles qui rendent la satiété impossible. On peut en dire autant de la femme par rapport à son mari. »

Ajoutons qu'être épanouie sexuellement est gage de bonne santé. Les insatisfactions sexuelles entraînent nombre de troubles psychosomatiques. Combien de migraines, de crises vésiculaires, d'ulcères d'estomac, de colites, de troubles gynécologiques, de contractures douloureuses du cou ou du dos sont le fruit amer des frustrations sexuelles : caresses attendues vainement ou « expédiées », baisers automatiques, rapports sexuels rapides ou, pire, orgasme raté qui vous laisse déçue, tendue, triste. Inversement, un échange sexuel réussi, harmonieux apaise les tensions nerveuses, calme le cœur, régularise la pression artérielle et met d'humeur joyeuse.

Je ne puis terminer cet ouvrage sans vous dire que l'échange sexuel est plus qu'un plaisir, même s'il est le plus intense des plaisirs. Du reste lorsqu'on se contente de jouir, on ressent une sorte d'insatisfaction comme s'il manquait quelque chose. Ce qui manque, c'est le sens. Les orientaux avaient donné à l'érotisme son sens le plus haut. Pour eux, l'acte sexuel est vraiment quelque chose d'essentiel : le bonheur absolu qu'il nous offre, l'amour océanique où l'on baigne, cette impression de communier avec l'autre et avec la vie universelle fait de la relation sexuelle la plus dense, la plus heureuse et la plus lumineuse des relations qu'un être humain puisse connaître.

Table des matières

COMMENT LA RENDRE FOLLE (DE VOUS)

Ce manuel à l'usage des hommes enseigne tout ce qu'il est nécessaire de savoir des femmes avant d'envisager de les coucher dans son lit. Le célèbre thérapeute Gérard Leleu nous donne les clés de leur corps tant désiré. À offrir aux messieurs, mais aussi aux dames, qui pourraient apprendre sur elles-mêmes… À s'offrir, enfin, même si l'on croit déjà tout savoir !

Union

Sommaire

Introduction

On n'a jamais fini d'apprendre...

On disait autrefois que la majorité des femmes étaient plus intéressées par les sentiments que par les plaisirs sexuels. Désormais, on peut dire qu'elles sont intéressées autant par les uns que par les autres. Elles peuvent même faire l'amour sans aimer, par pur plaisir. Toutefois, le sommet du bonheur c'est, pour elles, quand l'amour préside à la relation sexuelle : elles rêvent que leur cœur et leur chair soient tous deux comblés.

Ainsi, Messieurs, dans tous les cas de figure, vous ne pourrez intéresser une femme, gagner son estime, voire son admiration et vous l'attacher durablement, que si, en plus de votre amour et de toutes vos qualités, vous possédez l'art de faire chanter son corps et de lui offrir les plus merveilleuses caresses et les plus sublimes unions.

Sans doute pensez-vous être un bon amant. Mais connaissez-vous tous les mystères et toute la richesse de la sensualité féminine. L'érotique de la femme est faite d'innombrables facettes qu'on ne finit pas de découvrir avec étonnement, avec ravissement. Vous avez donc encore beaucoup à apprendre.

Mais quelle que soit ou sera votre science, agissez toujours avec tendresse, avec respect, avec adoration. Oui, adoration. Même si vous n'aimez pas de grand amour votre partenaire, adorez-la parce qu'elle est femme, parce qu'elle va vous offrir à son tour des plaisirs divins, parce que ce qu'elle espère ce n'est pas un parfait petit technicien mais un artiste, un homme qui a, en plus de l'art et la manière, un cœur qui palpite.

« *L'orgasme ? C'est dans les bras de mon ami, le bonheur absolu, c'est le plus merveilleux et le plus extraordinaire des plaisirs. Mon sexe est parcouru d'ondes de chaleur, de vagues, de vibrations, de cascades, de spasmes voluptueux. Et tout ça passe dans mon ventre, dans mes cuisses. Puis ça s'étend à tout mon corps, ça monte dans mon dos, ça gagne ma tête. Je ne sais plus où j'en suis ! Alors une détente fabuleuse m'envahit, je flotte hors du temps. Et j'éprouve pour mon ami un sentiment d'amour infini.* »

S'il en était ainsi de toutes les femmes et tout au long de leur vie, de l'adolescence jusqu'à la grande vieillesse, il n'y aurait rien à écrire. Après tout, l'orgasme est un phénomène naturel et la nature a tout prévu : des centres cérébraux spécifiques, des circuits neuroniques d'une admirable complexité, des dizaines de millions de récepteurs d'une exquise sensibilité. Il n'y a qu'à suivre son désir et le plaisir s'ensuit à tous les coups. C'est ce qui se passe chez l'homme pour qui l'orgasme est automatique. Comme une réponse réflexe. Ce n'est pas aussi simple chez la femme.

« *L'orgasme ? Je ne connais pas. J'ai beaucoup de plaisir pendant les rapports mais jusqu'à l'orgasme je ne crois pas. On parle de perdre la tête, de ne plus savoir où l'on est. Ce n'est pas mon cas.* »

« *L'orgasme ? C'est par le clitoris. C'est moi toute seule ou c'est par mon mari qui s'y connaît. Ça marche à chaque fois. Par contre, s'il me pénètre, je ne ressens rien ou pas grand-chose. J'aimerais que ce soit fort, terrible, que ça m'emporte dans les nuages. L'orgasme dans le vagin me manque pour être vraiment heureuse.* »

Il est bien vrai qu'une grande majorité de femmes éprouvent des difficultés à atteindre l'orgasme. Encore faut-il distinguer les situations : seules, par autocaresse du clitoris, elles y accèdent facilement (95 %) ; quand c'est le partenaire qui stimule le bouton magique, c'est un peu moins facile (45 %). Ce qui est plus difficile, c'est d'obtenir l'orgasme par la pénétration du pénis de Monsieur dans le sacro-saint vagin ; il ne serait au rendez-vous que chez 30 % des femmes. Ainsi des dizaines de millions de femmes ne jouissent pas au cours du coït. Femmes frustrées, et qui ne se sentent pas complètement femmes, compte tenu du terrorisme de l'orgasme qui sévit actuellement.

« Comment donner du plaisir à une femme ? »

C'est à cette question que ce livre tente de répondre[1].

---

1. Ce livre est un condensé du *Traité des orgasmes.* Si vous voulez en savoir plus, reportez-vous à cet ouvrage.

Chapitre I

LES MYSTÈRES DE LA SENSUALITÉ FÉMININE

LES FEMMES ENFIN LIBRES

Les femmes ont une sexualité puissante et admirable. Elles n'ont rien à envier à l'homme qui, lui, s'éclate en un tour de reins.

Comme l'homme, elles sont pourvues d'un système érotique aussi naturel et complexe que le système respiratoire ou le système circulatoire et dont le but est de leur donner du plaisir, orgasme compris. Ce système est inné et fonctionne précocement. Le bébé fille mouille dès sa naissance et à 2 ou 3 ans, elle connaît des formes de plaisir proche de l'orgasme.

Comme l'homme, les femmes sont pourvues de tissus érectiles prêts à se gonfler et de récepteurs sensitifs d'une exquise sensibilité. Mieux : leurs tissus érectiles ont au total un volume supérieur, et leurs récepteurs sont plus nombreux, vu que les uns et les autres sont répartis dans deux sites au moins (clitoris et vagin).

Donc, potentiellement, les femmes ont la capacité d'obtenir facilement un orgasme. Pourquoi n'en est-il pas ainsi ? Il y a plusieurs réponses à cela. La première est historique : le plaisir féminin et l'orgasme reviennent de loin parce qu'ils furent combattus et même interdits. De cette période de répression, il reste dans l'inconscient collectif de toute femme des traces délétères qu'il faut exorciser en en dénonçant les origines. Car ces traces peuvent encore la bloquer.

Par exemple, au cours de ces sombres périodes, la masturbation fut cruellement réprimée. De cette croisade antimasturbation il persiste, à coup sûr, des traces dans le psychisme des êtres actuels, des traces qui peuvent encore les bloquer. Or, des recherches ont montré que la capacité pour une femme à avoir des orgasmes est corrélée à sa pratique masturbatoire. La répression de la masturbation chez la fillette est la principale cause de « frigidité » ; elle empêche la personne de s'explorer donc de se connaître et de s'éveiller au plaisir. De plus, elle insinue la honte dans un geste naturel.

Savoir que leur éventuelle difficulté à jouir n'est pas un fait naturel mais le résultat artificiel d'une répression doit soulager bien des femmes.

Jouissance et orgasme

L'orgasme, du grec *orga* : bouillonner d'ardeur, est le plus haut degré du plaisir sexuel. On peut aussi dire : plaisir sexuel extrême ressenti au summum de l'excitation.

Ce plaisir se définit :
1) par son intensité – la plus forte que puisse ressentir naturellement un être humain ;
2) par son origine sexuelle ;
3) par sa survenue après une phase plus ou moins longue d'excitation ;
4) par la soudaineté de sa survenue ;
5) par la brièveté de sa durée – quelques secondes – sauf lorsque les orgasmes s'enchaînent en transe – quelques minutes ;
6) par l'irradiation c'est-à-dire la propagation plus ou moins importante du plaisir à travers le corps ;
7) par les émotions et les modifications de conscience qui l'accompagnent : félicité, sentiment d'amour, etc.

Fait aussi partie de la description de l'orgasme et achève de le définir, la profonde détente qui le suit : impression de flottement teinté d'un grand bonheur et surtout impression de satisfaction totale dite encore assouvissement qui « délivre » du désir. Le désir et l'excitation mettent le corps et le psychisme « en charge ». L'acmé constitue une complète « décharge ». Sans cette profonde détente, sans cette satisfaction, on peut dire qu'il n'y a pas eu d'orgasme ou un orgasme incomplet.

Si l'orgasme est comblant, il n'est pas nécessaire de le renouveler, c'est pourquoi beaucoup de femmes se satisfont d'un seul orgasme, en sont parfaitement heureuses et épanouies et ne cherchent pas à exploiter leur capacité polyorgasmique.

Si l'orgasme n'a pas apporté un total apaisement, si le désir n'est pas entièrement assouvi, s'il n'y a pas eu décharge complète, la personne va avoir besoin d'un autre orgasme et d'un autre encore, bref va être insatiable. L'orgasme vaginal se révèle souvent plus comblant que l'orgasme clitoridien.

Ce qui manque le plus aux femmes qui ratent un orgasme ce n'est pas le plaisir, c'est la détente qui suit le plaisir.

Le mode culmination-explosion

L'orgasme fonctionne sur le mode de la culmination-explosion : une série ou succession de stimulations élémentaires est appliquée sur un point érogène, chaque stimulation procure un plaisir légèrement supérieur au précédent ; la bénéficiaire ressent donc des sensations voluptueuses d'intensité croissante. Et soudain, à un certain niveau d'excitation, éclate un plaisir plus fort que tous les petits plaisirs préalables additionnés : c'est l'explosion.

C'est un phénomène analogue à celui d'un condensateur électrique : en charge, il accumule de l'énergie ; mis en service – en décharge – il libère soudain la totalité de l'énergie accumulée. En matière d'orgasme il est possible d'accroître l'énergie accumulée – c'est-à-dire l'excitation – par la stimulation de plusieurs zones érogènes. C'est le phénomène de sommation. Par exemple, à la stimulation du clitoris on ajoutera la stimulation d'un mamelon ou de l'anus. La décharge, c'est-à-dire le plaisir orgasmique, en sera d'autant accrue.

Bienheureuse jouissance

Dans le langage commun, « jouir » c'est avoir un orgasme. J'emploie ici ce mot dans un sens plus large et que j'oppose à orgasme. Jouir c'est savourer un plaisir qui est d'une intensité moins forte, qui est moins soudain, qui est plus durable (des dizaines de minutes), mais dont la qualité (subjective) n'est pas moindre. Si l'orgasme est une déferlante, la jouissance est une lente et ample vague. La jouissance est de l'ordre du cueillir, du goûter, du délecter.

La « simple » introduction du pénis et sa « simple » présence au creux du vagin produit chez beaucoup de femmes une émotion exquise voire profonde, un ravissement, une euphorie, un apaisement. Ce qui les exalte c'est cette impression de partage, voire de communion avec leur amant, le sentiment de lui faire un don majeur, la sensation que le vide en elles est comblé et qu'elles sont en plénitude, tandis que l'étreinte de l'homme les enveloppe et les emporte.

Mais il n'y a pas que la pénétration qui confère cet état de béatitude. Les femmes peuvent aussi l'éprouver quand l'homme les enveloppe de caresses, les baigne de baisers, les couvre de mots doux, et lorsque l'odeur de la peau mâle les enivrent ; la jouissance est de toute sensation.

Que les femmes qui se croient des « ratées » parce que le plaisir ne les a pas encore secouées, mais simplement frôlées, soient attentives à ces voluptés qui valent leur pesant de bonheur. Le plaisir se chante sur tous les tons, la mélodie qui s'élève de deux êtres aimants qui se joignent de tous leurs sens se fera hymne à la joie et montera beaucoup plus haut que le cri de l'orgasme ordinaire.

Le déroulement de l'orgasme féminin

L'orgasme est le couronnement d'un cycle désir-excitation-plaisir. Quel que soit le point de départ de l'orgasme, les processus de base sont les mêmes : il passe par six phases.

Les 6 phases de l'orgasme

Phase 1 : la phase de désir

La vue, et a fortiori le contact d'un homme – mais aussi sa représentation imaginaire –, peut déclencher le désir chez la femme. Alors tout son être s'anime. Une attente joyeuse qui peut se faire fébrile la gagne. Son cœur cogne, sa tension s'élève. Dans son ventre s'amorcent des transformations : les tissus érectiles de sa vulve et de son vagin commencent à se remplir, le vagin perle quelques gouttes de rosée.

Parfois l'utérus réagit par quelques contractions. Mais sans doute la sensation la plus émouvante, la plus symbolique est cet appel de tout son corps : au bas de son ventre, c'est ce creux qui aspire à être pénétré, rempli.

Phase 2 : la phase d'excitation et de plaisir montant

À mesure que croît l'excitation, le plaisir augmente selon une courbe ascendante.

L'homme s'est approché de l'aimée, l'a embrassée, lui a prodigué des caresses sur la peau, sur le sexe. Dès l'approche de l'homme, puis au cours de l'union, les transformations entamées chez la femme se sont accélérées. Une véritable insurrection se produit dans son corps et principalement dans ses organes sexuels – la vulve, le clitoris, le vagin – dont les tissus érectiles commencent à se dilater. Ces tissus sont de véritables éponges vasculaires faites d'un groupement de petites vacuoles ou microcavernes ; à chacune aboutit une petite artère qui amène du sang ; de chacune repart une petite veine qui reprend le sang ; en cas d'excitation, l'artériole s'ouvre amenant un flux accru de sang dans la vacuole tandis que la veinule se ferme empêchant le sang de repartir ; ainsi le sang étant coincé dans la vacuole, celle-ci s'engorge et gonfle, la totalité de la zone sexuelle fait de même : c'est l'intumescence ou turgescence.

Chez l'homme, dont le sexe est extérieur, l'intumescence est visible, c'est l'érection. Chez la femme dont le sexe est intérieur, l'intumescence est intime, secrète. Mais ses adorateurs peuvent en admirer des facettes : le clitoris dont le gland se redresse (mais ce faisant se cache sous son capuchon), les grandes lèvres qui se rengorgent et s'écartent, découvrant l'orifice vaginal, les nymphes qui s'épaississent et jouent les guirlandes florales. Admirons aussi l'écarlate de ce sexe florifère nourri à profusion de sang pulsant. Et les doigts d'apprécier, émus, de chaque partie de la corolle l'éclosion, la fermeté et la chaleur accrues.

Bien qu'invisible, l'intumescence du vagin peut néanmoins être goûtée par les doigts – l'index et le majeur – d'un amant précautionneux : les ayant introduits, toute sensibilité en éveil, il perçoit autour d'eux la présence d'une gaine gorgée et brûlante ; palpant la paroi vaginale du bout de leur pulpe, il en sent la résistance.

Bien entendu, la femme ressent de l'intérieur toute cette intumescence, son désir et son plaisir en sont grandis. Car l'intumescence est source de volupté de deux façons :

1) en soi la perception de la congestion de ses organes sexuels procure à la femme une impression de tension plaisante et de pulsations agréables ;

2) en elle-même, la congestion rend les organes sexuels hypersensibles ; une muqueuse rouge vif acquiert une exquise sensibilité érotique.

Parce qu'intérieurs, on ne se rend pas compte du volume des tissus érectiles de la femme : il est considérable. Si l'on additionne les tissus érectiles qui occupent les différentes parties du clitoris, de la vulve, du point G, de la gaine périvaginale – tous éléments reliés entre eux – on obtient une base de plaisir remarquable et plus vaste que celle de l'homme.

Se congestionnent aussi tous les organes du bassin : l'urètre, l'utérus, les trompes, les ovaires, le rectum. Les seins eux-mêmes ne restent pas à l'écart de la révolution sanguine : ils gonflent, leur volume augmentant d'un cinquième leurs aréoles se soulèvent en verre de montre et prennent une teinte foncée, leurs mamelons s'érigent et se durcissent.

Le cœur de la femme s'accélère et bat plus fort : son amplitude et sa fréquence augmentent, sa tension artérielle augmente également de 4 ou 5 points. Sa respiration s'accélère passant de 20 mouvements/minute à 30, son amplitude croît aussi. Ces transformations physiologiques sont provoquées par l'émotion et nécessitées par les besoins en sang et en oxygène des muscles qui travaillent.

Pour que l'excitation au cours de cette phase préparatoire soit optimale, il faut que l'homme procure à son amante les meilleures caresses tous azimuts. C'est le rôle des préliminaires. « *J'aimerais,* déclare une femme, *que l'homme m'excite longtemps, jusqu'à ce que mon vagin l'appelle et que je crie de désir.* »

Même si cette phase a pour but d'aller vers l'orgasme, on peut la vivre en soi ; le plaisir croissant est grisant ; il emplit de bonheur, il nous fait déborder d'amour. Il faut prolonger les caresses.

Phase 3 : la lubrification ou mouillure

Sur la paroi du vagin apparaissent des perles de rosée qui se rejoignent pour former un film continu dont le but est de favoriser le glissement du pénis. Cette eau vient des vaisseaux sanguins de la gaine vaginale. Il s'agit d'une transsudation et non d'une sécrétion. Ce liquide est clair et aqueux comme de l'eau de roche. Il apparaît très vite : une femme désirante peut mouiller en dix à trente secondes.

Phase 4 : la phase d'excitation et de plaisir en plateau

Alors que les stimulations continuent (caresses, coït), l'excitation et le plaisir, après une courbe ascendante, arrivent à un haut niveau et s'y maintiennent selon une courbe en plateau.

L'intumescence est maximale : les organes sexuels sont gonflés à bloc, leur muqueuse est cramoisie et hypersensible. Si la lubrification se réduit, c'est que le relais est pris par les glandes de Bartholin, situées dans la vulve de chaque côté de l'entrée du vagin et qui sécrètent un liquide un peu plus muqueux.

Phase 5 : la phase orgasmique : l'excitation et le plaisir en flèche

Peu avant l'orgasme, le rythme respiratoire s'accélère, la femme peut lancer quelques paroles ferventes, puis sa respiration se suspend quelques secondes, son corps se tend. Soudain l'apnée cède, un cri fuse, le corps se déchaîne : c'est l'orgasme.

Le plaisir s'élance vers des sommets, la courbe quitte le plateau et grimpe à la verticale vers un pic. C'est l'expérience de plaisir la plus intense qui soit. Mais cette intensité est variable selon le point de départ de l'excitation (caresse du clitoris, coït, etc.), selon les jours, selon les êtres, selon leur état. Elle se répartit sur une échelle de 1 à 10, c'est-à-dire de l'orgasme le plus doux, à la limite de la simple jouissance, à l'orgasme le plus séismique où l'on croit perdre la tête. Les irradiations dans le corps varient aussi : soit le plaisir se cantonne aux organes sexuels, soit il envahit une partie plus ou moins grande du corps. Enfin, les modifications de conscience qui l'accompagnent fluctuent aussi : de la légère ivresse à l'extase mystique.

Au niveau des muscles du périnée

Il se produit des contractions rythmiques. Cette « réponse musculaire », découverte par Masters et Johnson, est le phénomène central et typique de l'orgasme. Le périnée est ce hamac de muscles entrecroisés qui constituent le fond du bassin et qui va de l'os du pubis en avant au coccyx en arrière ; parmi ces muscles, le plus actif est « le releveur de l'anus » en particulier sa partie appelée « muscle pubo-coccygien » (PC). On l'appelle aussi « muscle papillon » en raison de sa forme ou « muscle du bonheur ». Il est bon de savoir que ce muscle PC cravate le tiers inférieur du vagin et je vous laisse imaginer les exultations du pénis engagé dans celui-ci quand le pubo-coccygien se met à se contracter en cadence. Ces muscles sont des muscles striés qui se contractent automatiquement mais que la femme peut aussi commander.

Les contractions du périnée, et donc du PC, sont rythmiques, autrement dit cadencées, alternant une contraction et un relâchement ; l'intervalle entre deux contractions est de 0,8 seconde ; le train de contractions comprend 3 à 15 unités, sa durée totale est de 3 à 12 secondes. Un orgasme léger correspond à 3 ou 4 contractions, un orgasme fort à 12 ou 15 contractions. À noter que la sensation de plaisir précède la série de contractions de 3 secondes.

Si les stimulations reprennent, un nouvel orgasme se produit accompagné de cette même danse musculaire.

Au niveau du vagin
Il se produit un resserrement de son tiers inférieur, dû à la contraction de plusieurs muscles : les muscles de l'entrée du vagin, les muscles constricteurs de la vulve et le pubo-coccygien dont on a vu qu'il cravatait l'orifice vaginal.

Au niveau de l'utérus
Il se met à monter et à descendre et se contracte comme pour accoucher. Ces contractions sont également rythmiques et voluptueuses. Elles ne se produiraient que pour les orgasmes dits « profonds ». La participation de l'utérus donnerait les orgasmes les plus intenses de coloration « viscérale ».

Phase 6 : la phase de détente
L'orgasme ne dure que quelques secondes : quand il est passé, l'excitation et le plaisir décroissent selon une courbe descendante oblique. Lui succède un état de profonde détente qui est un plaisir en soi : le corps est complètement relâché, apaisé, un bien-être délicieux l'envahit. La conscience est aussi détendue, dans un état de béatitude. C'est le bonheur avec un sentiment de plénitude.

« Soudain, tout se relâche, tout s'apaise. Je suis hyperdétendue. Je suis comme dans du coton. Je suis saoule. Je vois la vie en rose. »

Ce qui se passe dans le corps correspond à cette décrue :

- Les tissus érectiles se vident **très lentement** de leur sang ; il leur faut une bonne demi-heure pour revenir à l'état premier. Alors que l'homme débande en quelques minutes.
- Les muscles du périnée, en particulier le muscle PC, se décontractent et se mettent au repos. Suivis de tous les muscles du corps qui alors s'immobilisent et se relâchent. Les muscles du visage se détendent et sont même encore plus détendus qu'en temps normal : c'est ce qui donne cet aspect paisible et radieux.

Les femmes n'ont pas de phase réfractaire, contrairement à l'homme ; sans doute est-ce dû au fait que leur intumescence subsiste longtemps. Aussi peuvent-elles obtenir un nouvel orgasme si elles le désirent et d'autres encore dans les minutes qui suivent. Elles peuvent aussi obtenir des orgasmes très rapprochés qui s'enchaînent et constituent une transe orgasmique d'une durée de 20 à 60 secondes. Spectacle bouleversant et étonnant qu'une femme en transe d'amour.

La femme a donc une capacité multi-orgasmique. Hélas elle se heurte à la phase réfractaire de l'homme. Après un premier orgasme avec éjaculation, celui-ci voit son érection et son désir se réduire, voire s'annuler tandis qu'une certaine fatigue teintée de mélancolie le gagne. S'il n'est plus jeune ou s'il n'est pas d'un tempérament bouillant, il souhaitera en rester là. Jeune ou plus chaud, il pourra assurer un second coït dont il sortira encore un peu plus ramolli sur tous les plans. Un troisième coït le contraindra à sortir du jeu. Dans ces conditions, la femme ne trouve pas le moyen d'exercer ses talents. Heureusement la solution existe : que l'homme apprenne à maîtriser son éjaculation ; alors il pourra faire l'amour sans fatigue et sans limite, le désir et le pénis toujours flamboyants.

Chapitre II

L'ART DES CARESSES CLITORIDIENNES

UN SACRÉ BOUTON

Le clitoris, par sa complexe beauté et sa précision de fonctionnement, est une œuvre d'orfèvrerie. La nature ne pouvait faire moins pour un organe hyperspécialisé dans le plaisir.

Il est bon que la femme connaisse bien son clitoris et l'explore des doigts et du regard, pour elle-même et pour guider l'homme[1]. Il est indispensable que les hommes connaissent les secrets du bouton sacré.

---

1. Voir *La Caresse de Vénus* (Éditions Leduc.s).

Le clitoris : une merveille

Le clitoris ne se résume pas à ce petit rubis que vous percevez sous vos doigts ou sous vos yeux, ce n'est que sa partie émergée ; derrière cette perle il y a un système plus vaste : les 9/10e du clitoris sont internes et invisibles.

Au centre du système est le gland du clitoris, le rubis que vous connaissez bien. Il est à demi recouvert par un capuchon qui peut glisser sur lui et qui est fait de la réunion des deux petites lèvres ou nymphes, ces fines membranes attachées à l'intérieur des grandes lèvres. Le gland a la taille d'une myrtille – 3 à 6 mm. Quand il est excité il grossit jusqu'à 6 voire 10 mm. Pour mieux le voir, je conseille de retrousser délicatement le capuchon comme on retrousse une paupière. En dessous du gland, c'est-à-dire à sa face postérieure, s'attache d'un côté et de l'autre un fin filet qui va se fixer sur les nymphes : ce sont les freins du clitoris. Aux adorateurs je peux le dire : c'est le point le plus exquis du clitoris ; mais il faut être orfèvre pour le chatouiller et en confier ce soin à la pointe de la langue.

Prolongeant le gland, au-dessus de lui vers le haut de la vulve, est la tige. Comme elle est recouverte par le capuchon puis par la muqueuse vulvaire les yeux ne font que la deviner, mais par contre les doigts la perçoivent bien : un mince cylindre qui roule sous la pulpe, long de 25 à 35 mm, épais de 3 à 5 mm. Excitée, elle gonfle, se voyant et se palpant mieux.

Arrivée en haut de la vulve, sous le pubis donc, la tige se divise en deux racines qui s'écartent et se recourbent pour aller s'insérer sous le rebord de l'os du bassin ; c'est dire si ces racines s'enfoncent profondément dans la chair des grandes lèvres, mais même si excitées elles gonflent, on ne peut pas les palper.

L'érection du clitoris

Le clitoris doit son éroticité à ce qu'il contient – des tissus érectiles – et à ce qu'il porte – des capteurs sensitifs très particuliers et très nombreux.

Chaque partie du clitoris contient des tissus érectiles prêts à se gorger de sang en cas d'excitation. C'est la turgescence. Le gland, la tige et les racines se mettent à gonfler et deviennent plus durs, plus chauds et plus rouges, ce qui ne peut se voir qu'au niveau du gland, seule partie émergée. Se rengorgeant et cramoisi devenu, le gland a fière allure. Attention toutefois, il y a un piège pour les hommes : quand il s'érige au maximum, le clitoris rentre sous sa capuche et disparaît en partie au regard et au doigt. Mais il est toujours là et il ne faut pas s'arrêter de le stimuler. De grâce continuez sans relâche.

Le système clitoridien est relié aux autres systèmes érectiles du sexe de la femme par un réseau de vaisseaux, à savoir les bulbes vestibulaires, la gaine périurétrale et la gaine périvaginale avec son point G.

Les capteurs de plaisir

À la surface des muqueuses recouvrant les diverses parties du clitoris – le gland, la tige, les racines –, se trouve une constellation de capteurs sensitifs chargés d'enregistrer les sensations de tous ordres : contact, chaud, froid, volupté ou douleur. Les corpuscules de volupté, dits de Krause, sont spécialisés dans l'élaboration du plaisir sexuel. Seuls le gland du clitoris et celui du pénis en sont pourvus et le clitoris en possède plus que celui du pénis 20 fois plus gros : 8 000 contre 4 000. Par sa puissance érotique, le clitoris est un véritable détonateur.

Les réponses du corps à l'excitation clitoridienne

Nous retrouvons ici certaines des réponses décrites dans le chapitre général sur l'orgasme, plus d'autres réponses propres au clitoris.

La lubrification
D'abord c'est le vagin qui se lubrifie. Son eau déborde dans la vulve puis sur les cuisses quand l'excitation est extrême. Puis les glandes de Bartholin situées dans la vulve prennent le relais. Son liquide est plus muqueux.

La transformation en montgolfière de la cavité vaginale
L'entrée du vagin et son tiers inférieur se resserrent.

Ceci est dû à l'action conjuguée :

- de la turgescence du manchon érectile périvaginal ;
- de la contraction du muscle constricteur de la vulve ;
- de la contraction du muscle pubo-coccygien qui cravate le bas du vagin.

Vous remarquerez avec jubilation que pour le pénis ainsi tenu, retenu et quelque peu massé à sa base, ce n'est que pur bonheur. Par contre, les deux tiers supérieurs de la cavité vaginale se dilatent, se ballonnisent. Ici aussi, la nature a été prévenante avec le pénis : il s'agit de laisser de l'air au gland, de lui faciliter ses mouvements. Mais la femme y trouve aussi son avantage car ses culs-de-sac vaginaux si sensuels vont être « pilonnés » à souhait. Le diamètre du vagin dilaté est compris entre 50 et 70 mm. Les doigts d'un homme qui alors caressent le vagin, sentent bien cette expansion au grand ébahissement du mâle. Ainsi, la stimulation clitoridienne prépare le creux de la femme à recevoir l'homme et son pénis.

L'ascension de l'utérus

L'utérus remonte, entraînant la remontée des culs-de-sac qui deviennent alors distants de 12 cm de l'orifice vaginal.

Les contractions rythmées des muscles du périnée

C'est le dénominateur commun de tous les orgasmes quel que soit leur point de départ.

L'orgasme féminin

Le plaisir monte progressivement (courbe ascendante) puis se maintient à un haut niveau (courbe en plateau) avant de fuser quasi verticalement (courbe en flèche).

La détente

Elle est, en général, moins profonde que celle qui suit l'orgasme vaginal. Un nouvel orgasme peut repartir après quelques secondes ; parfois il est préférable d'attendre plus longtemps car le clitoris est devenu hypersensible. La répétition des orgasmes est potentiellement illimitée.

Nous voyons que le clitoris « fonctionne » sur le mode du condensateur : « mise en charge » suivie de « décharge ».

On comprend que si l'homme cesse ses stimulations en période de charge, autrement dit abandonne la femme en plein plateau, avant que n'éclate l'orgasme, celle-ci va se retrouver avec ses organes sexuels congestionnés, son muscle PC contracté et son énergie en suspens. Elle ressentira des douleurs, de l'irritation et de la tristesse. Et tous les désordres liés à l'implosion de son énergie. Une caresse commencée doit être menée à son terme ; si elle rate, il faut que la femme la mène elle-même à bonne fin avec ses doigts ou un gode.

Que ressent la femme ?

C'est par comparaison avec l'orgasme vaginal que les femmes s'expriment. Classiquement, disent-elles, l'orgasme clitoridien est plus rapide à venir, tellement rapide qu'il peut être « *foudroyant* », « *fulgurant* ». Plus court de durée. Plus aigu, elles disent : « *piquant* », « *incisif* », « *affiné* », « *exacerbé* », « *énervant* », « *agaçant* », « *électrique* ». Mais elles peuvent également le ressentir comme une pulsation dans le clitoris (« *mon cœur bat dans mon clitoris* ») ou un gonflement, une « *érection* » de celui-ci.

Plus superficiel, c'est-à-dire plus en surface. Plus ponctuel, elles disent aussi : « *localisé* », « *précis* », « *concentré* », « *dense* », il ne concerne que le clitoris et la vulve. Mais, il peut aussi irradier dans le vagin, le périnée, l'anus, le bassin même. Elles le ressentent comme une onde de chaleur ou une onde de pulsations voluptueuses ou une onde de spasmes. Cette irradiation dans le vagin confirme le phénomène d'érotisation du vagin par le clitoris. « *À l'entrée,* disent-elles, *c'est une impression de chaleur, de feu. Tout le long du conduit, c'est une impression de vagues de spasmes ou de salves de palpitations qui, les unes et les autres, gagnent l'utérus. Au fond, c'est une sensation de dilatation, de ballon qui se gonfle.* » (C'est la « montgolfière » des culs-de-sac vaginaux.) Toutes ces sensations peuvent être violentes. Enfin, survient un besoin d'être pénétrée. Il n'est pas rare que l'irradiation atteigne l'intérieur des cuisses d'où elle fuse dans les jambes et qu'elle diffuse dans l'ensemble du corps où elle est ressentie comme un tremblement, plus ou moins fort, qui le parcourt des pieds à la tête ou bien comme une lame de fond de spasmes qui le submerge. C'est alors qu'un bien-être s'installe.

Plus intense, voire violent, ce qui ne surprend pas : le clitoris n'est-il pas bourré de récepteurs sensitifs de toutes sortes, y compris de capteurs de volupté ? En plus, il est « prêt à l'emploi » dès la naissance et « entraîné » depuis l'enfance, c'est-à-dire depuis de longues années. Toutefois les femmes préfèrent l'orgasme vaginal (quand elles l'obtiennent). Les raisons de leur préférence : les femmes sont des êtres de relation et l'orgasme par coït est la plus étroite des relations.

LE DOIGT DE L'HOMME

Je conseille aux hommes de regarder comment les femmes se masturbent : c'est la meilleure façon d'apprendre comment stimuler le bouton divin. Encore faut-il que vous acceptiez que votre partenaire s'autocaresse. Mais vous le pouvez dans tous les cas de figure :

- Ou bien la femme n'a pas eu d'orgasme vaginal au cours du coït, elle n'est pas assouvie, mais vous n'y êtes pour rien, c'est elle qui n'est pas encore suffisamment éveillée. Laissez-la sortir de sa pénible frustration. Et aidez-la à s'éveiller comme il sera dit plus loin.
- Ou bien elle n'a pas eu d'orgasme parce que vous avez été mauvais (malhabile, trop rapide, etc.). Laissez-la se rattraper. Quant à vous, il vous reste à vous perfectionner grâce à cet ouvrage.
- Ou bien elle aime s'autocaresser pour le plaisir, comme un supplément – un must – à ce que vous

lui offrez. Ayez la générosité et l'intelligence de vous associer à son geste. Jouez ensemble.

- Ou bien elle est fort anxieuse, tendue et recourt à la masturbation pour se tranquilliser, apaiser son stress. Vous pouvez le comprendre. Et proposer des câlins meilleurs encore.

Quand la femme elle-même stimule son clitoris, elle atteint l'orgasme dans 95 % des cas, voire 100 %. Quand c'est l'homme qui le caresse, l'orgasme ne survient que dans 45 % des cas. Et encore, il s'agit de femmes qui l'avaient rendu très sensible en le caressant elles-mêmes souvent. Pourquoi cette différence ? Pourquoi les caresses de l'homme n'arrivent-elles pas à émouvoir aussi facilement et aussi intensément le bouton ?

Vous pouvez mieux faire

L'homme ne sait pas toujours bien caresser le clitoris. Il ignore la configuration du sexe féminin, son fonctionnement, ses attentes. Il est souhaitable que vous, les hommes, vous appreniez ce sexe : consultez les passages où sont exposées son anatomie et sa physiologie, contemplez-le quand une femme vous fait l'honneur de vous l'offrir, repérez-en les points sensibles, écoutez ce que vous dit la femme, demandez-lui des précisions sur ce qui est bon. Bref, vous les hommes, intéressez-vous plus au clitoris, retenez les leçons apprises et mettez du cœur à l'ouvrage.

Apprendre à caresser le clitoris

Ne foncez pas le doigt impatient sur le bouton et ne l'abordez pas sans avoir mouillé votre doigt. Trempez-le dans le vestibule vaginal car si les caresses préalables que vous lui avez prodiguées ont été parfaites, cet endroit doit être tel le griffon d'une source. Si ce n'est pas le cas, portez votre doigt à votre bouche pour l'enduire de salive. À moins que vous n'utilisiez une bonne crème.

De vos cinq doigts, celui qui convient le mieux, c'est le médius : il est le plus doux, le plus tendre, le plus délié, le plus inspiré, bref, le plus sensuel. L'index est fort intelligent mais un peu trop autoritaire, pointu – pointant. Vous pourriez coupler médius et index, l'un apportant sa souplesse, l'autre sa force. Quant à l'annulaire, à lui seul il ne fera qu'un travail d'amateur : alors, associez-le avec le médius ou l'index. Mettez l'annulaire dans le sillon qui se trouve entre le clitoris et la grande lèvre, l'index dans le sillon homologue de l'autre côté et le médius, doigt central, au dessus du bouton prêt à jouer sa partition. Cette position est d'autant plus confortable pour votre main qu'elle pourra se poser sur le mont de Vénus ! Et que l'annulaire et l'index pourront maintenir les lèvres écartées.

Et votre pouce ? Bien qu'assez gauche, l'utiliser pour jouer avec le gland vous permettrait d'affecter vos autres doigts à des tâches subtiles du côté du vagin ou de l'anus. Pensez aussi à vous servir de votre main entière. Appuyez, frottez avec son plat ou son talon ou son tranchant. C'est moins précis mais ça procure un plaisir étendu à toute la fente – les grandes lèvres, le vestibule, etc.

Votre main a-t-elle envie de s'ébattre à l'extérieur ? Proposez-lui la caresse suivante : posez votre pouce sur une face externe de la vulve, posez vos quatre autres doigts sur l'autre face et pressez ce qui se trouve dans la pince. Vous sentirez très bien le clitoris à travers les grandes lèvres, vous pourrez même le faire rouler entre vos doigts. Inutile de vous dire que votre aimée sera aux anges.

Si vous trouviez le bouton vraiment rebelle, vous pourriez utiliser un objet, voire un vibromasseur. Mais je suis sûr qu'avec beaucoup de patience, d'application, de subtilité, d'imagination, d'intuition, d'écoute, de compliments et de mots d'amours vous pouvez le séduire. L'important est de trouver ses points sensibles. Il vous faudra tâtonner, en vous fiant aux réactions de votre amante, voire à ses indications, car il y a bien longtemps qu'elle a repéré les points les plus excitants. Attention, ça se joue au millimètre près. Vous finirez par détecter le point le plus exquis, le gland : c'est cette petite boule que vous sentez rouler et dont le contact fait à présent tressaillir votre aimante. Alors prudence, n'allez pas tout de go le caresser directement « à nu » ; il est hypersensible, ça l'irriterait et même, ça pourrait être douloureux. Commencez par le caresser indirectement : passez sur le côté, dans le sillon entre sa capuche et la grande lèvre, à droite ou à gauche, de façon à l'aborder à travers cette capuche. Ou bien, allez sur la tige et stimulez-la à travers la muqueuse qui prolonge la capuche.

Vous pourrez, peut-être, caresser directement le gland, après quelque temps d'apprivoisement à condition d'être particulièrement subtil. Et si un jour il est de très bonne grâce, et vous très très subtil, vous pourrez retrousser la capuche et le titiller d'un doigt tellement fin qu'il serait capable de toucher une bulle de savon sans la faire éclater. Puis si vous avez réussi ce test, alors vous aurez le droit de le prendre entre pouce et index ou majeur et de le branler d'avant en arrière non comme un vulgaire pénis mais comme le plus précieux diamant vivant qui soit, c'est-à-dire, avec des doigts de prestidigitateur. Le résultat sera magique et à voir réagir votre aimée, vous vous demanderez si vous n'avez pas atterri dans le pays des mille et une nuits.

Quand vous aurez repéré le point le plus exquis, ne vous en écartez plus, maintenez le cap. Mais rien n'est encore gagné pour autant : moult questions se posant à vous.

Quel mouvement imprimer à vos doigts ? Le mouvement de mini-branlage que je vous ai enseigné ci-dessus n'est qu'une friandise à déguster avec modération. D'abord, vous ferez les grands classiques : mouvement de va-et-vient dans le sens de la fente vulvaire, c'est-à-dire de haut en bas et de bas en haut. L'amplitude de ces mouvements verticaux est de l'ordre de quatre millimètres environ. Autre classique : des mouvements de rotation autour du gland, la pulpe digitale glissant sur la tige au passage et la faisant rouler. Amplitude de ces petits cercles : quelques millimètres. Mais vous pouvez aussi commencer par un mouvement et poursuivre par l'autre. Et si vous inventez d'autres figures, c'est bien, à condition que vous sentiez que ça plaît. Ici aussi, chaque clitoris, chaque femme a ses préférences. Soyez attentif à ses réactions et à ses indications.

Quelle pression ? Commencez, je vous prie, par des pressions légères que vous accroîtrez progressivement jusqu'à les faire assez fortes. C'est plus qu'un frôlement, moins qu'un écrasement : un frottement appuyé et attentif qui exclut toute brutalité. En réalité, chaque clitoris a sa pression préférée, c'est la femme qui le sait et qui peut vous le dire, sinon, c'est à vous de sentir. À partir du moment où vous aurez trouvé la pression optimale, n'en variez plus.

Quelle vitesse ? Ici aussi, allez-y progressivement. Débutez lentement, puis accélérez graduellement jusqu'à aller assez vite mais pas trop vite, pas frénétiquement. Chaque clitoris a également ses préférences quant au tempo.

Combien de temps ? Le temps qu'il faut pour déclencher l'orgasme, 5 minutes, 30 minutes ou plus. Et quand survient l'explosion ? Surtout n'arrêtez pas, continuez à stimuler jusqu'à sa fin avec le même mouvement, la même pression, le même rythme ; une défaillance de votre part à ce moment ferait rater ou abrégerait l'orgasme. Quand celui-ci est achevé, maintenez votre main sur le clitoris mais sans plus bouger. Après un temps de repos qui est délicieux pour vous deux et où votre aimée s'apaise et flotte dans vos bras, essayez de sentir ce qu'elle souhaite : si elle est partante pour d'autres orgasmes, recommencez comme au début. Et ainsi de suite. Mais attention, plus il jouit, plus le clitoris est hypersensible et cette sensibilité peut persister un moment, donc ayez du doigté ou laissez passer un peu de temps.

Ici, il me faut vous rappeler un piège : juste avant que n'éclate l'orgasme, le gland se rétracte sous la capuche, votre doigt perd ses repères et vous voilà désorienté. Surtout ne suspendez pas votre caresse et ne déplacez pas votre doigt, poursuivez au jugé, continuez à faire ce que vous faisiez.

Une règle d'or : lorsque votre caresse est arrivée à un régime de croisière, c'est-à-dire, quand elle procure un plaisir optimum et croissant, ne changez plus rien à la position de votre doigt, ni à ses mouvements, ni à sa pression, ni à son tempo. Toute modification ou suspension romprait le charme et briserait l'envol ; il faudrait tout reprendre à zéro. Ce qui pourrait lasser votre partenaire. Constance et régularité sont les deux secrets des caresses clitoridiennes réussies.

Bien entendu, cette description est générale. Quand le destin met sur votre chemin une nouvelle partenaire, il vous faut oublier – en partie – ce qui était bon pour la précédente car la présente ne réagira pas de la même façon.

En réalité, ce qui est primordial c'est d'être attentif à l'autre. Trouver le bon point, le bon mouvement, la bonne pression, le bon rythme, est affaire d'écoute : tous vos sens doivent « écouter » car au début, quand se cherche le plaisir, tout est à peine perceptible. La pulpe de votre doigt doit être attentive à l'accroissement de la chaleur, au minigonflement, aux micro-vibrations de plaisir du clitoris, toute la surface de votre corps doit être sensible au moindre frémissement, à la moindre tension de votre aimée ; votre ouïe, bien sûr, doit enregistrer les moindres variations de son souffle, ses moindres murmures, ses moindres gémissements. Ensuite, quand les réactions de votre partenaire deviennent manifestes, voire violentes, il ne faut pas pour autant cesser d'être à l'écoute, afin de vous rendre compte si le cap est bon, si vous ne dépassez pas la limite du supportable. Sans doute, ce qui est délicat pour vous les hommes, c'est de discerner si les manifestations de la femme relèvent d'une jouissance ou d'une plainte ; la nuance est discrète entre un gémissement de bonheur et un gémissement de désagrément tant le clitoris est sensible. Aussi, je conseille aux femmes, quand l'homme est un peu malhabile, de le guider de la voix et de la main.

Les caresses préparatoires

Messieurs, n'abordez pas le clitoris sans l'avoir préparé par des caresses de tout le corps : ça l'excite, ça le met en turgescence, ça accroît sa capacité de plaisir, bref, ça le rend pétillant.

Alors, s'il vous plaît, caressez votre amoureuse, caressez-la sur toute la surface de son corps de la tête aux pieds et vice versa et recto verso. Offrez à son visage, à ses bras, à ses épaules, à son ventre, à ses flancs, à ses fesses, à ses cuisses, à ses mollets, à ses pieds, à son dos et j'en passe, toutes sortes d'effleurements avec la pulpe des doigts, de griffures légères avec les ongles, de pincements gentils, de pressions sympathiques, et autres caresses décrites dans *Le Traité des caresses*. Dès qu'un de ces sites frémit et s'horripile de joie, dès qu'un gémissement de bien-être s'élève de la bouche de votre aimée, revenez derechef sur ce site, reprenez encore cette caresse : c'est un filon de bonheur qu'il vous faut exploiter afin que votre partenaire en profite au mieux. Soyez sûr que c'est son souhait.

Après votre main, c'est au tour de votre bouche de parcourir le corps de votre aimée, de le parsemer de toutes sortes de baisers et de mini-morsures. Faites-le longuement, sans vous presser. Et n'oubliez pas les lèvres de celle que la chance vous a confiée : donnez-lui un long, un très long baiser, un chef-d'œuvre de baiser où se mêlent les souffles de vie, le nectar des salives et les battements du sang qui glisse, brûlant, à fleur de muqueuses.

Revenez alors au corps, mais cette fois pour vous concentrer sur ses zones les plus érogènes. Dans ce périple de tonalité nettement plus tropicale, les seins sont une étape magique : à peine effleurés, ils envoient au clitoris de si pressants messages qu'il marque quelques signes d'impatience que l'aimée traduit par quelques frottements instinctifs de son pubis sur votre cuisse. Mais, ne vous précipitez pas sur le bouton pour autant. Son attente est supplice mais heureux supplice. Faites encore, je vous prie, des tours et des détours dans les environs : sur le ventre de votre dame, sur son mont vénusien, sur ses cuisses.

Enfin, prenez hardiment sa vulve à pleine main. Comme elle est brûlante ! Comme sont mouillés les ourlets de sa fente ! Palpez-la avec ferveur, pressez-la avec dévotion, conscient des trésors qu'elle recèle. Que d'émotions ! Vous avez le sentiment de tenir ainsi toute la féminité du monde ; votre aimée, aussi émue, a l'impression d'être tenue tout entière dans votre main, elle qui est toutes les femmes du monde. Ne relâchez pas trop vite l'étreinte de votre main, dégustez-la ensemble, lentement, profondément, majestueusement.

Alors, subrepticement, détachez un doigt, le médius étant le plus apte. Qu'il se fraie habilement un chemin entre les valves de la vulve, qu'il creuse doucement le sillon féminin. Voici qu'il se brûle, voici qu'il fond tant est chaude et abondante la source. Il glisse vers l'arrière à hauteur du griffon vaginal puis revient en avant et tressaille à son contact, lui, le bouton, tandis que l'aimée expire un bref gémissement. Il passe et repasse sur le joyau, la femme halète. C'est alors qu'il vous faut pousser les vantaux des cuisses, afin que s'épanouisse la vulve et que votre main y évolue comme un poisson dans l'eau. Le moment est venu de vous rappeler la leçon de clitoris. Mais, pour faire de cette leçon basique une œuvre d'art, il faudra laisser aussi parler votre intuition, votre imagination, votre affection.

Les caresses associées

À la virtuosité de votre caresse clitoridienne, il est bon que vous associiez d'autres caresses qui, cette fois, ont mission d'accompagner la stimulation. Tout le corps peut être à nouveau câliné par la main libre ou par la bouche. Ici encore, les délicatesses offertes au sein et plus spécialement à son éminence mamelonnaire feront merveille.

Autre zone forte de même magnitude que le clitoris, le vagin sera sollicité soit par les doigts de la même main (par exemple, tandis que les grands doigts s'occupent du clitoris, le pouce prend place dans le réceptacle vaginal), soit par les doigts de la main libre. Quels que soient les doigts introduits, ils prodigueront au vagin d'appréciables réjouissances. Leur seule présence peut suffire mais ils peuvent aussi jouer une partition sur les touches sensibles de leur hôte : l'entrée, le point G, les culs-de-sac, le col ; mais, ils le feront piano, afin de ne pas ravir la vedette au clitoris. L'addition de deux stimulations puissantes fait monter le niveau général de la volupté, tout en majorant celle de chacun des sites par un effet interactif : le clitoris s'exalte de la caresse vaginale et le vagin tressaille de la caresse clitoridienne. D'ailleurs, on y reviendra, c'est par le truchement de la caresse clitoridienne que le vagin, endormi au fond de sa vallée pendant la première partie de la vie, s'éveille progressivement et s'érotise.

La marge de l'anus et le canal anal pourraient être également conviés aux ébats par un doigt de la main qui caresse le clitoris, au prix d'un grand écart. Il est plus commode de confier cette tâche à la main libre. Ici aussi, on assiste alors à la multiplication miraculeuse des bonheurs. Le doigt en mission pourrait se contenter d'occuper cette zone sensible. Il pourrait aussi y exercer quelques flatteries, mais qui seront modérées afin de ne pas détourner l'attention du bouton.

Que votre amoureuse vous guide !

Bien que souvent insatisfaites, les femmes, pour la plupart, n'osent pas demander à l'homme ce qu'elles souhaitent et lui expliquer comment il pourrait les exaucer. Alors, elles se résignent et se prêtent passivement à sa façon de faire pour leur plus grand malheur.

Pourquoi les femmes n'osent-elles pas exprimer leurs besoins et enseigner les gestes satisfaisants ? Parce qu'elles sont timides ou pudiques ou parce qu'elles craignent de passer pour des femmes exigeantes, égoïstes, imbues de leur personne, voire dominatrices, ou parce qu'elles ne veulent pas importuner leur partenaire, le vexer, le mettre en infériorité. Dans tous ces cas, ce qu'elles redoutent, c'est que l'homme se moque d'elles ou les rejette.

Pourtant, beaucoup d'hommes attendent que les femmes s'expriment.

La technique ne suffit pas

Aussi parfaite soit-elle sur le plan technique, votre caresse clitoridienne, Messieurs, ne comblera votre amante que si elle est inspirée par une profonde admiration de sa féminité et un amour fervent. Sinon, elle n'est qu'habile frottement, susceptible de lui procurer quelque « plaisir d'organe » mais non d'engendrer l'extase de son être.

Chapitre III

LE BAISER VULVAIRE OU CUNNILINGUS

Plutôt que « cunnilinctus », je préfère qu'on dise le « baiser vulvaire » ou mieux, « le baiser clitoridien ».

Quand l'homme offre ce baiser, 42 % des femmes obtiennent un orgasme, chiffre qui est proche des 45 % obtenus par la caresse digitale donnée par l'homme, mais loin des 95 % obtenus lorsque la femme s'autocaresse. Par conséquent, si l'homme améliorait sa connaissance de la femme, la quasi-totalité des femmes jouirait de l'acmé.

Un baiser extraordinaire

Le baiser clitoridien est la plus excitante et la plus somptueuse caresse qu'on puisse faire au clitoris, celle que les femmes apprécient le plus. C'est une caresse humide, voire aqueuse. Or c'est très souvent dans un milieu aquatique que la femme a révélé sa sexualité : c'est sous un jet d'eau, dans sa douche ou sa baignoire, qu'elle a joui au mieux pour la première fois. Doux, fluide et chaud, à l'instar de l'eau, le baiser clitoridien ne peut qu'émerveiller la vulve. La rencontre de la bouche et de la vulve, c'est la rencontre des deux fentes les plus humides du corps.

C'est aussi une caresse tendre et langoureuse. La chair qui donne le baiser est moelleuse et généreuse en sensations comme la chair qui le reçoit. Chacun sait bien à quel point la bouche possède une extrême sensualité qui n'est égalée que par le sexe. Ici, la bouche embrasse la vulve, autant que la vulve embrasse la bouche.

C'est enfin une caresse subtile : la pointe de la langue, par sa finesse, son habilité, sa précision, sa sensibilité, sa douceur, son humidité, sa chaleur, est l'agent idéal de la caresse du plus précieux, du plus sensible, du plus délicat et du plus petit des organes sensuels : le clitoris. Toutefois prenez garde que la pointe ne soit trop dure : ça irrite, ça n'excite pas. Les lèvres présentent les mêmes qualités que la langue et bien que charnues elles sont agiles : quand il s'agira de sucer, elles trouveront d'instinct le délicat mouvement de préhension jadis destiné au mamelon.

Servi par d'aussi talentueux organes, comment se fait-il que le baiser clitoridien ne propulse pas 100 % des femmes dans le ciel des lits ? Écoutons ce qu'elles déplorent : « *Les hommes sont trop pressés, ils lèchent cinq minutes et puis ils s'arrêtent. C'est frustrant. Il me faut du temps pour me mettre à l'aise, pour que je m'abandonne, que je laisse monter le plaisir. Mais je n'ose pas leur demander de continuer plus longtemps.* » Ce que souhaitent les femmes, c'est que les hommes prennent leur temps, que le baiser clitoridien se poursuive longtemps, « des heures », et qu'il ne soit pas forcément un prélude au coït. Elles veulent un, deux, dix orgasmes.

Écoutons encore les femmes : « *Le plus souvent les hommes s'y prennent mal, ils ne trouvent pas les points intéressants, leur langue est trop raide.* » Sans doute, ça irait mieux si la femme indiquait ce qui lui plaît, et guidait son compagnon.

Préparer le baiser clitoridien

Messieurs, je vous demande, ici encore, de ne pas sauter d'emblée sur le clitoris. Allez folâtrer sur l'immense étendue de la peau, mettez le corps en fête. Puis, par des échappées vers des sites plus sensibles, mettez-le en effervescence : le sein et son mamelon, les fesses, leur raie et le puits anal, la colline de Vénus et son incisure sont des points de vue remarquables qui vous réservent de fortes émotions. Que vos doigts agiles, que vos lèvres taquines volettent, effleurent, titillent, pinçotent, escaladent, se posent, glissent, s'insinuent, levant ici une volée de plaisir, provoquant là un intense remue-ménage. Alors, lorsque vous aborderez la vallée des merveilles, vous y serez accueillis avec faste.

Pour donner le baiser clitoridien, veillez à prendre une position confortable. Le mieux est que la femme soit couchée sur le dos, cuisses fléchies et écartées et que l'homme soit allongé sur le ventre, parallèlement à la femme (et non perpendiculairement), tête-bêche, le visage entre les cuisses de son adorée. Ne combinez pas ici le baiser clitoridien avec la fellation – pratique appelée 69. En effet, la femme qui s'occupe du sexe de l'homme ne peut se concentrer sur son plaisir clitoridien et l'homme, distrait par son plaisir pénien, ne peut se consacrer au baiser clitoridien.

Deux autres postures sont possibles : ou bien la femme est debout et l'homme à genoux le nez dans la vulve, posture très belle d'adoration, mais assez incommode. Ou bien, la femme est à cheval, jambes écartées sur l'homme couché, sa vulve ouverte étant à l'aplomb du visage masculin : il lui suffira d'abaisser son bassin pour lui offrir un des cadeaux les plus somptueux qu'une femme puisse faire.

Comme une mer intérieure

Revenez à la première posture : la femme dessous, plus confortable pour vous deux. Elle sera plus confortable pour l'homme si 1) il met un oreiller sous les fesses de la dame ; 2) il repose sa tête de temps en temps sur la cuisse de la dame. Pour le confort de l'aimée que l'homme se rase de près, la barbe qui pique les tendres muqueuses rend la caresse désagréable. Voilà comment je conçois l'événement : l'homme, reposant sur les coudes placés de part et d'autre des hanches, a le visage à la hauteur du mont de Vénus. Voilà qu'il penche la tête et pose un long baiser appuyé sur la toison : les crins crissent doucement sous les lèvres. Le geste est quasi religieux car il aborde ici le sanctuaire de la femme. Les narines plongées dans le pelage, il en hume profondément les senteurs sauvages. Une onde de frissons parcourt son échine. Le désir le partage à la piété. La femme est silencieuse, immobile. Émue, confiante, donnée elle retient son souffle. Et l'homme de prolonger son long baiser mêlé de murmures de bonheur et d'admiration. La femme sent son souffle chaud et les vibrations de ses murmures, elle tressaille.

Alors, l'homme avance sa tête vers les cuisses encore à demi-fermées : il les pousse de son front, mais elles ne s'ouvrent que d'un cran. Aussi, pose-t-il quelques baisers légers sur le haut de la vulve puis, collant sa bouche sur les soies, il souffle de l'air brûlant. « *S'il te plaît* », implore-t-il. Les cuisses s'ouvrent plus largement. L'homme contemple la vulve encore close et le pelage qui dévale ses crêtes. Il dépose un baiser révérencieux sur l'amorce de l'incisure, la pilosité chatouille ses lèvres et son visage et un bouquet d'arômes exotiques affole son odorat. « *Comme tu es belle, comme tu es délicieuse !* »

Maintenant, il frôle de plusieurs doigts duveteux la face interne des cuisses, là où la peau est si douce, si sensible. Son aimée frissonne. Puis, il insinue un doigt dans le sillon entre la cuisse et la vulve et l'y fait glisser lentement, c'est chaud, c'est moite, ça préfigure les joies des profondeurs. Il en fait autant dans l'autre sillon. Bientôt d'un doigt recueilli mais de désir impatient, il suit les bords toujours réunis de la fente, plus humides et plus chauds encore. Courbant un peu plus la tête, il pose ses lèvres en plein milieu de la vulve puis les presse avec ferveur. Son impatience grandit d'en voir plus et la femme sent qu'il est au bord de la dévoiler.

Alors, de ses coudes, il écarte fermement les cuisses féminines et de ses mains appliquées de chaque côté de la vulve, il tire vers l'extérieur les grandes lèvres. Un spectacle fabuleux s'offre à son regard émerveillé : sous ses yeux s'étale le delta d'un grand fleuve tropical qui aurait creusé son lit dans une tendre terre ocre. Dans l'air, traînent des relents de marais et des effluves marins. Enivré par le flux garance et ses fragrances, il hallucine. La voix de son aimée le ramène à la réalité : *« Tu m'aimes ? Est-ce que tu m'aimes ? »* Elle a besoin de cette ultime réassurance avant de le laisser entrer dans son dédale secret. *« Tu es si belle ! »*, répond l'homme.

Maintenant, il promène un doigt sur la face interne rebondie des grandes lèvres, impressionné on le comprend. La pulpe glisse plusieurs fois sur la muqueuse brillante de rosée ; rencontrant la dentelle des nymphes, elle les suit dans un sens puis dans l'autre, puis les soulève et refait le même trajet sous elles. Voilà cette pulpe qui descend dans le creux, là où l'eau est profonde et l'explore étonnée et recueillie. En arrière, elle est quasi aspirée dans le vestibule vaginal où la température est nettement torride ; en avant, elle rencontre l'éminence du clitoris, lisse comme une perle et dont le simple attouchement fait frémir la femme. Les yeux de l'homme n'ont cessé de contempler avidement la merveilleuse vallée et il se sent émerveillé de ce que ses doigts découvraient.

Alors, l'homme courbe plus encore la tête jusqu'à mettre son visage au contact de la vulve. Les arômes infusés par le désir envahissent à profusion ses narines et dans le même élan tout son être. Ses lèvres se posent au fond de la faille et embrassent au jugé ce qu'elles rencontrent. C'est une véritable plongée sous-marine que l'homme effectue tant l'eau abonde. D'instinct, sa langue sort de la bouche et se met à lécher ce qu'elle trouve sous elle, qui est onctueux, chaud, salé. Puis, elle se déplace vers les rebonds charnus des grandes lèvres, qu'elle suit d'abord d'une pointe légère et chatouillante, puis, de son plat, large et gourmand. Découvrant les nymphes, elle se remet sur sa pointe et redessine leurs dentelles, puis, par jeu les soulève délicatement. Mais, les hauts fonds où elle avait plongé d'emblée, l'attirant à nouveau, de toute sa longueur, elle s'enfonce dans le vestibule vaginal, en sonde les profondeurs et se met à les laper. Elle s'y abîmerait bien, mais on l'appelle de toutes parts : alors, elle fait une incursion du côté de la commissure postérieure, en arrière du vagin puis revient en avant, effleure le méat urinaire, glisse sur le bouton sans céder à ses implorations et va taquiner la commissure antérieure à l'aplomb du mont vénusien.

Toutes ces visites rendues, la langue pourrait enfin se consacrer au clitoris, le joyau des joyaux. Mais les lèvres réclament de faire à leur tour le même parcours. Alors, où la langue est passée, la bouche va repasser avec un appétit exacerbé. Les lèvres s'appliquent sur la rondeur gorgée de suc des grandes lèvres, y appuyant un baiser. Les dents s'agacent, elles croqueraient bien cette belle chair. Mais, c'est la bouche tout entière, avide, qui s'empare du fruit ; en un instant, la grande lèvre est aspirée entre langue et palais, sucée, pressée, tâtée et même mâchouillée par des dents aussi précautionneuses que l'araignée d'eau l'est avec sa bulle d'air. Dévoration. Dévotion. La femme frémit, elle a confiance mais sait-on jamais, l'homme paraît si gourmand. Elle frémit aussi de plaisir et de joie : voilà qu'est reconnue l'irrésistible saveur de son sexe.

Tout au long de leurs pérégrinations, langue et lèvres ont pu goûter et déguster de-ci de-là toute la palette des saveurs du sexe féminin. Quant aux narines, elles n'ont rien perdu de la multitude des arômes qui s'exhalaient.

Enfin, l'heure du clitoris est venue ; il est temps car l'attente joyeuse se fait supplice.

Le feu dans l'eau

La langue, nous l'avons vu, est faite pour le clitoris. Commencez par le lécher d'une large langue – mais pas trop large : le quart de sa surface antérieure – avec application et lenteur. Cette caresse flatte tout à la fois le gland, la capuche, la tige et leurs alentours. Faites-le avec appétit et tendresse. Puis, affinez votre langue en n'utilisant plus que sa pointe, mais ne la portez pas d'emblée directement sur le gland trop sensible, il ne le supporterait pas. Glissez-la plutôt sur le côté, dans le sillon entre la capuche et les grandes lèvres et faites-la aller et venir de bas en haut et de haut en bas ; faites de même dans le sillon du côté opposé. Vous pourriez aussi faire tourner votre pointe de langue autour du gland, elle décrirait de petits cercles passant dans le sillon droit, puis au-dessus de la capuche, puis dans le sillon gauche, puis sous le gland.

Apprivoisé, le gland peut alors recevoir une caresse directe, à condition que vous assouplissiez votre langue, qu'elle cesse d'être dure et pointue. Alors, vous pourrez titiller la petite sphère, un peu comme vous le feriez d'un mamelon, mais avec plus de finesse encore : une amplitude moindre, une intensité réduite. Vous pourriez aussi, de l'extrême pointe de la langue, soulever le capuchon et titiller dessous, mais soyez infiniment circonspect, vous manipulez le détonateur d'une bombe. De même si vous la passez sous le gland, à l'attache des deux freins : ces points « F » (comme frein) sont le nec plus ultra de la caresse linguale du clitoris. Pour orfèvre.

Vos lèvres s'impatientent, il leur faut entrer en lice. Déjà elles prennent le bouton doucement entre elles, le happent, l'aspirent, le sucent, le tètent. C'est un mouvement qu'elles savent faire, un enfant sommeillant en tout homme, mais qu'elles le fassent avec la plus extrême subtilité. Et si votre aimée le supporte, essayez même de saisir doucement le clitoris entre langue et palais et de le mâchouiller. Il n'est rien de plus troublant pour un homme que jouer aussi finement avec un organe aussi fin. Quant à votre amoureuse, éberluée, elle n'a jamais éprouvé de plaisirs si aigus, si exquis. Cependant, n'insistez pas, ne visez pas encore son orgasme. Continuez d'explorer toutes ses possibilités de volupté. Portez maintenant votre langue sur la tige et vous y découvrirez deux points de vue remarquables : les points K (comme Kivin), deux points jumeaux, à 4 mm au dessus de la capuche et le point T (comme Tige) en haut de la tige, juste sous le pubis. Sur l'un et sur l'autre passez la pointe de la langue en va-et-vient en travers de l'axe du clitoris. S'il fallait mettre des étoiles aux caresses, celle-ci en auraient trois. L'inventaire étant fait, vous pouvez jouer à passer d'un point à un autre jusqu'au moment où vous sentirez que votre amante est au mieux de l'excitation et prête à décoller.

Alors, choisissez l'endroit qui s'est révélé le plus sensible – et supportable – et entreprenez une stimulation qu'il vous faudra conduire jusqu'à l'orgasme. Le plus souvent c'est la succion – tètement du clitoris – qui donne les orgasmes les plus rapides et les plus forts. Le délai peut être court ou très long. Dans ce dernier cas, il vous faut poursuivre sans défaillance votre baiser. Qu'importe l'irritation de la pointe de votre langue, les crampes de votre gorge, la tension de votre cou (la prochaine fois vous vous placerez mieux). Tenez 5, 10, 20 minutes ou plus. Et observez la très impérative règle de la constance exposée dans la caresse digitale : une fois trouvé le bon point qui, ici, est d'une précision millimétrique, la bonne pression, le bon mouvement, le bon rythme, ne changez plus rien, n'arrêtez sous aucun prétexte, ne serait-ce qu'une fraction de seconde. Toute rupture d'un des paramètres risquerait de faire retomber l'excitation de votre aimée et il faudrait reprendre la partition à son début. Par contre, quand vous sentirez monter crescendo son plaisir – ses gémissements et ses mouvements croissent, sa respiration s'accélère – vous pourrez augmenter la vitesse de votre stimulation et parallèlement renforcer la pression.

Soudain, son corps s'immobilise, se tend, sa respiration se suspend, ses chants sont retenus et aussitôt un cri fuse de sa gorge, tandis que son corps se tend ou même s'arc-boute. D'autres cris s'enchaînent, accompagnés de secousses corporelles au rythme des battements du plaisir. Ne vous laissez pas surprendre par l'explosion, ne cessez pas, pas un instant, votre baiser. Maintenez à tout prix le contact avec votre langue et le bouton, continuez ce que vous faisiez tel que vous le faisiez. Quelles que soient les gesticulations de votre aimée, gardez votre visage entre ses cuisses et votre bouche collée à sa vulve. Le mieux est d'étreindre son bassin de vos bras, ainsi solidarisé à elle, votre tête peut suivre ses mouvements sans risquer de s'en détacher. Pour votre aimée, c'est l'heure de l'extase. Pour vous, c'est l'heure de gloire et d'un très grand bonheur : à votre bouche par la magie de la pointe de votre langue jouant sur cette minuscule et mirifique perle, la femme a joui à en perdre la tête, la femme a jailli dans les étoiles. Si elle est femme-fontaine, elle vous a inondé de son eau chaude. Alors, son amour pour vous est décuplé, sa gratitude infinie et votre complicité plus grande encore.

Voilà que votre amoureuse s'apaise, ses cris cessent, son corps retombe, sa respiration haletante se ralentit, vous pouvez arrêter votre baiser. Il le faut même car le clitoris est tellement à vif qu'il ne supporte plus le moindre contact.

Laissez votre aimée se détendre, vous-même reposez-vous, la tête sur son ventre, à la limite de la toison, un bras enlaçant son bassin. Votre respiration devient synchrone de la sienne. Cherchez sa main, justement elle vient à la rencontre de la votre ; serrez-la. Dans un chuchotement, dites-lui : « *Merci* » « *Je t'aime* » ou « *Je t'adore* ». Et elle, dans un souffle, vous répondra qu'elle aussi. Et de son autre main, elle vous caressera le visage et la tête.

Après quelque temps, placez à nouveau votre visage entre les cuisses chéries. Si vous sentez que votre aimée souhaite d'autres bonheurs suprêmes ou mieux, si elle vous le demande, reprenez votre stimulation selon les mêmes modalités qui ont si bien réussi. Si elle le désire, vous pourrez lui offrir plusieurs séquences orgasmiques, puisque, vous le savez, la femme détient cette extraordinaire capacité. Inversement, si vous percevez que la femme ne désire pas d'autres rebonds, ou si elle vous l'exprime, vous lui donnez un grand baiser d'au revoir pour remercier sa vulve et l'apaiser.

Voici en quoi consiste le grand baiser : plongez l'ensemble de votre visage – menton, bouche, nez, yeux, front – dans la vallée féminine puis promenez-le de bas en haut et réciproquement. Appuyez votre menton en haut, poussez votre front en bas, au milieu, frottez votre nez et faites barboter votre bouche avec des chuintements mouillés et des mots d'admiration et de régal. Terminez cet hommage par de larges lapements étendus du pubis à l'entrée du vagin. Refermez la vulve puis les cuisses, posez un baiser sur la toison. Allez étreindre votre aimée et embrasser sa bouche…

Sublime offrande

Il est une autre position qui permet le « *cunni* » : l'homme étant allongé sur le dos, la femme se place au-dessus de lui – de son visage – jambes écartées.

Ce soir-là, elle avait demandé à son amant de s'allonger sur le dos et enjambant son bassin, elle le chevaucha, cuisses écartées, genoux sur le lit. Il croyait qu'elle voulait le prendre en position d'Andromaque, mais elle s'était assise sur le pubis de l'homme et ne bougeait plus ; un sourire coquin égayait son visage.

Il se demandait ce qu'elle pouvait bien préparer lorsqu'elle se redressa et s'avança pour se poser maintenant sur le ventre mâle. Il sentit sur sa peau le contact tendre, humide et chaud de la vulve et en fut fort troublé. Les yeux plus pétillants encore, elle écarta de sa main ses grandes lèvres, ajusta la fente sur le ventre de l'homme et l'y frotta. Le trouble de l'homme se fit bouleversement. Ensuite elle se remonta vers le thorax masculin, y appliqua sa vulve et l'y frotta aussi.

Alors une idée traversa l'homme – était-ce la même que l'aimée avait en tête ? – : il appliqua ses mains sur ses fesses, les empauma impérieusement et les tira vers le haut pour amener la vulve à la verticale de son visage. Par un retour de pudeur, elle tenta de résister, mais ne le put. « *Écarte bien, mon amour* », chuchota l'amant. Alors se plaçant tout à fait au-dessus de lui, d'un geste fastueux, elle ouvrit largement sa corolle et lui offrit. À ses yeux apparut le plus émouvant tableau qu'un homme puisse contempler. C'est opulent, luxuriant, et exubérant. C'est de tous les roses, de tous les rouges. Ça ruisselle et ça brille de toute son eau. C'est moite, c'est tropical, c'est amazonien. Ça fleure bon le santal ici, le varech là. Il était fasciné et ne put retenir un « *Je t'aime Amour d'Amour* ! ».

N'y tenant plus, l'homme de ses mains autoritaires posées sur les hanches féminines tire vers sa bouche la sanguine corolle. Maintenant l'aimée ne résiste pas. En un instant le creux de la fleur est sur les lèvres mâles qui l'embrassent, l'aspirent, la sucent tandis que la langue lance des sorties tous azimuts, lèche ce qui est à sa portée. La femme bouge légèrement d'avant en arrière et réciproquement pour donner chacun de ses pétales à la bouche gourmande et y frotter son bouton. Justement là devant, la bouche a senti le petit relief induré du clitoris. Aussitôt la langue le taquine de sa pointe, le titille, le piquetille.

La femme gigote et gémit et tente de se retirer tant c'est fort. L'homme la ramène à sa bouche. Ce sont ses lèvres maintenant qui s'emparent du bouton, le sucent, l'aspirent, le tètent, le plaisir est extrême. C'en est trop, c'est presque douloureux. La femme se retire carrément. L'homme la ramène fermement et la maintient ; mais il est plus doux avec le clitoris pour rendre le plaisir supportable et mener l'aimée aux cimes de la volupté, ce qui ne tarde guère.

Soudain la femme, dont les psalmodies allaient croissant, s'immobilise, se raidit et pousse un cri strident comme si son corps explosait, son âme se déchirait. Aussitôt un flot brûlant jaillit du sexe féminin et inonda le visage de l'homme, sa bouche, ses narines, ses yeux. Goût de sel, odeur de mer. Bonheur ineffable. Gratitude infinie.

Prendre les seins de la femme à pleines mains, par ses seins la contraindre à donner encore une fois sa vulve pour y noyer son visage, la laper largement. Et connaître la béatitude des jours sans âge.

(Détails pratiques : pour plus de confort la femme se tiendra à la tête du lit, l'homme placera deux coussins sous sa tête).

Et toujours les caresses d'accompagnement

Ici aussi, je vous demande de bien vouloir accompagner le baiser clitoridien de caresses envers d'autres sites : elles renforcent le plaisir premier et elles feront participer tout le corps à la volupté.

Tandis que vous donnez le baiser, Messieurs, laissez votre main libre aller caresser le visage de l'aimée ou flatter ses flancs ou ses fesses ou tenir ses genoux ou ses pieds ou prendre sa main. Mais quand l'envie vous prendra d'atteindre un site plus chaud, ne vous retenez plus et laissez votre paume prendre un sein et vos phalanges taquiner le mamelon. Excellente association, vous le savez, en vertu de l'interaction érotique directe entre les deux sites. Mais, il y a plus : pincer et tirer les tétons entre le pouce et l'index tandis que les lèvres saisissent et tètent le clitoris, constitue une figure érotique surprenante ou l'inversion des pôles a de quoi faire monter de plusieurs degrés l'excitation et le bonheur des amoureux.

Bientôt, le désir vous vient à la main d'un accompagnement plus torride encore, comme d'introduire un ou deux grands doigts – deux c'est plus comblant – dans le vagin de l'aimée ou le pouce. N'y résistez pas ! Ces doigts pourront rester immobiles ce qui suffira déjà à émouvoir considérablement votre partenaire. Ils pourront aussi être actifs : caresser la muqueuse vaginale, s'y focaliser sur le point G, ou C, taquiner le col jusqu'à faire bouger l'utérus. Alors, vous verrez votre aimée hissée à un optimum de volupté, d'où elle ne tardera pas à être propulsée dans le bonheur suprême.

Un autre jour, votre main pourra préférer visiter l'astre anal de cette femme qui vous aime tant. Un de vos doigts y procurera quelques réjouissances qui s'ajouteront au plaisir en cours et pourquoi pas votre langue. Il en résultera aussi une complicité plus grande entre vous.

Pour le baiser clitoridien comme pour toutes les caresses du clitoris, soyez en permanence attentif aux réactions et aux indications de votre amoureuse. Souvenez-vous aussi que chaque femme a ses préférences et que vous ne pouvez transposer ce que vous avez appris avec une femme, à une autre femme.

Je dis aux femmes : Mesdames, ne soyez pas plus passives dans cet échange que dans d'autres. Participez, dites précisément ce qui est bien ou moins bien pour vous, bougez votre bassin pour aider au confort de votre aimé ou pour amener vos zones les plus sensibles sur sa bouche ou sur sa langue, et n'hésitez pas à vous caresser le ventre, les seins, etc.

Le beau sexe

Malgré les délices que leur procure le baiser clitoridien, beaucoup de femmes gardent des réticences à son égard. Ce qui les retient n'est pas tant une pudeur morale qu'une gêne liée à des millénaires de dévalorisation de leur sexe.

Les mâles grecs n'avaient que mépris pour cet endroit – comme pour la femme du reste. Ces fondateurs de la civilisation phallocratique y fantasmaient quantité de dangers, comme d'y sombrer sans retour ou d'y blesser leur précieux phallus (mythe du *vagina dentata*).

Les Pères de l'Église ont relayé ce phallocentrisme et ont fait du sexe de la femme la source du « *péché originel* » et le siège du péché de chair. Pour eux, le sexe de la femme était « *la porte de Satan* », ils le prétendaient laid et sale. Ainsi fut inculqué aux femmes la répugnance et la honte d'elles-mêmes. Elles en gardent des traces : elles ont peur en donnant à voir leur sexe de révéler quelque chose de « *pas beau* », de « *sentir mauvais* », « *d'avoir mauvais goût* » et, in fine, de dégoûter les hommes.

Bien entendu, le sexe de la femme n'a aucun de ces travers. La beauté de son graphisme n'a d'égale que la bonté de ses arômes et de ses saveurs.

En réalité, la répulsion de l'homme est à mettre sur le compte de la mâle-peur, de cette peur fondamentale que l'homme éprouve vis-à-vis de la femme depuis l'aube de l'humanité[1].

Écoutons ce que disent les femmes actuelles du baiser clitoridien : « *C'est pas avec un mec d'un jour qu'on fait ça,* dit une femme, *il faut trop s'abandonner – c'est plus intime qu'une pénétration.* » « *Je n'accepte le cunni,* déclare une autre, *que si l'homme dit que mon sexe est beau, que je sens bon, que j'ai bon goût.* » « *Il faut qu'il m'aime* », ajoute une autre. Il est évident qu'une femme ne peut se donner de cette façon que si elle se sent appréciée. Dites-lui donc votre admiration et votre plaisir.

Qu'en pensent les hommes ? « *Les formes de son sexe, son parfum, son goût, c'est super-excitant. Et c'est fabuleux qu'une femme m'offre tout ça et super fabuleux qu'elle jouisse dans ma bouche* » dit un homme.

---

1. Voir *Sexualité : la voie sacrée* et *De la peur à l'amour*

Le seul inconvénient réel du baiser clitoridien, c'est de donner parfois à la femme l'impression que son homme est loin d'elle, qu'il est hors de portée de ses mains. Elle parle même d'un sentiment de solitude, ce qui est quand même le comble puisqu'elle est complètement à lui et lui en elle. « *Je le sens loin,* dit l'une d'elle, *je ne peux pas le caresser, je me sens un peu seule.* » Ne dites pas, Messieurs, que les femmes « *c'est compliqué* ». Cherchez plutôt ce qui a pu décevoir votre partenaire : votre corps qui était perpendiculaire au sien, au lieu d'être tout contre, votre main libre qui n'a pas caressé son visage ou ses seins ou ses flancs, ou qui n'a pas cherché et pressé sa main, votre bouche qui n'a pas émis des « *huuum* » de délices en la dégustant et surtout qui n'a pas dit « *Je t'aime et je t'adore* ».

Ce qui le rend délicieux

Le vertige qui saisit la femme et l'homme dans le baiser clitoridien est lié pour partie aux odeurs qui enveloppent les amants. Elles vont émouvoir le centre de la mémoire et le centre des émotions (le système limbique) et le centre de la pulsion sexuelle (l'hypothalamus).

C'est bien l'archaïque instinct animal qui ressurgit lorsque les fauves odeurs du pelage de la fente féminine atteignent l'homme, font grincer ses dents d'appétit, font dresser son pénis. La femme, à son tour, est traversée par cette résurgence de l'instinct : les odeurs, elle les perçoit montant de son propre sexe et imprégnant l'homme, sa main qui la caresse, son visage qui l'embrasse, elle en est très excitée. Tous deux baignent dans ces effluves animaux et le désir qu'ils engendrent.

Les émotions olfactives relèvent aussi d'une nostalgie. Au cours du baiser clitoridien, ce sont des effluves marins qui apparaissent et rappellent aux amants leur vie intra-utérine où ils étaient heureux comme des poissons dans l'eau. Et rappellent aussi le corps de la mère dont il a partagé les fragrances pendant l'enfance pour son plus grand bonheur.

Pour la femme qui offre sans limite le cœur de son être intime, pour l'homme qui place son visage en ce lieu, le baiser vulvaire a une profonde valeur symbolique. Par son offrande, la femme témoigne de sa totale confiance en l'homme élu, et elle lui donne la plus haute preuve de l'amour qu'elle a pour lui. Par sa façon d'être, l'homme montrera à la femme qu'il l'aime totalement, jusqu'à ses profondeurs, qu'il trouve belles et bonnes. Du coup, la femme achèvera de se réconcilier avec son sexe.

Au total, un cunni bien réalisé constitue la façon la plus efficace de procurer un orgasme et un orgasme fort.

QUAND LE PÉNIS TAQUINE LE CLITORIS

Le pénis gambadant à l'orée de la vulve peut amuser le clitoris si l'homme (ou la femme) le prenant entre ses doigts en frotte le gland sur le rubis, jeu tout à fait charmant mais bien incapable d'éveiller quelques sensations irrésistibles.

Par contre le pénis engagé dans un coït peut parfois stimuler valablement le clitoris jusqu'à l'ébahir.

Premier mode : le pénis stimule directement le clitoris. Au cours de ses va-et-vient, la base du pénis côté dos frotte et presse le bouton (sans doute plus la tige que le gland) tant et si bien qu'il peut provoquer l'orgasme. Ce frottement, la femme peut le favoriser en déplaçant son bassin de façon à mettre son cher clitoris en contact avec le dos pénien. C'est pour elle une façon de participer activement à l'éclosion de son propre plaisir. La position du missionnaire – femme allongée sous l'homme, les deux corps s'étreignant, permet ce frottement du pénis sur le clitoris. Mais la position la plus favorable est celle d'Andromaque – femme assise à cheval sur l'homme – car, en se penchant et en collant son ventre sur celui de son mâle, la femme applique son clitoris sur le dos du pénis.

À mon avis, le frottement de la verge et a fortiori sa pression sur le clitoris ne peuvent qu'être discrets, voire inexistants, en raison de l'angle selon lequel le membre masculin aborde le vagin. Cette incidence fait passer le pénis à distance de lui. L'excitation est trop discrète pour déclencher un orgasme. C'est sans doute pourquoi les Anciens chinois avaient inventé un anneau en ivoire qu'ils plaçaient à la base de la verge. Cet anneau était orné de dragons en relief dont les saillies prononcées avaient mission de caresser le clitoris. Il comportait deux trous dans lesquels était passée une bandelette de soie qui ceinturait la taille et se nouait dans le dos afin de maintenir la bague en place.

Toutefois, il doit exister des configurations anatomiques qui se prêtent plus particulièrement aux contacts entre pénis et clitoris : une certaine forme de pubis masculin ou une conformation vulvaire où le clitoris est plus proche du vagin. Heureux mortels dont les corps s'adaptent si bien qu'ils sont faits pour s'entendre ; mais même dans ces cas, la volupté ne survient qu'après une stimulation prolongée selon un rythme régulier et soutenu.

Deuxième mode : c'est le pubis masculin associé au pénis qui stimule la vulve dans son ensemble. Le frottement et la pression sont exercés autant par le pubis que par le pénis sur toute la zone vulvaire, qui, vous le savez, est bourrée de tissus érectiles (le système clitoridien et ses trois parties – tige, gland, racines – les bulbes vestibulaires et les réseaux les reliant), ce qui déclenche l'orgasme. En bougeant, la femme arrive à assurer le meilleur contact entre sa vulve et le pubis de son amant. Ici, les bonnes positions sont, d'une part, la position « fleur de Vénus » : la femme est couchée sur le dos, cuisses écartées, l'homme est à genoux entre celles-ci ; la femme lève les jambes et les place autour des reins de l'homme ou même sur ses épaules, ce qui expose et fait ressortir sa vulve ; reste à faire un petit mouvement de l'un vers l'autre et la vulve et le pubis masculin s'ajusteront au plus près. D'autre part, la position d'Andromaque : elle permet à la femme de bouger facilement et de mettre sa vulve en parfaite osmose avec le pubis mâle.

Mon opinion : même constatation que précédemment, hormis des configurations anatomiques propices, cette excitation reste trop légère pour engendrer l'orgasme. Mais ces deux réserves ne doivent pas empêcher les hommes qui sentent le clitoris se présenter sous un bon angle de tenter de « l'écraser » sous la racine de leur verge ou sous leur pubis et les femmes de tendre vers eux leur terrible bouton. C'est le cas de la position du missionnaire classique, l'homme étant au-dessus de la femme écartant généreusement les cuisses : son pénis étant serti dans le vagin, le mâle s'avance de 5 cm, son pubis contre le pubis féminin, c'est alors que la base de sa verge risque de contacter la divine sonnette. Tout corps à corps est source de bonheur.

En tout cas on peut définitivement éliminer l'affirmation de Masters selon laquelle le pénis excite le clitoris en tirant lors de ses mouvements sur les nymphes et la capuche ; les nymphes étant détendues et élastiques, c'est impossible.

La main comme alliée

Pour obtenir un orgasme clitoridien au cours du coït, le plus sûr est d'y mettre la main. Ce peut être la main de la femme elle-même qui, soit excite directement son bouton, soit tente de l'exciter en appuyant la base de la verge (introduite dans le vagin) sur lui. Ce peut être aussi la main de l'homme qui s'en va le titiller. La position du missionnaire n'est pas ici la plus propice, car il n'est pas commode de glisser une main, celle de la femme comme celle de l'homme, entre les deux corps superposés. D'autres positions s'y prêtent mieux : la position de « fleur de Vénus » (femme allongée sur le dos, homme à genoux entre ses cuisses), celle d'Andromaque et celle de la lionne.

Même si le clitoris ne déclenche pas directement l'orgasme au cours du coït, il y joue néanmoins un rôle majeur en préparant le vagin à jouir. Sa stimulation, quel qu'en soit le mode, a fortiori quand elle a procuré un ou plusieurs orgasmes clitoridiens, crée et accroît la faim du vagin, c'est-à-dire le désir qu'il a d'être pénétré, sa lubrification et son intumescence. Celle-ci va augmenter considérablement la sensibilité du fourreau vaginal et la porter au point critique. Le clitoris est le tison du vagin, il le porte au rouge et le chauffe à blanc.

Vous avez remarqué le rôle actif de la femme dans ces situations : elle ne se contente pas d'attendre que le plaisir lui tombe de l'homme, elle contribue à sa recherche en poussant son clitoris vers le pénis ou vers le pubis de son partenaire (ce qui du reste est un geste instinctif qu'elle ose libérer) ou en tendant la main vers son propre bouton. S'il le faut, elle guide son homme, ou même lui demande ce dont elle a envie.

Chapitre IV

DE L'ÉROTISATION À L'ORGASME VAGINAL

MIEUX CONNAÎTRE LE VAGIN

Trop de femmes confient ne rien sentir et s'ennuyer lors du coït. De fait, les statistiques confirment qu'une grande majorité de femmes n'obtiennent pas d'orgasme par pénétration du pénis dans leur vagin – 70 % si on fait une moyenne de plusieurs enquêtes –, cette estimation est toutefois à affiner ; il faudrait tenir compte de l'âge de la femme, de son ancienneté dans la carrière sexuelle, du nombre de ses partenaires, etc. En effet, nous verrons que si en début de vie sexuelle le vagin somnole, il s'éveille ensuite progressivement pour atteindre sa maturité vers 30-35 ans, voire plus.

Pourtant, le vagin est pourvu de tout ce qu'il faut pour procurer du plaisir et le plus grand des plaisirs ! Il nous faut donc comprendre pourquoi ces potentialités sommeillent et trouver les moyens de les épanouir.

Une richesse érotique fabuleuse

Luxuriants sont ses tissus érectiles, généreuse sa sensibilité.

Le vagin est constitué de trois gaines concentriques. L'une, profonde, est faite de fibres musculaires, circulaires et longitudinales ; la deuxième, intermédiaire, faite de tissus érectiles, dont nous savons qu'elles sont des éponges vasculaires capables de se gorger de sang ; et la troisième, en surface, faite d'une muqueuse. Le manchon musculaire va permettre au vagin de se resserrer ou de se dilater, faisant de la cavité vaginale quelque chose de vivant, ayant sa propre vie. Le manchon érectile va permettre au vagin d'entrer en turgescence, sorte d'« érection interne » dont le volume n'a rien à envier à celui de l'homme. Quant à la muqueuse, elle porte une multitude de capteurs sensitifs qui, par endroits, se concentrent en « points » ou « zones » érotiques.

La sensibilité du vagin est de deux sortes.

1. **La sensibilité interne ou intéroceptive** qui est celle des deux gaines les plus profondes : la musculeuse et la vasculaire. La sensibilité de la gaine

musculeuse perçoit les contractions et les relâchements des fibres musculaires lisses, activités qui sont sources de sensations agréables. La sensibilité de la gaine érectile perçoit leur engorgement qui en soi est voluptueux.

2. **La sensibilité externe ou extéroceptive** qui est celle de la troisième gaine c'est-à-dire du revêtement muqueux. Elle porte en surface des corpuscules, les uns sensibles aux contacts, les autres au chaud, ou au froid ou à la douleur. Certes les corpuscules ne sont pas nombreux mais ce n'est pas une raison pour affirmer que le vagin est insensible comme on l'a longtemps prétendu. Il est vrai que son exquise sensibilité, le vagin ne la révèle qu'après une longue mise en condition faite d'excitations diverses : caresse de toute la peau de l'aimée, stimulation du clitoris, et enfin excitation directe du vagin (par caresse digitale ou action du pénis). Il est vrai aussi que le vagin ne possède pas de corpuscules de volupté de Krause : c'est le privilège des glands (gland du pénis, gland du clitoris). Par contre les corpuscules sensibles et les tissus érectiles s'y concentrent en certains points particulièrement érogènes qui seront décrits ultérieurement.

La présence de ces points ne doit pas inciter les hommes à faire du « presse-bouton ». Toujours, Messieurs, conduisez-vous en orpailleurs, en chercheurs de diamants.

Comment naît le plaisir vaginal ?

Trois sortes de sensations contribuent à déclencher l'orgasme.

Le contact

C'est le frottement du pénis, de son gland précisément sur la muqueuse vaginale. Le gland s'y prête admirablement car il est à la fois ferme et doux comme du velours ; de plus sa base est renflée et saillante – la couronne – ; cette saillie circulaire correspond aux stries de la muqueuse vaginale ; ainsi le rebord mâle cascade sur les replis femelles pour le plus grand bonheur des amoureux. Ce type d'excitation relève de la sensibilité extéroceptive.

Faute de pénis ou par jeu ou pour s'entraîner, le vagin peut être contacté par d'autres acteurs.

- **Les doigts** : un ou deux suffisent ici pour réaliser la caresse, ceux de la dame elle-même qui se masturbe ou ceux de l'homme.
- **Un objet** : manches de couverts, bougies, légumes ou fruits péniformes.
- **Un accessoire érotique** (vibro, gode) manié par la dame elle-même ou son troubadour. Bien entendu les doigts sont les plus aptes à cibler les « points » érotiques.

La réplétion

C'est le « remplissage » de la cavité vaginale par le pénis. Ce qui compte ici, c'est plus le diamètre de l'organe mâle que sa longueur. Ce diamètre provoque une dilatation de la cavité vaginale et donc une distension des gaines musculeuses et vasculaires, et par conséquent une sollicitation des capteurs sensitifs des fibres musculaires lisses et des vaisseaux. Ce type d'excitation concerne la sensibilité intéroceptive. Ce sont les femmes au vagin éveillé qui sont les plus sensibles à la réplétion.

Pour obtenir une réplétion avec les doigts – ceux de la femme elle-même ou ceux de son amoureux – il faut associer plusieurs doigts, voire mettre le poing. De même les objets et les jouets doivent avoir un certain volume.

Le heurt des parois vaginales

C'est la percussion du vagin par le pénis, particulièrement efficace si elle atteint un des points érotiques ou le fond de la cavité vaginale où se trouvent le col et les culs-de-sac vaginaux. Spontanément le gland va buter dans le cul-de-sac postérieur, particulièrement sensible.

De cette description ne concluez pas qu'il faut à l'homme un pénis spécialement long pour régaler Madame car la nature a fait le vagin plus court que la verge : le col est à 6 cm de l'entrée vaginale, le cul-de-sac postérieur à 8 cm ; même si on ajoute un allongement du vagin de 2 cm par excitation, il reste encore de la marge pour la quasi-totalité des pénis (longueur moyenne en érection : entre 13 et 15 cm).

Faut-il l'avoir gros ? Ce qui importe c'est la « congruence » c'est-à-dire l'ajustement au plus près entre le pénis et la cavité vaginale, ce que vous pouvez réaliser de deux façons :

1) en prolongeant la durée des préliminaires puis du coït : la turgescence du pénis et du vagin fera alors gonfler au maximum l'un et l'autre et les fera rentrer en coalescence ;

2) en demandant à la femme de travailler sur les muscles qui entourent le bas vagin – les fameux pubo-coccygiens – de manière à les resserrer autour de la verge.

Sachez enfin, Monsieur, qu'il faut apprendre à « viser » afin de contacter ou heurter les différents points érotiques : il faut pour cela varier l'angle de pénétration de votre pénis et sa profondeur tout en visualisant la situation de ces points. Quant à Madame, c'est en bougeant et orientant son bassin de différentes façons qu'elle pourra présenter au gland ami les diverses facettes de sa précieuse caverne.

En plus du vagin, la réception du pénis par la femme met en jeu tout son pelvis et son abdomen : sont ébranlés la vessie, l'urètre, le rectum, l'utérus, les ovaires, les trompes, tous organes pourvus d'une viscéro-sensibilité et donc sources de sensations qui contribuent aux plaisirs propres à la femme, lui donnent cette impression de profondeur et d'extension, en un mot de totalité. La femme fait l'amour avec tout son ventre.

Les réponses du corps à la stimulation vaginale

L'intumescence

Les tissus érectiles qui forment la seconde gaine autour de la cavité vaginale se gorgent de sang. Le vagin devient une sorte de pénis creux aussi volumineux que celui-ci. Si le désir crée bien la turgescence, celle-ci crée en retour un désir plus grand : de même que l'homme se réjouit et se sent plein de vie et d'appétit en percevant sa verge tendue de sang, la femme exulte et se sent vivante et affamée en percevant son vagin pulsant de sang.

En plus l'intumescence de la femme persiste longtemps – 30 minutes au moins – après l'orgasme, alors que l'homme entre aussitôt dans la phase réfractaire et perd sa turgescence en quelques minutes. C'est pourquoi la femme reste en désir et peut renouveler ses orgasmes si elle le veut. Virtuellement elle n'a pas de limite. Ce qui ne veut pas dire qu'elle est insatiable ou prête à réaliser des performances parce que c'est dans l'air du temps. La plupart des femmes s'affirment parfaitement heureuses avec 2 ou 3 orgasmes. Beaucoup se déclarent comblées avec un seul. C'est que joue ici la qualité de l'orgasme.

La lubrification

La paroi vaginale est généreuse, nous le savons ; elle pleure de joie pour un baiser donné, pour un téton effleuré, pour un clitoris taquiné. Alors quand c'est à elle que la caresse s'adresse, elle redouble d'abondance.

La transformation de la cavité vaginale
Il en existe deux sortes.

- Les modifications de la première sorte se rencontrent dans les stimulations de la partie basse du vagin (entrée point G). Elles sont semblables à celles que provoque l'excitation du clitoris : un resserrement du 1/3 inférieur, une ballonnisation des 2/3 supérieurs (image de montgolfière) et ascension de l'utérus.
- Les modifications de la seconde sorte sont spécifiques des stimulations du fond du vagin (point A, col de l'utérus, culs-de-sac vaginaux). Ici c'est l'inverse qui se produit : le bas du vagin s'ouvre, le haut se resserre, la cavité prend une forme de A. La femme sent très bien le resserrement du haut vagin sous forme d'une poussée vers le bas. L'homme s'en aperçoit car ses propres doigts en mission dans le fond de la cavité ou le gode qu'il y promène ont tendance à être chassés.

La descente de l'utérus
L'utérus – corps et col – descend de quelques centimètres dans le vagin et se contracte de façon rythmique.

Les muscles du périnée
Ils se contractent de façon cadencée au moment de l'orgasme, comme ils le font pour l'orgasme clitoridien, particulièrement le pubo-coccygien.

La détente
Elle est plus profonde et l'impression de satisfaction plus grande que dans l'orgasme clitoridien.

Ce que la femme ressent

Ce que j'en dirai concerne l'orgasme obtenu par coït. Ici, c'est par comparaison avec l'orgasme clitoridien que les femmes s'expriment. Elles disent qu'il est plus lent à venir, il faut plusieurs minutes, voire plusieurs dizaines de minutes. Plus prolongé. Plus diffus, plus global, elles le ressentent dans toute l'étendue du vagin. L'entrée, le canal, le fond et pour cause. Et aussi dans tout le bassin dont les organes sont contigus au vagin : l'utérus, la vessie, le rectum. Plus profond. « *Il vient des entrailles* » disent-elles.

Plus total : il irradie dans tout le corps. C'est dans le même élan que les sensations apparues dans le vagin envahissent l'organisme tout entier : les sensations de contractions voluptueuses passent du vagin à l'utérus, puis montent dans le ventre, le dos, la tête d'une part et gagnent les jambes d'autre part. *« C'est une onde de spasmes voluptueux qui part de mon sexe, monte dans mon ventre et éclate dans ma tête. »* Autre sensation décrite : *« C'est une incandescence qui monte de mon bas-ventre, embrase mon corps et enflamme ma tête. »* Des femmes parlent de sensations lumineuses. *« C'est un flux d'étincelles qui explose dans ma tête comme un feu d'artifice. »* D'autres femmes parlent de tremblement de terre, de manèges qui tournent.

Plus doux, plus rond en ce sens qu'il est moins « *aigu* », moins dense. Mais, il peut être aussi violent, *« surtout,* disent-elles, *si on a excité longtemps le clitoris auparavant ». « Le top, c'est le clitoris d'abord et longtemps puis, quand je me sens bien mouillée et gonflée, la pénétration. C'est l'apothéose. »*

Plus haut en qualité. C'est la qualité du plaisir qui distingue l'orgasme vaginal : il est plus *« plein »*, plus complet (*« tout mon corps est rempli de plaisir, ma tête déborde de joie, il ne manque plus rien »*), plus satisfaisant (*« le besoin impérieux de mon vagin d'être comblé est satisfait »*), plus agréable (*« il est divin »*), plus apaisant (*« Je sens mes nerfs se relâcher complètement »*).

Plus *« génial »* en raison d'une plus grande participation psychique. L'orgasme vaginal a une dimension relationnelle et émotionnelle. *« Ce qui est bouleversant c'est de sentir la présence de l'amant, ses bras qui m'étreignent, le poids de son corps, la chaleur de sa peau, son sexe inséré en moi. » « Je sens que je partage avec lui quelque chose d'exceptionnel. »*

Un degré de plus et c'est une véritable métamorphose psychique qui se produit : un état de conscience supérieur fait d'agrandissement et d'élévation s'installe. C'est l'extase. C'est pourquoi, même si la majorité des femmes considèrent que l'orgasme clitoridien est fort, elles préfèrent l'orgasme par coït en raison de ses aspects psychiques.

Le vagin : La belle au bois dormant

La belle au bois dormant, c'est le vagin. Contrairement au clitoris et au pénis que les enfants utilisent dès les premiers mois parce qu'ils sont là sous la main (et sous les yeux pour le garçon), le vagin situé entre les cuisses est difficilement accessible aux doigts et inaccessible au regard. Il y a bien des fillettes qui découvrent qu'il y a là un trou et y mettent de menus objets par pure curiosité et non par volupté, le geste ne sera pas aussi fréquent, loin de là, que la chatouille de son bouton et ne pourra en aucune façon procurer de sensation voluptueuse. Donc le fait que la fillette a la partie centrale de ses organes sexuels – son vagin – à l'intérieur d'elle-même constitue un handicap à son éveil érotique.

Un long sommeil

Là-dessus, arrive la puberté qui renforce la mise à distance du vagin et son inaccessibilité.

- L'ensemble de la vulve – et donc l'entrée du vagin – recule un peu plus entre les cuisses, rendant encore moins accessible le vagin ; y mettre un doigt demande une torsion du poignet fort incommode.
- Une pilosité surgit, masquant un peu plus le site.
- Les règles apparaissent rendant cet endroit inquiétant et répugnant.
- La découverte de l'hymen rend ce lieu interdit ; sa blessure peut être douloureuse et sanglante ; et son intégrité témoigne d'une virginité qui pourrait encore être exigée par un futur mari.

Ainsi, l'anatomie et la physiologie entretiennent longtemps le sommeil de la Belle.

À l'adolescence, autrefois, les choses ne changeaient guère sauf que la fille se masturbait plus le clitoris et utilisait parfois des objets pour stimuler son vagin. De nos jours, beaucoup de jeunes filles ont brisé le tabou du vagin : elles utilisent des tampons périodiques et se servent de plus en plus de sex-toys. Or nous verrons combien la masturbation est la condition de l'éveil érotique du vagin. On peut donc espérer que de plus en plus de femmes auront une meilleure connaissance de leur cavité vaginale et de ses points érogènes.

Malgré cette évolution on peut dire que pour la majorité des filles, leur vagin est resté pendant 14 ans dans la clandestinité, intouché et invisible, sourd et muet : la fille n'en a pas une pleine conscience, il ne ressent rien, il ne lance pas d'appel, il ne se manifeste pas. Qu'importe, on croit depuis toujours qu'il lui suffit d'attendre : un jour un Prince Charmant viendra l'éveiller d'un coup de baguette magique, il transformera le vagin dormant en brasero.

Un prince bien ignorant

Le malheur, c'est que le Prince n'y connaît rien en matière de sexe féminin et à la façon d'y engendrer le plaisir ; lui, il ne connaît que la façon de se donner du plaisir : effectuer de rapides mouvements de branle de son pénis, geste mécanique aussi simpliste que stéréotypé qui ne peut en rien lui inspirer ce qu'il lui faut faire pour combler une femme, geste qui lui procure un orgasme en quelques minutes et lui fait accroire qu'il en est de même pour la femme, or celle-ci, et a fortiori si elle n'est pas éveillée comme c'est le cas de l'adolescente, exige un temps plus long.

La rencontre d'un jeune prince et d'une jeune belle, c'est la rencontre d'un garçon qui fourbit son pénis depuis 15 ans, et d'une fille dont l'écrin vaginal est intouché et donc insensible depuis toujours. D'un côté un organe hyper-entraîné, de l'autre un organe inexpérimenté.

La belle ne ressentira quasiment aucun plaisir ; elle sera déçue mais pourra toutefois éprouver un certain bonheur, surtout si elle aime le garçon : faire don de son corps et savoir ou peut-être sentir la verge de son aimé en son ventre est en soi source de belles émotions. Longtemps, très longtemps l'introduction d'un pénis en elle ne lui donnera pas de plaisir suprême. Le Prince lui, jouira pleinement dès la première intromission : se branler dans sa propre main ou dans le vagin d'une fille c'est biologiquement pareil.

De ces réflexions, il ressort que pour que la relation sexuelle soit un bonheur pour les deux protagonistes il faut :

- que le garçon apprenne la morphologie et le fonctionnement du sexe féminin ;
- que la fille sorte son vagin de la clandestinité le plus tôt possible, c'est-à-dire dès la puberté et fasse alors son apprentissage érotique.

L'éveil érotique du vagin

Il s'agit de sensibiliser la muqueuse vaginale, de mettre en route les circuits neurologiques et les arcs réflexes du système érotique et de les « entraîner ».

La meilleure façon pour une jeune fille d'épanouir sa sexualité est de se charger elle-même de l'éveil et de l'érotisation de son vagin bien avant le premier coït, et de continuer son « entraînement », même si elle a un partenaire, jusqu'à sa complète révélation : la survenue d'un orgasme au cours de l'union sexuelle.

L'érotisation de son sexe doit se faire en amont de la création du couple. Et elle seule peut effectuer ce travail de découverte, de lecture et d'apprentissage de son corps. Une femme ne peut arriver au couple les mains vides, sinon il faudra au duo des années de tâtonnements, de « rattrapage » pour changer à l'unisson. À 30 ans, il y a encore plus de 70 % de femmes qui ne connaissent pas l'orgasme coïtal. Le plus souvent, la maturité sexuelle de la femme s'accomplit entre 30 et 40 ans. C'est l'aboutissement d'un long chemin d'éveil qui dure 5, 10, 15 ans, voire plus. Il appartient à la femme d'accélérer cette maturité.

L'ÉROTISATION DU VAGIN

L'érotisation du vagin sera réalisée tantôt par la femme seule, par autocaresse, tantôt en coopération avec son homme qu'elle guidera.

L'érotisation du vagin par la femme elle-même

C'est par autostimulation du clitoris ou du vagin que la femme éveille sa sexualité. Kinsley l'avait montré, Masters et Johnson ont précisé : « *94 % des femmes qui ne se masturbent pas, n'ont pas d'orgasmes vaginaux.* » Shere Hite confirmait : « *Le pourcentage de femmes qui n'ont jamais eu d'orgasme est cinq fois plus élevé chez celles qui ne se sont jamais masturbées que chez les autres.* »

Par stimulation clitoridienne

Toute stimulation clitoridienne provoque des réactions dans le vagin : une lubrification de la muqueuse vaginale, une turgescence des tissus érectiles périvaginaux, un aiguisement de la sensibilité. Elle y éveille aussi diverses sensations : chaleur, pulsations, impression d'appel, etc. Quand survient l'orgasme clitoridien, des sensations plus intenses envahissent le vagin. À la longue va s'instaurer une conscience du vagin : la femme va avoir la révélation de l'existence subjective de son creux. Cette conscience sera particulièrement nette quand va apparaître le désir vaginal qu'elle ressentira comme un besoin d'être comblée.

La stimulation clitoridienne couronnée par l'orgasme clitoridien va donner à la femme l'expérience de l'orgasme et donc une référence pour ses autres recherches, va aussi lui révéler sa capacité orgasmique. Au total, il n'est pas excessif de dire que le clitoris est le révélateur de la sensibilité sexuelle de la femme, y compris de celle de son vagin.

L'autocaresse est une étape essentielle dans la découverte et l'épanouissement du plaisir.

Par stimulation clitoridienne associée à une stimulation vaginale

Tandis que la femme sollicite son clitoris – par ses doigts ou un objet –, elle introduit dans son vagin quelque chose – doigts ou objet aussi – qu'elle laissera immobile ou qu'elle agitera. Le but est d'obtenir un orgasme clitoridien alors que le vagin est occupé ou mieux, stimulé : ainsi se crée un conditionnement entre plaisir orgasmique et vagin. C'est tenter de « greffer » l'orgasme sur le vagin. Pour que prenne cette greffe, je conseille à la femme d'imaginer que c'est le pénis qui est en elle.

Par stimulation directe du vagin

Elle consiste pour la femme à solliciter le canal vaginal par l'introduction de ses doigts ou d'objets divers. D'antan, l'adolescente s'adonnait peu à cette pratique, la femme adulte guère plus également si l'on en croit l'enquête de Shere Hite (1,5 % des femmes qui se masturbaient). Actuellement, la proportion a crû depuis la généralisation des « jouets érotiques ». L'autocaresse vaginale est bien la meilleure façon de découvrir la configuration de son sexe et de ses zones sensibles et d'aiguiser cette sensibilité.

Je dis aux femmes : n'hésitez pas à explorer votre intimité, que vos doigts reconnaissent l'entrée, qu'ils s'enfoncent dans le canal, qu'ils en sentent bien les plis, qu'ils contactent au fond le col de l'utérus – un petit cylindre de 20 mm de haut – et tout le tour, les culs-de-sac. Il n'est pas toujours possible pour la femme d'atteindre le fond de son vagin, même en se tordant le poignet. Qu'elle fasse ce qu'elle peut !

Maintenant, Mesdames, que vous connaissez votre « intérieur », c'est le moment d'éveiller sa volupté. Deux sortes de stimulations y parviendront : celles qui s'adressent à la sensibilité au contact et celles qui concernent la sensibilité à la distension.

Stimuler la sensibilité au contact se réalise avec un ou deux doigts ou avec un objet. Stimuler la sensibilité à la distension se réalise avec plusieurs doigts ou de préférence avec un objet, celui-ci étant plus apte à créer une dilatation. Les objets utilisés doivent avoir une forme et une dimension ajustable au canal vaginal. Il peut s'agir de fruits, de légumes, d'objets usuels. Ou, de plus en plus souvent, d'objets spécialisés (olisbos, vibromasseur, godemiché. Cette sensibilité à la réplétion (être à la fois distendu et comblé) ne se révèle qu'après une longue pratique vaginale ; raison de plus pour ne pas attendre…

Quel que soit « l'exercice » il doit être précédé de caresses de toute la peau et du clitoris afin d'émoustiller le vagin et d'y créer la fameuse faim vaginale.

L'érotisation du vagin par l'homme

Vous devez, viser à satisfaire et la sensibilité de contact du vagin et sa sensibilité de distension. Pour la sensibilité de contact, vous pouvez vous servir de votre main, de votre langue ou bien d'un objet. De votre main, le doigt le plus apte est le médius ; vous pourriez y associer l'index ou, mieux, l'annulaire. Demandez-leur de pratiquer avec tendresse une friction en va-et-vient, de bas en haut et réciproquement. Ou bien d'effectuer affectueusement des mouvements circulaires suivant l'arrondi des parois. Dans les deux cas, les doigts restent allongés. Ils pourraient également offrir des pressions ponctuelles du bout de la pulpe. Pour ce faire, la troisième phalange doit être repliée.

Maintenant, mission plus délicate, demandez à vos doigts de rendre visite au fond du vagin, c'est-à-dire, au col et aux culs-de-sac vaginaux qui l'entourent et alors offrir à votre aimée la plus merveilleuse caresse qui soit : masser doucement mais fermement les culs-de-sac et le col en tournant dans le sillon qui entoure le col, ce qui ébranlera aussi quelque peu le corps utérin. Il émanera de votre aimée, de sa bouche qui chante, soupire et expire, de tout son corps qui s'abandonne, une telle impression de jouissance profonde que vous en serez extrêmement bouleversé.

Votre amante peut rester à flotter dans la meilleure des béatitudes. Mais elle peut aussi « exploser ». Vous sentiez bien que quelque chose se tendait en elle, que des forces colossales se rassemblaient au fond d'elle quand soudain elle pousse un hurlement suivi de plusieurs autres.

Le pouce peut également se charger de stimuler le vagin. La femme étant allongée sur le dos, le pouce, pulpe en arrière, caresse la face postérieure du vagin, les grands doigts taquinant l'anus. Cette caresse peut être couplée avec un baiser clitoridien. Ou bien, la femme étant couchée sur le ventre, le pouce, pulpe en avant, caresse la face antérieure du vagin, les grands doigts taquinant cette fois le clitoris.

Quelle que soit la figure, les doigts caresseront globalement l'intérieur, ou bien ils se focaliseront sur un point érogène précis : le point G en avant, le point P en arrière, le point C au fond, etc. Le plaisir qui en résultera pourra jaillir jusqu'à l'orgasme. Quant à la langue elle ne peut offrir au vagin que quelques zestes de bonheur : des « léchouillages » sur son orifice, de très modestes incursions dans le canal. Délicieux, mais pas de quoi perdre la tête.

En plus de vos doigts, vous pourrez utiliser des jouets érotiques.

À l'aide de votre pénis lui-même

Et si on confiait l'érotisation du vagin à votre pénis ? C'est ce que l'on fait couramment, me dites-vous, et l'apprentissage est long. Mais, moi, je vous parle d'une façon intelligente de faire l'amour, qui assure une érotisation parfaite, plus rapide et des plus agréables.

Premièrement, il faut que le coït dure longtemps, vingt minutes au minimum, jusqu'à une heure et plus. Il est donc nécessaire que l'homme possède bien l'art de la maîtrise de l'éjaculation.

Deuxièmement, il faut que le coït soit réalisé comme une « caresse intérieure », c'est-à-dire comme un jeu raffiné où le vagin et la verge se joignent majestueusement et se caressent réciproquement.

Troisièmement, il faut choisir des positions où la femme pourra le mieux prendre conscience d'être habitée par le pénis : la position d'Andromaque et celle de la lionne sont les plus favorables.

Quatrièmement, essayez de cibler les points érogènes féminins, c'est-à-dire de les faire heurter par le pénis en adoptant les postures ad hoc, en plaçant votre bassin au mieux, en effectuant des mouvements propices (du bassin, des reins, etc.). Par exemple, dans la position d'Andromaque, vous pouvez amener votre gland sur le cul-de-sac vaginal postérieur, où se situe le point C. Dans la position de la lionne, c'est le point G que vous pourrez mettre en contact avec le gland.

Comme avant toute caresse vaginale, commencez par caresser tout le corps puis le clitoris. C'est celui-ci qui ouvre l'appétit des profondeurs.

Pour réussir l'érotisation vaginale

Il s'agit de stimuler le clitoris tandis que le vagin est habité par le pénis ou un autre occupant, autrement dit d'associer stimulation clitoridienne et stimulation vaginale pour créer un conditionnement, de lier le vagin au plaisir. Plusieurs combinaisons sont possibles.

Un, la stimulation clitoridienne est effectuée par la femme elle-même, tandis que son compagnon s'occupe du vagin, en y introduisant soit plusieurs doigts, soit un objet qu'il laissera immobile ou qu'il agitera, soit son pénis qu'il laissera statique ou qu'il fera mouvoir. Pour l'apprentissage de l'orgasme vaginal, les doigts sont beaucoup plus efficaces que le pénis introduit.

Deux, la stimulation clitoridienne est exercée par l'homme – par la grâce de ses doigts ou d'un objet – tandis que c'est la femme qui s'occupe elle-même de son vagin comme elle l'entend.

Trois, le clitoris est toujours stimulé par l'homme qui prend également en charge le vagin par doigts ou objets interposés.

Quatre, le clitoris est stimulé par un baiser clitoridien offert par l'homme, quant au vagin, c'est l'homme ou la femme qui s'en charge par le truchement de leurs doigts ou d'un objet.

Bien entendu, c'est la figure qui associe clitoris et pénis qui est la meilleure initiation à l'orgasme vaginal par coït.

La position qui assure un conditionnement parfait est la position d'Andromaque : la femme à cheval jambes écartées, le pénis en elle, l'homme couché sur le dos. Ici, la femme peut aisément caresser son clitoris et bouger librement, afin de diriger elle-même ses mouvements, leur amplitude, leur direction, leur tempo, et leurs suspensions éventuelles. Elle s'applique à bien sentir la verge, elle vise à la placer aux bons endroits plus ou moins profondément, plus ou moins antérieurement ou postérieurement pour toucher toutes les facettes du fourreau. Bref, elle cherche à obtenir le maximum de plaisir.

L'homme peut également se charger du clitoris, mais moins aisément. Bien entendu, cette chorégraphie suppose que l'homme contrôle parfaitement son réflexe éjaculatoire, puisque c'est la femme qui conduit le bal.

La position de la lionne (ou levrette) permet elle aussi une caresse aisée du clitoris par la femme et un peu moins aisée pour l'homme, tandis que le pénis impacte des « plots » particulièrement érogènes tels le point G, en avant, et le point C, dans le cul-de-sac postérieur.

Faire chanter le vagin : du grand art

Pour tirer du vagin ses plus belles mélodies, on choisira de le stimuler par la grâce du pénis ou par l'entremise des doigts.

Stimulation du vagin en dehors du coït

C'est en observant comment la femme se masturbe que l'homme apprend le plus.

L'homme partenaire pratiquera la stimulation du vagin à l'aide de ses doigts ou d'un objet.

Les doigts – médius, index, annulaire –, l'un ou l'autre, ou deux ou trois associés caressent les parois de la cavité vaginale, soit globalement, soit ponctuellement en visant un des points sensibles.

Globalement ils effectuent des mouvements de va-et-vient, imitant le pénis dans ses déplacements. Ils produisent des frottements de la paroi vaginale (excitation par contact) et aussi une certaine distension (excitation par réplétion), encore faut-il, pour qu'il y ait distension, réunir plusieurs doigts. Le pouce seul, bien qu'un peu gauche, est plus large et plus pressant et donc bien efficace. Notez qu'un pouce introduit pulpe en arrière se fait fort de combler d'aise la paroi postérieure du vagin et son cul-de-sac postérieur (point P et point C), la distension maximum de la cavité est obtenue par l'introduction du poing. Si c'est votre choix, il faut agir progressivement et lubrifier largement.

Ponctuellement, les stimulations s'effectuent sur un point précis que l'on aura choisi : cercle de l'entrée, point A, point P, etc.

Les frottements seront un peu appuyés, comme un massage, les pulpes se déplaceront en va-et-vient ou en petits cercles ; elles pourront aussi masser sur place avec la première phalange repliée. À vrai dire, laissez votre instinct et votre intuition sentir ce qui est bon pour la femme et que détectent vos doigts ; il faut en quelque sorte mettre sa conscience dans la pulpe digitale : celle-ci alors sent les plus fins détails de la muqueuse, ses reliefs, sa chaleur, sa sensibilité, son magnétisme ; elle sent ce que ressent cette muqueuse et elle sent au-delà de celle-ci la femme entière avant même qu'elle ait pu avoir une réaction perceptible. Ainsi, tout l'être masculin à l'écoute de l'être féminin perçoit ses moindres frémissements, ses plus fines modifications de respiration, ses plus légers murmures. Alors il module – accroît, réduit, accélère, ralentit – ses frottements et sa pression. Et persévère sans se lasser car c'est souvent par manque de constance que l'homme n'arrive pas à mener le plaisir féminin à son apogée.

Nous verrons au chapitre suivant comment stimuler spécifiquement chacun des points vaginaux.

Les doigts du partenaire peuvent être remplacés par des objets, ceux-là même dont la femme se sert pour elle-même. On utilisera de préférence les objets spécialisés. Les plus gros sont destinés à stimuler le vagin par frottement et distension, les plus fins s'attachant à peaufiner des caresses sur des points précis. À faire avec raffinement, subtilité, patience.

Que penser de la caresse du vagin avec la langue ? Reine du plaisir en tout autre lieu, la langue ici n'en peut mais : trop courte pour aller plus loin que l'orifice d'entrée, elle ne peut qu'offrir des mignardises à une zone qui attend des mets autrement plus consistants. Toutefois, la femme n'y est pas indifférente, le geste est troublant, gourmet et adorateur.

Un jeu aussi

Dites-vous bien que le but de toutes ces actions généreuses est aussi ludique. Il ne s'agit pas seulement de procurer un orgasme mais aussi d'offrir du plaisir, un plaisir de chaque instant à déguster sans modération dans l'ici et maintenant. Ainsi la femme qui n'est pas encore éveillée ou la femme qui n'y arrive pas ce jour-là est heureuse quand même.

À la caresse vaginale il est toujours bon d'associer une gamme de stimulations variées qui renforcent le plaisir central : taquiner le clitoris, l'anus ou les mamelons de l'autre main ou de la langue est une idée géniale comme de pincer, griffer, lécher, sucer, mordiller tout endroit du corps quelque peu sensible. Il est toujours bon d'ajouter quelques épices ou quelques arômes au plat principal.

Géniale aussi l'idée non plus d'accompagner la stimulation du vagin mais de l'alterner avec la caresse d'autres sites : une caresse du vagin, une caresse du clitoris, une caresse du vagin à nouveau, puis une caresse de l'anus et ainsi de suite. On peut aussi envisager que c'est la femme elle-même qui va s'occuper des autres sites, après tout se stimuler l'anus ou le bouton elle sait faire. À vrai dire, dans l'art érotique comme dans tout art, tout est possible, toutes les combinaisons, toutes les couleurs, toutes les saveurs. À condition de sentir ce qui est bon pour l'autre.

Pour tous ces joyeux « exercices » la femme est classiquement couchée sur le dos mais pourquoi ne se mettrait-elle pas sur le ventre les jambes légèrement écartées ? Les doigts et les objets s'y introduiraient tout aussi bien avec l'aide d'une bonne lubrification. Les accompagnements sur les autres sites (clitoris, anus, mamelon) pourraient également se prodiguer grâce à l'autre main ou à la langue. Par exemple si une main de l'amant réjouit le vagin, l'autre peut fort bien réjouir l'anus qui, ici, est au premier plan entre les deux splendeurs fessières. Un amant habile et spécialement gourmet pourrait même d'une seule main gâter et le vagin et l'astre anal : son pouce introduit pulpe vers l'arrière flatterait la paroi postérieure du vagin tandis que son index bien mouillé de salive ou de pommade s'introduirait pulpe en avant dans le canal anal, très lentement et après les flatteries d'usage au pas de la porte. Alors la pulpe de chaque doigt sentirait la présence du doigt en face de lui, avec juste entre eux la paroi qui sépare vagin et anus, paroi qu'ils pourraient palper comme on le fait d'une étoffe précieuse, le pouce bougeant plus que l'index. Faite avec respect et subtilité cette caresse impressionnera fortement l'aimée.

On pourrait aussi introduire le pouce dans le vagin mais cette fois pulpe en avant et œuvrant sur la paroi antérieure et envoyer l'index ou le majeur vers l'avant en direction du clitoris avec mission d'en taquiner le gland. Mais ici aussi la mission clitoridienne pourrait être dévolue à la femme elle-même ; en s'occupant de son bouton en position ventrale elle retrouve une situation qu'elle aime depuis son enfance : se caresser cuisses serrées et le pubis contre le matelas.

Stimulation du vagin par le pénis au cours du coït

Nous rappelant que dans une population globale ne tenant compte ni de l'âge ni de l'expérience des femmes, 70 % d'entre elles n'éprouvent pas d'orgasme au cours du coït, on voit quelle sera l'importance du rôle du pénis ici. Il est donc bon de suggérer à son propriétaire quelques conseils.

Les mouvements du pénis

L'homme devra se servir de son pénis avec dextérité, comme s'il était un doigt. Il ne doit pas se contenter de lui faire exécuter des mouvements balistiques de va-et-vient, il doit moduler son action. Tout d'abord lui faire alterner mouvements profonds – destinés au fond du vagin c'est-à-dire au col utérin et aux culs-de-sac vaginaux – et mouvements superficiels – destinés plus au point G et à l'orifice d'entrée. Dans l'érotique orientale on conseille d'alterner une pénétration profonde pour 3 ou 9 superficielles, 9 étant le mieux. Ensuite l'homme devra varier l'axe de pénétration. Pour une même position il lui est possible de diriger son gland soit vers le haut, soit vers le centre, soit vers le bas. En position de missionnaire classique le haut correspond aux points G et A, le centre au col et au cul-de-sac postérieur point C, le bas au point P

La position des corps
Selon la position des corps l'un par rapport à l'autre les axes de pénétration du pénis changent et changent les impacts du gland sur la muqueuse vaginale. On peut donc jouer des positions pour stimuler plus particulièrement tel ou tel plot vaginal. Nous y reviendrons en étudiant les différents points érogènes.

La durée du coït
Une femme à la sensibilité vaginale particulièrement éveillée ou mise dans des circonstances particulièrement excitantes peut éclater en 60 secondes, comme un homme. Mais en général la femme a besoin d'un certain temps pour que l'action du pénis – jointe à l'action de la femme elle-même – puisse déclencher un orgasme, temps qui peut varier de 8 à 40 minutes, et qui dépend de la sensibilité innée de la femme, de son éveil, de son expérience, de son âge, des préliminaires, de ses sentiments, du contexte, etc.

On peut distinguer schématiquement :

Le coït court
Exécuté (au sens orchestral) en quelques minutes (8 à 10) et dit « à la hussarde ». Ils s'étaient regardés, touchés, respirés, aspirés tout l'après-midi mais sans pouvoir faire plus. Retenu, leur désir a atteint un point culminant ; de retour dans la chambre, ils se jettent

l'un sur l'autre sans préparation, après un déshabillage éclair ou même sans déshabillage, ils se sont unis haletants, ont joui follement.

Le coït de durée moyenne
Réalisé en 15 à 20 minutes. Il constitue la majorité des relations sexuelles ordinaires. Il ne permet de développer que l'A.B.C. de l'art d'aimer et ne procure d'orgasme qu'aux femmes bien éveillées.

Le coït long
Célébré pendant une heure au moins mais qui peut se prolonger 3 ou 4 heures voire une journée. C'est l'union festive que l'on s'offre au cours d'un week-end, en vacances, en voyage de noces – il faudrait faire de chaque voyage, une lune de miel. On commence par partager un délicieux repas et une coupe d'un nectar, puis on plante le décor – bougies, encens, musique, etc., on se masse avec des huiles parfumées, on fait un strip-tease l'un et l'autre, on prend le temps de faire de longs préliminaires, on déploie tout l'éventail des baisers, des caresses, des positions. Et l'on va de volupté en volupté, d'orgasme en orgasme, faisant des pauses entre eux, devisant, se chérissant. Ainsi l'on mêle la sensualité à la sexualité.

Bien entendu, les unions qui dépassent quelques minutes nécessitent que l'homme sache pratiquer la maîtrise de l'éjaculation, maîtrise qui permet à son pénis d'habituer le vagin le temps qu'il faut pour offrir à la dame les meilleures chances d'accéder au zénith. C'est « la caresse intérieure ». Nous y reviendrons longuement.

Et rappelez-vous que l'orgasme n'est pas la seule fin du rapprochement d'une femme et d'un homme.

La femme et la conscience de son vagin

Au fil du temps, l'apprentissage aidant, les expériences s'additionnant, le vagin s'éveille. De trou sourd et muet, il se fait cavité vivante et voluptueuse ; la femme accède à la conscience de son vagin, conscience qui s'éprouve de façon aiguë en deux circonstances : le désir et le plaisir.

Le désir vaginal

C'est une sensation que la femme perçoit dans le centre de son bassin et plus précisément dans son creux. Cette sensation peut prendre la forme de tension, de battements, voire de lancinements, accompagnés d'une impression de chaleur. Ceci correspond à l'intumescence, c'est-à-dire l'engorgement pulsatif des tissus érectiles par un sang bouillant. Cette sensation peut aussi prendre la forme d'une impression de vide qui appelle à être comblé, à être pénétré, ce qui s'explique par la dilatation en montgolfière du vagin consécutive à l'excitation. Le désir peut aussi être perçu sous la forme d'une fringale. Au total, l'envie de faire l'amour est bien rapportée au vagin.

Le désir vaginal est tantôt léger tantôt impérieux. Léger, le désir est joyeux, il donne des ailes.

Impérieux, l'avidité se faisant voracité, il peut être une pression, agréable toutefois si la perspective de le satisfaire approche, pénible et torturant si la perspective est lointaine ou pire inexistante.

Le corps tout entier participe au désir : il se creuse et aspire à être comblé, emboîté, enveloppé. Les bras, les cuisses, les jambes s'arrondissent, la face antérieure, c'est-à-dire le thorax et le ventre se font concaves, les seins se tendent, le dos attend d'être enlacé.

Le désir peut préexister à la rencontre de l'amant, l'imaginaire aidant ; il s'accroît quand l'amant aborde la femme, il culmine lorsque l'homme stimule des zones érogènes très exquises. Alors la femme réclame la pénétration, c'est le fameux « *prends-moi !* ».

La jouissance vaginale

À la suite des caresses tant clitoridiennes que vaginales, la femme prend progressivement conscience de son vagin, de sa sensibilité. Les agréments qu'il procure vont croissants ; des orgasmes balbutiants apparaissent – des pointes de plaisir suivies d'une bonne détente – et un beau jour, au cours d'un coït, le grand orgasme la surprend suivi d'une formidable béatitude. C'est plus qu'une révélation, c'est une révolution. C'est l'événement le plus important de la carrière érotique d'une femme, celui qui la fait accéder à la majorité sexuelle.

Bientôt, elle pourra répéter l'orgasme deux, quatre, six fois, etc., si son partenaire sait prolonger le coït par le contrôle de son éjaculation. Elle s'apercevra que, plus elle a d'orgasmes, plus ils sont forts (contrairement à l'homme). Enfin, la femme complètement éveillée jouira de son vagin avec la même aisance et la même rapidité que l'homme de sa verge. C'est le fruit de sa persévérance.

Rendez-vous compte

Les hommes devraient mieux connaître les dimensions psychiques du fait d'être pénétrée par quelqu'un. Ils possèdent un appendice qui, même s'ils s'y investissent jusqu'à prendre la partie pour le tout, est extérieur, en surface. Le sexe de la femme est, lui, intérieur, profond, dans le ventre, viscère au milieu des viscères – utérus, trompes, vessie, rectum, côlon –, lesquels sont ébranlés par l'effraction amoureuse ; il n'est jusqu'à l'intestin et le cœur qui ne sentent les répercussions de ce séisme. Ce qui provoque non seulement d'étranges sensations internes mais produit l'impression d'être envahie, possédée ou à l'inverse de se donner vraiment jusqu'aux tripes, jusqu'à l'os. Et plus encore : d'aller fondre ses chairs dans les chairs de l'autre, en un mot, de fusionner réellement. D'où la tonalité bouleversante du plaisir de la femme, d'où aussi ses larmes au décours de l'orgasme, qui est autant d'émotion profonde que de joie.

Non ce n'est pas une mince affaire que de mettre quelqu'un en son centre. On n'a pas envie d'y mettre n'importe qui. Pour en jouir parfaitement il faut y accueillir quelqu'un pour qui on a au moins de l'estime, au mieux de l'amour. On sait bien que le plaisir est sinon plus fort, en tout cas plus comblant quand l'amour est là. Inversement quand la femme subit une intrusion c'est de la douleur physique et de la souffrance morale qu'elle ressent.

Les ados et le vagin

On comprend mieux encore pourquoi la première fois et les suivantes, l'intromission d'un pénis en elle ne peut emporter l'adolescente au septième ciel. Il faut le savoir pour ne pas être déçue ou s'y préparer. Les obstacles qui s'opposent à leur jouissance sont nombreux.

- Leur vagin dort, sauf s'il a été éveillé par des jouets érotiques ce qui se fait de plus en plus.
- La fille a des organes que le garçon n'a pas et dont il ne connaît ni la morphologie, ni le fonctionnement.
- La fille ne connaît guère ses propres organes et ne peut guider le garçon. De toute façon, elle a trop de pudeur pour le faire.
- La fille ne s'est pas ou prou excité le sexe. Le garçon, lui, s'est amplement entraîné et il obtient le plaisir très rapidement.
- Chacun n'a connu que l'autoérotisme, la masturbation ; passer à l'hétéro-érotisme est difficile. Ce que l'on a appris de la masturbation ne peut servir pour faire jouir l'autre. Du branle de sa verge, l'homme ne peut rien tirer pour caresser le clitoris ou le vagin de son amie.

- L'un et l'autre rencontrent subitement le grave problème de la dissymétrie entre la sexualité de la femme et celle de l'homme : temps de survenue de l'orgasme très court chez l'homme, plus long chez la femme, capacité polyorgasmique plus grande chez la femme ; surface érotique réduite culturellement à son sexe chez l'homme, étendue à toute sa peau chez la femme ; participation affective et fantasmatique beaucoup plus importante chez la femme. Il faut donc un certain temps pour ajuster et harmoniser les deux sexualités.
- La fille se caresse le clitoris, les cuisses serrées ou jouit de sa vulve en serrant les cuisses nous l'avons déjà dit. La nécessité d'ouvrir les jambes pour permettre au garçon d'accéder au clitoris ou d'introduire son pénis va la désorienter. Il faudrait que les filles apprennent à se caresser les cuisses écartées.

Pour éviter tous les cafouillages et les déceptions qui résultent de ces obstacles, on peut conseiller aux ados :

- de se documenter sur le sexe de l'autre dans les bons manuels. Par exemple, pour les garçons : *La caresse de Vénus ou les rêves secrets du clitoris* ; pour les filles : *L'homme (nouveau) expliqué aux femmes* ;
- pour les filles de bien connaître leur sexe et de l'entraîner ;
- pour les deux de ne pas hésiter à se parler, à se guider.

Chapitre V

SOYEZ AUX POINTS G MAIS AUSSI A, C, P, ETC.

Le point G

Les parois de la cavité vaginale portent une véritable constellation de points érogènes c'est-à-dire d'endroits particulièrement riches en capteurs sensitifs. À vrai dire, ces points sont plutôt des zones car ils occupent une certaine surface. On distingue le point G, qui sera traité dans ce chapitre, et les points E, A, C et P qui seront décrits au chapitre suivant.

La sensibilité du point G

Toutes les femmes ont un point G, des études l'ont montré. Mais le plus souvent il est virtuel, c'est-à-dire non éveillé et donc peu ou pas sensible. Il s'éveillera à force d'être stimulé. Toutefois, même devenu sensible, il demandera toujours à être stimulé longtemps.

Le degré de sensibilité dépend des femmes, des caprices de la nature (la libido se fixe plus ou moins sur telle zone) et de leur ancienneté dans ce domaine. Ça va de peu sensible à extrêmement sensible ; il est parfois si sensible que les femmes l'appellent leur second clitoris. Mais les femmes chez qui il est moins sensible ne doivent pas se désoler car sa sensibilité ira croissant.

Notons toutefois qu'une sensibilité limitée peut être due à des blocages : répression sexuelle dans l'enfance, expérience sexuelle malheureuse.

Trouver le point G

Le point G se situe sur la paroi antérieure du vagin. Il se trouve donc du côté de la vessie, derrière l'os du pubis et derrière l'urètre. Il est à mi-distance entre l'entrée du vagin et le fond, c'est-à-dire à 4 cm de l'entrée. Mais on peut aussi le trouver à l'entrée ou au fond ; souvent la nature varie. Il est bon que la femme ait auparavant vidé sa vessie.

Avant d'inciter l'homme à explorer le point G, il est préférable que la femme ait fait auparavant sa propre exploration de façon qu'elle puisse le guider[1]. Elle pourrait même pousser la pédagogie

---

1. Voir *Le Traité des orgasmes.*

jusqu'à avoir, au cours de ses autodécouvertes, fait toucher son point G par son mâle ou même de le lui avoir montré par spéculum superposé.

La femme est couchée sur le dos, les cuisses écartées. L'homme se place entre les cuisses de son amie ou sur le côté.

- Il rend au passage un vibrant hommage au clitoris de façon à monter le niveau d'excitation et la turgescence de la vulve et du vagin ce dont profitera la zone G, qui sera ainsi mieux repérable.
- Il introduit avec douceur, respect et subtilité un doigt, le majeur parce qu'il est le plus long, associé ou non à l'index ; la pulpe est dirigée vers l'avant, c'est-à-dire vers la paroi vaginale antérieure ; la première phalange est un peu pliée de façon à contacter cette paroi, sa pulpe est à l'affût. C'est ainsi que celle-ci repère à quatre centimètres environ de l'orifice du vagin une zone un peu rugueuse, à vrai dire quelque peu plissée.
- Il demande à son doigt de frotter fermement la zone. Dès lors il se fiera aux réactions de sa partenaire pour juger de la justesse de son action. Elle est juste :

  a) si la femme ressent un besoin d'uriner ;

  b) si elle ressent une impression de plaisir plus ou moins grand ou une impression bizarre voire désagréable qui montre bien que là est une zone particulière ;

  c) si la zone gonfle, prenant l'aspect d'une petite bosse tandis que les plis s'épaississent et que les contours s'affirment ainsi que les gouttières sur les côtés et le prolongement vers le haut : l'homme a sous ses doigts le corps du point G et sa queue.

Que l'homme continue patiemment ses fermes stimulations et aujourd'hui ou dans quelques mois le plaisir de la femme, toujours croissant, culminera en un bel orgasme accompagné ou non d'éjaculation.

Pour favoriser son exploration et ses caresses, l'homme peut appuyer avec son autre main sur le bas du ventre de la femme afin d'abaisser le point G vers la main qui se trouve dans le vagin. Il peut aussi demander à sa compagne de se mettre sur le ventre en écartant les cuisses ; il introduira alors son doigt la pulpe vers la face antérieure du vagin, c'est-à-dire vers le matelas.

De quoi est fait le point G ?

Le point G est en réalité une zone de tissu particulier qui enveloppe l'urètre, ce conduit qui achemine l'urine de la vessie au méat urinaire, lequel est situé dans la vulve entre clitoris et orifice vaginal. L'urètre se trouve devant la face antérieure du vagin et parallèle à lui. La zone G n'est pas une formation bien délimitée aux contours nets, c'est une coulée de tissu sans forme précise. Ainsi l'on voit que le point G n'est pas situé dans la paroi vaginale antérieure mais devant.

La zone G est constituée :

- **De tissus érectiles**, ces éponges vasculaires faites d'un réseau de vaisseaux et de vacuoles qui se gorgent de sang en cas d'excitation. Ce sont eux qui font gonfler le point G et le rendent jouissif.
- **De glandes de Skene** : munies de canaux excréteurs qui débouchent dans l'urètre, ces glandes sont analogues à celles qu'on trouve dans la prostate de l'homme. On peut donc dire que la zone G est la prostate féminine. Toutefois il y a des différences entre les deux prostates : celle de la femme est plus petite (5 grammes contre 30), elle n'a pas de limites nettes alors qu'une capsule délimite celle de l'homme. Sa situation sur l'urètre varie du bas vers le haut alors que celle de l'homme occupe toute la longueur. Mais il y a aussi des similitudes : la caresse appuyée du point G équivaut au massage de la prostate (massage qui se fait par voie rectale) et tous deux engendrent plaisir et même orgasme avec éjaculation.
- **De capteurs sensitifs et de nerfs efférents** dont la stimulation engendre également des sensations voluptueuses.

La caresse du point G

À l'aide de ses doigts

Bien entendu l'amant aura préalablement fait connaissance avec le fameux point et l'aura bien repéré. Mieux : son aimée aura pu le guider non seulement pour le repérage mais aussi pour lui montrer comment le stimuler jusqu'à l'orgasme, voire l'éjaculation.

Vous, l'heureux amant, n'oubliez jamais de prodiguer de généreux préliminaires à toute la surface de son corps, puis à toutes les merveilles de son sexe – sa vulve, son clitoris, les grandes lèvres, le vestibule etc. – avec vos doigts ou avec votre bouche. Il s'agit de mettre en appétit ce corps et ce sexe, y compris le vagin et le point G. Celui-ci ne se prend pas à froid, c'est aussi désagréable que goujat.

Entrez doucement votre majeur – accompagné ou non de l'index – dans le vagin, pulpe vers la paroi antérieure. Enfoncez jusqu'à quatre centimètres environ, c'est-à-dire de la longueur de vos deux premières phalanges, si vous avez de longs doigts. Restez sans bouger quelques instants, le temps que votre hôte s'apprivoise. Puis recourbez un peu la première phalange vers l'avant afin qu'elle contacte la face antérieure du vagin. Vous savez repérer le point G, il ne reste plus qu'à le stimuler : frottez, pressez, massez fermement, plus fort que vous le faites sur le clitoris en petits va-et-vient et en petits cercles. Poursuivez longuement, patiemment. Ne vous arrêtez pas si elle a envie d'uriner, c'est bon signe : vous êtes bien sur le point. Et puis elle n'urinera pas, d'autant qu'elle a pris ses précautions. Ne vous arrêtez pas non plus si c'est neutre ou même désagréable, c'est normal au début. Continuez sans vous décourager, ce qui ne vous empêche pas de tâtonner en fonction des réactions et de modifier le point de contact.

La bonne réaction c'est le point G qui se met à gonfler progressivement. Vous sentez ses plis s'accentuer, ses différentes parties s'affirmer : le corps au centre, les gouttières sur les côtés. Continuez, allez et venez, tournez et retournez sur le corps. Ayant introduit deux doigts placez-en un dans chaque gouttière et effectuez des va-et-vient. Vous pouvez aussi en remontant sur la face antérieure du vagin suivre la queue de la zone G.

Une autre bonne réaction c'est la femme qui vous l'indique : elle manifeste un certain plaisir, la stimulation lui devient agréable. Raison de plus pour continuer toujours sans crispation.

Si la flambée érotique s'avère trop longue à prendre, n'hésitez pas à souffler sur les braises : embrassez ardemment la bouche de votre aimée, jouez avec ses mamelons (lécher, téter, pincer), tisonnez subtilement son clitoris, taquinez son méat urinaire ou son anus. Que votre autre main, que votre bouche, que votre langue allume partout des feux. Mais votre aimée elle-même pourrait s'octroyer ces brûlants accompagnements.

Si vous avez caressé le point G avec infiniment de raffinement et de persévérance, et que rien d'extraordinaire ne s'est produit, vous aurez le droit de vous arrêter, vous promettant de remettre cela à demain ou dans une semaine. Toutefois n'arrêtez pas subitement la caresse, retirez très doucement votre doigt et passez à une autre caresse, connue et bonne à tous les coups afin que votre amante finisse en joie. Offrez-lui un bonheur clitoridien par exemple. Mais soyez-en sûr, un jour le plaisir s'emballera et l'orgasme éclatera.

Alors vous pourrez offrir à votre amie un plaisir extraordinaire et inoubliable : la transe orgasmique double. C'est un vol majestueux dans le ciel du bonheur absolu. Il s'agit pour vous de stimuler alternativement le clitoris et le point G de votre amoureuse, un doigt d'une main est placé sur le clitoris, un doigt de l'autre main est placé sur le point G. Vous commencez par exciter le bouton externe jusqu'à l'orgasme ; puis vous stimulez le bouton interne ; que celui-ci produise un orgasme ou pas. Ensuite vous excitez le clitoris et vous revenez au point G où les chances d'orgasme augmentent, et ainsi de suite. La femme ira d'orgasme en orgasme dans un continuum extatique étonnant, dont la durée peut atteindre 30 minutes voire une heure.

Avec un accessoire : gode ou vibro

L'usage d'un godemiché est peut-être ce qui va décider le point G à s'éveiller.

Les modèles les plus efficaces sont ceux qui stimulent le point G et le clitoris simultanément, les « double pôle » tels le petit lapin ou « twist and shake ».

Avec son pénis : le coït

Rappelons une fois de plus à l'homme qu'il lui faut offrir à sa partenaire de bien beaux préliminaires sur tout le corps, à travers les trois cercles que j'ai décrit dans « *Le traité des caresses* ». Il s'agit de mettre en émoi toutes les parties du corps, y compris le point G. Il est bon qu'avant la pénétration du pénis, le point G reçoive la visite d'un doigt le préparant –

l'apprivoisant et le sensibilisant – à l'arrivée de l'organe mâle. Ce doigt vérifiera aussi si le point G est à sa place habituelle à 4 cm de l'entrée ou bien, par fantaisie beaucoup plus haut ou plus bas.

Au cours du coït, il faut vous efforcer d'agir avec votre pénis comme vous le faites de vos doigts : vous devez viser à stimuler précisément le point G. D'autant qu'il est « équipé » pour se faire : à la base du gland est un rebord circulaire saillant, la « couronne » destinée à cascader sur les plis du point G, lesquels plis sont mis en relief par l'intumescence. Vous pourriez même sentir votre gland frotter sur les stries.

Commencez par des mouvements lents, que vous accélérerez ensuite. Soyez patient, très patient. Soyez attentifs aux sensations de plaisir qu'exprime votre aimée par la voix (gémissements, mots) et par ses mouvements.

Bien entendu, il vous faut posséder une parfaite maîtrise de l'éjaculation afin qu'une subite expulsion de sperme ne mette fin à la fête. Le but est que le pénis reste en érection et le plus longtemps possible en contact avec le point G. Nous verrons ultérieurement comment acquérir le contrôle de l'éjaculation.

Les positions favorables au point G

Si vous voulez, Monsieur, viser le point G avec votre pénis, encore faut-il que vous l'ayez repéré au doigt : est-il en situation basse, moyenne ou haute ?

Y a-t-il des positions d'amour qui favorisent le contact entre le gland et le point ou zone G ? Certainement mais ce qui compte alors c'est de bien s'imaginer, c'est-à-dire visualiser, ce qui se passe à l'intérieur : situer la zone G dans le vagin, se représenter l'axe de pénétration de la verge. Faire en quelque sorte de la géométrie dans l'espace.

Par ordre de facilité à toucher le point G nous trouvons les positions suivantes.

La position de la lionne (alias la levrette)

Il est logique que cette position, qui est celle des quadrupèdes, soit la meilleure : ne sommes-nous pas d'anciens quadrupèdes ? Nos très lointains ancêtres, cousins des singes supérieurs étaient quadrupèdes, nous-mêmes humanoïdes avant de nous dresser sur nos pattes arrière, nous marchions à quatre pattes et copulions donc par l'arrière. Dans cette position, l'axe de pénétration du pénis aboutit sur la face antérieure du vagin, la nature y a donc mis le point G.

Puisqu'il vous est permis d'être animal, Messieurs, pénétrez donc hardiment votre amie qui aime cela aussi, et allez planter vigoureusement votre flèche dans le mille du point G.

La position d'Andromaque ou de la Cavalière

L'homme est couché sur le dos, la femme à cheval sur le pubis masculin, les genoux sur le lit. Pour que le gland contacte le point G dans cette posture il faut que la femme se penche en arrière reposant sur ses bras et ses mains portés vers l'arrière ; la femme pourra parfaire l'ajustement en bougeant son bassin. Un autre avantage de cette position c'est de permettre l'introduction d'un pénis à demi-érigé pour ne pas dire à demi-flaccide ou de taille réduite et de savoir qu'il est quand même capable de stimuler le point G ; en effet celui-ci ne se trouve qu'à 4 centimètres de l'entrée.

La position du missionnaire dans sa variante femme jambes en l'air

La femme est allongée sur le dos, sous l'homme et tient ses jambes verticalement, talons posés sur les épaules de l'homme. Un coussin est placé sous les fesses de la femme. L'homme est à genoux entre les cuisses féminines. Dans cette posture l'axe de pénétration conduit le gland sur le point G.

Le tabouret

L'homme est debout, la femme assise sur un tabouret en face de lui, les cuisses écartées et enserrant la taille masculine. L'impact est bon, entre gland et point G. En plus les amoureux peuvent se regarder les yeux dans les yeux.

Par l'arrière femme couchée sur le ventre

L'homme s'allonge sur le dos de la femme et la pénètre.

L'orgasme du point G

Alors que l'orgasme clitoridien s'accompagne d'une dilatation en montgolfière du haut vagin et d'un rétrécissement du bas, dans l'orgasme du point G c'est le contraire : le haut du vagin se resserre, chassant vers le bas les doigts ou la verge qui s'y trouvent, tandis que le bas s'écarte, le tout figurant un A. Autre modification observée : l'utérus se contracte et descend vers le bas.

Que ressent la femme ?

L'orgasme de la zone G, comparé à l'orgasme clitoridien, est plus intense, puissant voire prodigieux, il se ressent plus profondément, il est plus long, il s'étend plus loin dans le corps, il est plus comblant, il satisfait plus et plus complètement la femme, il est plus émouvant, c'est-à-dire que l'émotion qui l'accompagne est plus importante et entraîne des mots plus forts, des cris plus forts, et des apnées. Et souvent l'orgasme du point G s'accompagne d'éjaculation ce qui accroît les sensations et les émotions.

LES AUTRES POINTS DE LA CONSTELLATION VAGINALE : A, C, P, CULS-DE-SAC

Nous parlerons ici du point A de la face antérieure du vagin, du point P de la face postérieure et des points profonds du col utérin et des culs-de-sac vaginaux dont le point C.

Il est indispensable que la femme connaisse bien elle-même toutes les facettes de son sexe, qu'elle les ait explorées par le toucher[1]. Elle pourra alors mieux guider l'homme.

N'oubliez pas les préliminaires

Avant de se lancer dans l'exploration voluptueuse de la constellation vaginale, il faut gratifier le corps tout entier de moult caresses, on ne le répétera jamais assez. Il s'agit d'élever le niveau d'excitation, d'instaurer un état d'abandon, et d'éveiller les zones sexuelles. Sachons être lents. N'oublions pas le visage, les cheveux, les pieds. Incorporons à ces délices quelques baisers lents également, goûteux, savoureux ; pimentons-les de douces succions de la langue amie. Jouons. Soyons à ce que nous faisons, ici et maintenant, sans penser au but.

Peu à peu on se focalisera sur les zones les plus érogènes – les mamelons, le clitoris. La stimulation clitoridienne – pas forcément jusqu'à l'orgasme – est indispensable car elle provoque la dilatation

---

1. Voir *Le Traité des orgasmes.*

en montgolfière des deux tiers supérieurs du vagin donc des culs-de-sac vaginaux.

Le point A : A comme antérieur

Ce point est situé sur la face antérieure du vagin, au-dessus du point G, à mi-distance entre celui-ci et le cul-de-sac vaginal antérieur. Il serait un prolongement de la queue du point G. Sa structure est la même : un tissu érectile et quelques capteurs sensibles, bref un tissu érogène, de type « prostatique ». Grâce à la stimulation préalable du clitoris, les deux tiers supérieurs du vagin sont dilatés en montgolfière et la recherche du point A est facilitée.

Pour contracter le point A, qui est assez profond, allez toucher le col utérin puis redescendez sur la face antérieure du vagin sur environ trois centimètres, là est le point.

Il lui faut faire en quelque sorte de la géométrie dans l'espace pour se repérer et trouver le point. Restera à le masser patiemment. Les premières manifestations de contentement de votre aimée vous encourageront à surmonter les crampes de votre poignet. Vous pourrez aussi user d'un gode de taille moyenne. Quant à votre pénis il n'a pas ce pouvoir électif ; quand il excite ce point, il excite en même temps tout le fond vaginal.

Le point P : P comme postérieur

Ce point est situé sur la face postérieure du vagin, à mi-distance entre l'entrée et le cul-de-sac vaginal postérieur. Sa sensibilité lui est propre et lui vient aussi de sa contiguïté avec le rectum : la paroi qui sépare le vagin du rectum est biface, en avant elle porte la muqueuse vaginale postérieure, en arrière elle porte la muqueuse rectale antérieure. La stimulation du point P peut donc avoir une harmonique rectale.

La femme comme l'homme peuvent le stimuler au doigt ou avec un gode. Quant au pénis, il ne fait pas ici le détail ; mais il est sûr que certaines positions favorisent l'impact du gland sur le point P.

Le point N : proche du point P

Bien qu'il ne se trouve pas dans le vagin je parlerai ici du point N parce qu'il est proche du point P : il se situe sur le périnée à mi-distance entre l'entrée du vagin et l'anus. Il correspond au premier chakra ou chakra de base. Le masser fermement avec la pulpe d'un doigt puissant (index, majeur, pouce) procure une agréable sensation de détente.

Les orgasmes profonds

Les orgasmes profonds sont ceux qui naissent de la stimulation du corps utérin et des culs-de-sac vaginaux qui entourent le col ; le point C est un point du cul-de-sac postérieur.

Souvenez-vous que le col de l'utérus s'avance dans le vagin et qu'autour de lui s'attache le fourreau vaginal, l'image est celle d'un pendentif de pierre au centre d'une coupole ; le sillon circulaire qui se trouve entre le col et le haut du fourreau vaginal forme les « culs-de-sac » vaginaux.

Le col de l'utérus se perçoit à bout de doigt – le médius ou l'index ou les deux joints – l'homme ayant introduit ses doigts avec respect, douceur et tendresse. Il doit toutefois un peu forcer pour toucher le col, lequel se ressent comme un bouchon saillant et dur. Quant aux culs-de-sac, les doigts de l'homme peuvent les atteindre et s'y glisser, et alors s'amuser à en faire le tour en tournant autour du col. Le col est à 6 ou 7 cm de l'entrée, les culs-de-sac à 7 ou 8 cm. Le calibre du col est de 20 à 30 mm.

En cas d'excitation, et spécialement d'excitation du clitoris, l'utérus remonte et se redresse tandis que le haut du vagin, y compris les culs-de-sac s'expansent en montgolfière. Phénomène tout à fait surprenant pour l'homme dont les bouts des doigts explorent les profondeurs féminines. Ainsi, au cœur de son intimité, le désir de la femme s'exprime de façon autonome. Alors l'homme médusé peut, de la pulpe de son index ou de son médius ou des deux réunis, caresser à l'aise la face interne, déplissée, arrondie, tendue du vagin ballonnisé et ses culs-de-sac largement ouverts.

La stimulation des culs-de-sac avec un doigt ou un gode ou le pénis déclenche des sensations voluptueuses particulières qui peuvent aboutir à un orgasme plus souvent volcanique que doux mais toujours particulier. Sans doute est-ce le fait que la muqueuse de ces zones est riche en capteurs sensitifs ; en effet les culs-de-sac vaginaux sont très innervés et à leur attache sur le col ils constituent une zone ultra sensible dont la stimulation peut déclencher des orgasmes instantanés.

Le côté « inédit » de la volupté vient de ce que les culs-de-sac se laissent légèrement distendre ébranlant quelque peu les viscères contigus et le péritoine voisin. Ce qui est particulier c'est donc la couleur « viscérale » des sensations et l'émotion qu'en ressent la femme.

La stimulation du col qui se fait aussi par la grâce d'un doigt, d'un gode ou du pénis donne le même genre de sensations « viscérales » mais renforcées car, lorsque l'utérus est ébranlé, les viscères alentours et le péritoine qui les entoure sont plus encore ébranlés. De plus l'utérus se met à se contracter, ce qui ajoute une note forte au bal des viscères. Contractions qui suivent plus spécialement les heurts du pénis.

L'art de stimuler les profondeurs vaginales

Avec les doigts

Avant toute exploration du fond vaginal, l'homme devra stimuler le clitoris de façon à faire s'ouvrir et se dilater les culs-de-sac et induire une bonne lubrification d'excitation. Pour accéder au fond, l'homme utilisera ses plus grands doigts – médius, index, annulaire –, un seul ou deux, voire les trois. D'abord il n'introduira que le seul médius, lentement, pour apprivoiser les lieux, en percevoir les parties : le point G, en passant, à mi-distance, le col plus haut, les sillons plus haut encore. Mais il est bon de rester un long moment sur le point G de façon à élever le seuil d'excitation de la région. Ensuite on pourra gagner le fond : un doigt unique se glisse dans un cul-de-sac et entame une stimulation en frottant assez fermement de sa pulpe la paroi vaginale dilatée. Frottez comme pour faire un signe du doigt : *« Viens ici. »* Retournant sa pulpe vers le col, le doigt caressera maintenant le cylindre cervical par petites touches appuyées, il taquinera même l'orifice de ce col. De bien belles sensations aussi inédites qu'agréables et d'un genre « viscéral » naissent et irradient alentour.

D'autres, plus fortes et plus inédites encore, surviennent quand l'amant fait bouger le col d'un côté et de l'autre ou le pousse vers le haut. Mais le summum du plaisir bouleversant survient lors du massage du col : le doigt masculin tourne assez vite dans les culs-de-sac circulaires en massant le cylindre. Alors ce sont les grandes orgues du plaisir qui résonnent.

Mais entre-temps un second doigt – soit l'index, soit l'annulaire – aura pu être introduit avec autant de douceur que de dextérité. Accolés ils font les mêmes caresses que le premier doigt avec encore plus d'efficacité car, au plaisir des frottements, s'ajoute le plaisir de la dilatation. Les doigts se soutenant, se poussant, agissent avec plus de force. Car ici s'il faut être subtil, il faut être appuyé aussi. Le vagin par sa résistance et son élasticité accepte joyeusement une certaine force.

Bien entendu l'aimant sera toujours attentif aux signes de désagrément et de douleur que la femme pourrait manifester et cessera son action aussitôt.

Quand la femme est couchée sur le dos, les grands doigts atteignent aisément les culs-de-sac antérieurs et postérieurs. Par contre, ces derniers pourraient être encore mieux traités par le pouce introduit pulpe vers l'arrière ; un bon massage de cette large pulpe qui se place bien dans le cul-de-sac, un massage appuyé, lent et convaincant apporte des bienfaits insoupçonnés.

Pour réaliser le mieux possible toutes ces caresses il faut visualiser dans sa tête la conformation intérieure du creux féminin et la position de la pulpe des doigts.

Avec un gode ou un vibro

On fera avec ces accessoires ce qu'on a fait avec les doigts, avec peut-être plus de souplesse mais moins de précision.

Avec le pénis

C'est lors de ses mouvements les plus amples et les plus vigoureux que le pénis contacte les plots érogènes du fond du vagin. Comme toujours, taquinez d'abord le clitoris afin d'ouvrir les culs-de-sac vaginaux. Quand le moment est venu d'introduire votre pénis, commencez par des mouvements – des va-et-vient – limités aux premiers centimètres du vagin et ayant pour but de saluer et d'éveiller la muqueuse. Ce faisant, vous frôlez le point G qui n'est pas loin de l'entrée, comme vous savez, ce qui relève un peu plus l'excitation et le désir de la femme d'être carrément ravagée, car si l'idée vous est venue de visiter les profondeurs féminines c'est que votre aimée vous a paru très affamée de pénis. Progressivement, celui-ci, allant et venant, pénètre plus profondément et approche des culs-de-sac déjà ouverts qui n'attendent que lui. Soudain par un coup de rein décisif, vous plantez votre verge au fond du cul-de-sac postérieur car c'est bien là que le gland va se ficher dans la position classique du missionnaire. Et la femme d'accuser le coup, car dans cette pénétration profonde qu'adore et que redoute tout à la fois la femme, l'utérus même est ébranlé. Au bout d'un certain nombre de heurts, ses réactions de plaisir vont croissant, les mouvements de son corps et spécialement ceux de son bassin se font sauvages et s'avancent à la rencontre de l'homme. L'orgasme surviendra au zénith du plaisir et s'accompagnera de cris déchirants qui faciliteront la libération du plaisir. Et qui laisseront l'homme mi-émerveillé, mi-effrayé.

Quelles que soient les positions, la femme – par instinct, par connaissance de son intérieur et en visualisant ce qui se passe en elle – peut, en bougeant son bassin, amener les diverses facettes de son vagin au contact du gland. Ici, c'est sa profondeur et plus précisément son cul-de-sac postérieur qu'elle doit ajuster. Elle doit donc faire de son vagin un organe actif, préhensile.

Quant à l'homme, il pourra donner à la pénétration de son pénis des axes propices à la rencontre de son gland avec le point C visé. Lui-aussi doit visualiser en connaissance de cause ce qu'il fait.

Positions et fond

La femme et l'homme peuvent tous deux adopter des positions qui favorisent l'impact sur telle ou telle zone érogène. Pour ce qui est du fond du vagin, et spécialement le point C du cul-de-sac postérieur, les meilleures positions sont les suivantes :

La position du missionnaire variantes A et B
La femme est sur le dos

- Variante A : la femme a les cuisses repliées sur sa poitrine et un coussin placé sous ses fesses. L'homme est à genoux face à la vulve féminine.
- Variante B : la femme a les cuisses et les jambes en l'air, les talons posés sur les épaules masculines. Un coussin est placé sous ses fesses. L'homme est à genoux entre les cuisses féminines.

La position d'Andromaque ou de la cavalière variantes A et B
L'homme est sur le dos

- Variante A : la femme agenouillée chevauche l'homme. Elle se penche en arrière en s'appuyant sur ses mains et ses bras placés derrière elle.
- Variante B : la femme accroupie surplombe l'homme. Elle se penche en arrière de la même fa-

çon.

Dans ces deux cas c'est la femme qui est aux commandes ; à vous de bien l'accompagner. C'est à elle de bien viser, c'est-à-dire d'amener son cul-de-sac postérieur sur le gland, comme elle le ferait avec un gode sur socle. Qu'elle prenne son temps. D'abord qu'elle caresse avec le gland sa vulve, son clitoris, l'entrée du vagin. Ensuite qu'elle l'insère dans son creux. Qu'elle fasse d'amples respirations. Et s'amuse, à titre de bienvenue, à contracter par petits coups son muscle pubo-coccygien, sur le gland éberlué. Puis qu'elle enfonce un peu plus le pénis en descendant sur l'homme. Qu'elle fasse quelques va-et-vient verticaux longs et lents. Toujours en respirant profondément et en contractant à petits coups son pubo-coccygien, cette fois sur la base de la verge. Qu'elle descende alors carrément en tachant de placer l'extrémité du pénis dans le cul-de-sac postérieur. À force de faire taper le gland sur sa zone C, il arrivera un moment où elle s'envolera dans l'or des étoiles.

La femme fera monter progressivement son excitation et le plaisir de son compagnon par des va-et-vient coulissants sur le pénis. Madame, ne vous précipitez pas dans des mouvements rapides et violents pour arriver le plus vite possible à l'orgasme. Allez et venez hardiment sur le pénis avec appétit et vous régalant ; mais quand l'excitation est très haute, suspendez vos mouvements et faites une pause au cours de laquelle vous pourrez caresser de mille façons, embrasser et complimenter votre partenaire. Puis reprenez vos mouvements. Et ainsi de suite. Vous suspendez, vous reprenez. A chaque reprise l'excitation croît d'un cran, les muqueuses s'aiguisent et le circuit neurologique se parfait. Quand vous vous sentirez au mieux de l'excitation vous pourrez forcer votre autopénétration, vous déchaîner mais tout en gardant le cap sur le cul-de-sac postérieur. Alors votre orgasme sera splendide. Bien entendu cette caresse intérieure suppose que votre amant possède la maîtrise de l'éjaculation.

La position de la lionne

Dans cette figure, le pénis atteint facilement le fond du vagin, il le fait même de façon tonitruante qu'il vaut mieux tempérer au début. Pour diriger le gland vers le cul-de-sac postérieur où le point C se réjouit d'avance, il est préférable que la femme creuse ses reins posant bras et front sur le lit.

Secret de femme

Avec la description de la sensibilité érotique des culs-de-sac et leur possibilité d'ouverture voilà ici révélées les facettes les plus secrètes de la volupté féminine et les secrets des orgasmes les plus féminins parce qu'impliquant le plus profond et le plus viscéral de la femme. Ces orgasmes sont accessibles à toutes. Ils ont, par ailleurs, un effet « guérisseur » en ce sens que par un phénomène d'abréaction, ils peuvent libérer la femme d'anciens traumatismes et de vieilles angoisses.

Ayant recueilli ce secret, l'homme n'en usera

qu'avec respect et tendresse pour le plus grand bonheur de sa compagne et jamais en technicien du sexe.

C'est aussi le moment de demander aux chirurgiens de tourner sept fois leur bistouri dans leurs mains avant d'enlever un col.

Que ressent la femme ?

C'est un orgasme très fort, sublime, relevant des grandes orgues. L'émotion est profonde. La sensation inédite, de couleur « viscérale ».

L'ÉJACULATION FÉMININE

Histoire d'eau

L'éjaculation féminine c'est l'émission par l'urètre de la femme de jets de liquide au moment de l'orgasme. Seul l'orgasme déclenché par la stimulation du point G provoquerait cette émission. À mon avis, les autres orgasmes vaginaux – l'orgasme du point A et les orgasmes des culs-de-sac en particulier – la provoqueraient aussi, ainsi que, dans certaines conditions, l'orgasme clitoridien.

L'appellation « éjaculation » est juste, le latin « ejaculari » signifiant « lancer hors de soi avec force un liquide sécrété par l'organisme » (*Le Robert* en 11 volumes) ; mais elle n'est pas juste au sens commun, le liquide ne contenant pas de spermatozoïdes. Il faut la maintenir quand même parce que le liquide sort en jet et surtout parce qu'il est émis par une formation dite « prostate féminine », comme nous le verrons. Ce jet, voire ce geyser, est du reste bien visible, en particulier si le sexe de la femme se trouve au-dessus du visage de l'homme.

La quantité émise est très variable et va de 5 ml à 200 ml, c'est dire qu'elle peut aller de quelques gouttes à un « demi » (de bière) en passant par la cuillère à café, la cuillère à soupe ou la tasse. Le liquide peut être assez abondant pour tremper une literie (qu'il faut protéger par une alèse) ou cascader d'un canapé de cuir jusqu'au sol où il ruisselle.

La fréquence de l'émission va de « jamais » à « à chaque fois » en passant par « un orgasme sur deux » ou « un orgasme sur dix ». Ça dépend aussi du partenaire : de son talent, de la confiance que la femme a en lui.

La plupart des femmes ont la capacité d'avoir une éjaculation – celles qui ont conservé leur ébauche de prostate (voir chapitre suivant). Mais elles n'en ont pas l'obligation. En effet il ne faudrait faire de cette possibilité une contrainte et instaurer ainsi un nouveau terrorisme selon lequel la femme qui n'aurait pas un point G hypersensible et une éjaculation automatique ne serait pas normale ou pire ne serait pas une « vraie » femme. Les femmes n'ont pas à faire de l'éjaculation l'objectif de tous rapports sexuels (mais elles pourront apprendre à l'obtenir). Les hommes n'ont pas à exiger systématiquement cette émission. Il n'est pas nécessaire d'éjaculer pour avoir une vie sexuelle réussie. La quantité de l'éjaculation n'est pas proportionnelle à l'intensité du plaisir.

Nier l'éjaculation féminine est grave

Pendant les derniers siècles les hommes, y compris les médecins, par misogynie, par mâle-peur et dans le cadre général de la répression de la sexualité de la femme ont voulu ignorer l'émission d'un liquide par la femme jouissant. Encore actuellement, beaucoup d'hommes continuent de nier le phénomène. Les conséquences peuvent être graves.

- Des hommes croient sincèrement que la femme a uriné (« *elle m'a pissé dessus* »), s'en offusquent et tiennent même des propos durs à l'encontre de leur partenaire. Certains en éprouvent un dégoût persistant. On en a même vu se séparer de la femme. Quant à celle-ci, la blessure qu'elle ressent est grave et risque de compromettre son avenir sexuel.
- Des médecins, ignorant ou refusant la réalité de l'éjaculation féminine, prennent des décisions inopportunes et parfois graves face à des consultantes, ignorant elles-mêmes le phénomène. Des chirurgiens, croyant à une incontinence urinaire ont opéré ces femmes. Des psychiatres pensant à je ne sais quels troubles psychiques leur ont fait accroire qu'elles étaient vraiment anormales et les ont engagés dans des psychothérapies hors de propos, déstabilisant pour le coup la patiente.
- Des femmes méconnaissant le phénomène ont elles-mêmes cru qu'elles urinaient et en ont conçu une profonde honte. Dès lors elles se sont arran-

gées pour que ça ne se produise plus en évitant d'aller au bout de leur plaisir, c'est-à-dire de s'abandonner à l'orgasme qui vous fait perdre le contrôle de soi. D'autant qu'elles avaient remarqué lors des caresses du point G qu'une envie d'uriner apparaissait. Aussi dès que le plaisir atteint une certaine intensité, elles se réfrènent. Il y en a même qui n'osent plus entrer dans l'excitation et le plaisir ; elles évitent les caresses irrésistibles et les positions trop excitantes. Et inconsciemment elles maintiennent leur muscle du bonheur en état de contracture. Hélas, à force de se contrôler le processus de l'orgasme et de l'éjaculation se bloque définitivement.

- D'autres femmes enfin connaissent le phénomène mais n'osent le libérer par pudeur, de peur que l'homme le prenne mal. Elles ont connu moult amants mais jamais elles ne se sont laissé aller à épancher leur eau d'amour. Puis un jour, se sentant en totale confiance avec un aimant, elles ouvriront les vannes et inonderont l'élu pour leur plus grande joie à tous deux. Bienheureux l'homme qui reçoit ce baptême. Dans l'esprit de la femme une éjaculation ça se mérite.

L'art d'être source

D'où vient l'éjaculation féminine ?

L'éjaculat est un liquide élaboré et émis par la prostate féminine. L'existence d'une prostate et d'une éjaculation féminine a été établie dès l'Antiquité et confirmée par la suite.

Cette prostate féminine entoure l'urètre de la femme comme un manchon exactement comme le fait la prostate de l'homme autour de l'urètre masculin. Et elle est constituée des mêmes éléments que la prostate de l'homme.

- Des tissus érectiles faits comme d'habitude d'une éponge d'artérioles, de veinules et de lacunes vasculaires.
- Des glandes dites de Skene faites de vésicules sécrétoires et de canaux excréteurs qui débouchent dans l'urètre. Les vésicules sécrètent et stockent le liquide éjaculatoire. Au cours de l'éjaculation le contenu des vésicules est expulsé dans l'urètre grâce à la contraction des muscles pubo-coccygiens et à la pression du pénis. Le liquide sort en jets au niveau du méat urinaire situé dans la vulve.
- Des capteurs sensibles assez semblables aux corpuscules de volupté de Krause ; ce qui fait de cette prostate une zone érogène virtuellement aussi efficace que le clitoris.

Le point G correspond à la partie de cette prostate située entre la paroi antérieure du vagin et l'urètre. Selon les femmes, le volume de la prostate est plus ou moins important et la situation de sa plus grande épaisseur varie : on la trouve soit au bas de l'urètre, près du méat, donc le point G sera à 1 cm de l'entrée du vagin, soit à mi-distance entre méat et vessie, donc le point G sera à 4 cm, ce qui est le cas le plus fréquent, soit enfin en haut de l'urètre, près de la vessie, donc le point G sera à 7 cm.

Nature du liquide éjaculé

Le liquide qui sort de l'urètre est incolore, translucide, de consistance aqueuse, inodore, de goût légèrement salé. Son analyse chimique révèle la présence d'enzymes prostatiques spécifiques.

En tout cas ce n'est pas de l'urine : celle-ci est jaune et a une odeur caractéristique ; elle a un pH plus élevé ; elle contient des déchets éliminés par le rein (urée, créatinine, etc.) ; elle ne contient pas de sucre, l'éjaculat en contient. Enfin le test au bleu de méthylène fait bien la différence : lorsqu'on administre par voie orale à une femme quelques gouttes de bleu de méthylène – substance éliminée par les reins – on retrouve le colorant dans les urines mais pas dans l'éjaculat.

Ce n'est pas non plus le liquide de lubrification vaginale. Celui-ci est un transsudat depuis les vaisseaux du manchon vasculaire du vagin. Il apparaît dans le vagin au début des festivités ; dès la phase de désir et d'excitation première on le voit sourdre de l'orifice vaginal.

Ce n'est pas plus le liquide de lubrification vulvaire, celui que sécrètent les glandes de Bartholin situées de part et d'autre de l'orifice vaginal. Il est plus visqueux. Il apparaît en seconde partie, prenant le relais de la mouillure vaginale.

Les hommes et l'éjaculation féminine

Il y a ceux qui n'aiment pas.

- Ceux qui pensent que c'est de l'urine. Les uns sont dégoûtés et le manifestent vivement, les autres sont gênés mais n'osent rien dire, d'autres enfin font semblant qu'il ne se passe rien.

- Ceux qui savent bien que c'est de l'éjaculation mais ne sont pas à l'aise avec les fluides féminins. Certains même sont quelque peu effrayés. Et puis il y a les machos qui pensent que seul l'homme a le droit d'émettre un liquide et que cette éjaculation constitue un signe de plus de la tentative de prise de pouvoir par les femmes.

Il y a ceux qui aiment sachant que c'est de l'éjaculation : pour certains c'est la preuve qu'ils sont bons amants (ils ont su faire jouir la femme), et qu'ils ont une bonne amante (elle a joui très fort). Pour d'autres, cette inondation par un liquide chaud est fort agréable. Pour d'autres enfin, se faire ondoyer par un flot issu d'une source féminine, symbolisant la puissance naturelle de la femme, est prodigieux.

Le comportement de l'homme est déterminant pour la femme et la suite de la relation. Si l'attitude de l'homme est négative, la femme sera blessée dans sa féminité et elle se sentira non désirée voire rejetée, ce qui est mauvais pour le couple. Si cette attitude est positive, la femme se sentira acceptée voire honorée dans toutes les expressions de sa féminité, elle laissera libre cours à sa sexualité et s'efforcera de développer sa capacité d'éjaculation. Qu'elle puisse affirmer toute sa féminité et toute sa sexualité est bon pour le couple.

L'art de l'éjaculation

L'éjaculation déclenchée par la femme elle-même

Il peut suffire à la femme de se caresser le point G pour obtenir une éjaculation accompagnée ou non d'orgasme. Si elle n'y arrive pas, elle pourra y parvenir après une sorte d'entraînement ; alors ayant appris seule elle sera apte à éjaculer en compagnie de son amant[1].

L'éjaculation déclenchée par l'homme

Avec le doigt

- **La femme est allongée sur le dos**

L'homme se place sur un côté ou entre les cuisses de la femme. Après d'irrésistibles préliminaires tous azimuts, l'homme introduit un ou deux doigts dans le vagin et caresse ou plutôt frotte fermement et largement la paroi antérieure du vagin derrière laquelle se trouve le point G et plus globalement la prostate féminine. Les doigts seront un peu recourbés, la pulpe digitale frotte en va-et-vient et en cercle avec conviction ; elle passe sur le corps du point G, au centre, dans les gouttières sur les côtés et remonte sur la queue vers le haut. Ce qui revient à faire un massage de la prostate, exactement comme la femme peut le faire sur la prostate de l'homme (à la différence que la femme passe par l'anus pour ce faire).

L'homme sentira la zone grossir du fait que les tissus érectiles se gorgent et que les glandes de Skene se remplissent. Il sentira aussi les réactions de la femme aux sensations que provoquent les caresses : mouvements de son bassin, gémissements crescendo et bientôt des mots d'appréciation et d'encouragement. Il continuera le temps qu'il faut.

---

1. Voir *Le Traité des orgasmes.*

Il existe une variante à cette caresse : commencez par un merveilleux cunnilingus, excitant à souhait la vulve, aiguillonnant le clitoris (sans aller jusqu'à l'orgasme), titillant le méat urétrale très relié au point G, choyant l'entrée du vagin, y introduisant la langue le plus loin possible. Quand la compagne est « aux anges », l'homme enfonce délicieusement dans le vagin un ou deux doigts qui iront masser avec inspiration le point G. Il serait bien venu que la pointe de la langue continue de titiller le méat ou le clitoris, ne serait-ce que par intermittence.

- **L'homme est allongé sur le dos**

La femme se place au dessus de lui, à cheval sur le pubis masculin (position de la cavalière). Les préliminaires l'ont déjà mise en ébullition si bien que l'homme sent sur la peau de ses cuisses et de son ventre la vulve, que la posture fait bâiller, le mouiller et le brûler. Il se met à caresser les seins de la femme tandis que celle-ci entreprend de se taquiner le clitoris, ce qui attise un peu plus la flambée vulvaire. Du coup l'amante ne peut se retenir de frotter sa vulve en feu sur les cuisses ou le ventre de son amant. Alors une idée magnifique vient à celui-ci : de ses deux mains posées sur les hanches de l'aimée il la tire vers son torse ; elle se laisse faire et y pose sa vulve en feu et ne tarde pas à la frotter sur le pelage mâle. Mais voilà qu'elle se penche en avant, ses seins effleurant le visage de l'homme. C'est elle qui maintenant a une idée magnifique : la voilà qui caresse subtilement ce visage de la pointe de ses tétons, puis pleinement de l'ensemble de ses globes. La vue des seins évoluant sur sa face, le contact dur des mamelons traçant des arabesques sur ses joues, ses paupières, son front, puis la caresse douce et molle des globes glissant ou s'écrasant sur sa face rend l'homme fou de bonheur. Aussi ses mains quittent les hanches de la dame et viennent s'emparer de ses seins. Il les empaume et les tire vers sa bouche. S'il s'écoutait il n'en ferait qu'une bouchée, mais il se contente de les presser, malaxer, peloter, puis d'amener les tétons entre ses lèvres qui les aspirent jusqu'au fond du palais et les tètent goulûment. Mais l'amante se redresse et pose à nouveau sa vulve flamboyante sur le torse masculin et s'y frotte.

Alors l'homme reprend sa magnifique idée : de ses mains empoignant les hanches de l'aimée il la tire vers le haut de manière à ce que la vulve adorée soit à la verticale de son visage, puis il lève la tête et abaisse la fente sur sa bouche et le voici réalisant le plus époustouflant baiser vulvaire qui soit. Dans la vulve épanouie, enflammée et mouillée comme c'est pas possible, les lèvres et la langue mâles farfouillent, léchottent, aspirent, sucent à la régalade. Affolée et au comble de l'excitation la femme applique sa vulve béante sur le visage du mâle, le contraignant à poser la tête.

Lui il n'a jamais senti si près la chair féminine, chair sanguine, tendre, brûlante, détrempée, chair vibrante faite de pétales carminés, de voiles flottants, chair parfumée où, aux odeurs de criée, se mêlent des relents de marchés d'Orient, chair goûteuse où aux saveurs de coquillages se combine l'amertume de la gentiane, chair marine qui fait frémir en l'homme d'archaïques souvenirs.

Alors envie d'entrer dans cette mer intérieure, d'y glisser un doigt frétillant qui remontant le flux, y déclenchera quelques tourbillons de plaisir, quelque raz-de-marée, envie aussi de faire chanter et crier cette sirène. Alors le doigt entreprend de sublimes caresses là où est le point séismique. Bientôt de la bouche de la femme montent des plaintes de bonheur qui s'élèvent crescendo. Et soudain dans un cri à écarter les étoiles la femme ouvre ses vannes et un flot brûlant fleurant bon le grand bleu inonde le visage de l'homme, cascade sur ses joues, glisse sur ses paupières, entre dans ses narines. Et l'homme baptisé de l'eau féminine se jure bien de n'avoir plus de religion que l'amour pour cette femme.

Avec un gode

L'homme fera comme avec son doigt. Le gode est moins précis pour cibler la zone, mais il permet mieux de réaliser la variante combinant stimulation du point G et cunnilingus.

Avec le pénis

Pour stimuler la zone G au cours du coït, l'homme doit adopter la position propice et les axes de pénétration qui font se rencontrer gland et point G (voir le chapitre précédent).

À quoi ça sert ?

L'éjaculation féminine joue un grand rôle dans la relation amoureuse et érotique. C'est un test de profondeur d'intimité et de confiance réciproque de la part des deux amants. Inversement c'est un fait qui rapproche et renforce le lien. C'est, pour la femme un test de maturation sexuelle dont elle est fière pour elle-même et vis-à-vis de son aimant. C'est aussi la manifestation d'un plaisir extrême dont elle peut s'enorgueillir et dont son amant tirera gloire, et une manifestation spontanée et non imitable, alors que des cris peuvent être forcés, voire simulés.

Que ressent la femme ?

La majorité des femmes disent que l'éjaculation s'accompagne d'orgasmes intenses. Ce serait les plus intenses, les plus satisfaisants, les plus complets. Peut-être parce qu'elles témoignent d'un abandon complet, d'une absence totale de contrôle, de retenue.

Les femmes évoquent des vagues de plaisir qui les portent, des flots ensoleillés qui sortent de leurs vulves, des cascades qui les emportent. Elles se voient sources, elles abreuvent l'homme, elles irriguent la terre !

Toutefois il faut savoir que des éjaculations peuvent se produire sans orgasme et que des orgasmes puissants peuvent survenir sans émission ; c'est même dans l'état actuel de la sexualité féminine le cas le plus fréquent.

Quoi qu'il en soit une première éjaculation dans la vie d'une femme ça se fête, comme les premières règles. Alors, Messieurs, emmenez-la dans un étoilé et que le champagne coule à son tour.

Les causes de non-éjaculation

Presque toutes les femmes ont la capacité anatomique et physiologique d'éjaculer, or actuellement la majorité des femmes n'éjaculent pas. Pourquoi ?

Il y a celles – rares – qui ne peuvent pas : leur muscle PC est trop faible ou bien il a été – ainsi que tout le périnée – détérioré par une intervention chirurgicale ou un acte obstétrical (épisiotomie).

Il y a celles dont la sexualité n'est pas encore suffisamment éveillée pour atteindre l'orgasme vaginal.

Il y a celles qui se retiennent soit parce qu'elles croient uriner, soit parce qu'elles n'osent pas s'épancher, bien que connaissant le phénomène de l'éjaculation.

Il y a celles qui, bien qu'au courant de l'éjaculation, ignorent que ça leur arrive, prenant leur émission pour une abondante mouillure.

Il y a celles qui ont été blessées par la réaction d'un homme lors d'une précédente éjaculation et se l'interdisent désormais.

Il y a aussi celles dont le blocage est lié à un désordre psychique : femmes ayant subi une éducation répressive ou un trauma sexuel entraînant complexes et névroses, femmes atteintes de dépression, de phobies, etc.

Il y a enfin celles dont l'ébauche prostatique s'est atrophiée.

Il est temps que les femmes et les hommes considèrent que l'éjaculation féminine est un phénomène naturel qu'on peut libérer. C'est pour la femme un épisode de la reconquête de son corps, de la réappropriation de toutes les facettes de sa vie sexuelle.

Rappelons toutefois que ce n'est jamais obligatoire, et en tout cas jamais automatique comme l'éjaculation de l'homme.

Aspects affectifs et spirituels

L'éjaculation chez la femme est une manifestation très liée au registre affectif et à l'amour. C'est l'expression, souvent, d'une entente profonde avec son aimé et d'une volonté de partage. Inversement l'éjaculation tisse de nouveaux liens. On voit bien qu'elle survient plus facilement quand les sentiments d'amour sont vifs entre les partenaires.

L'éjaculation féminine est aussi une manifestation très liée à l'émotivité et elle provoque de forts bouleversements. Comme le séisme orgasmique, elle a un rôle cathartique d'évacuation des traumatismes archaïques de l'enfance.

Pas de presse-boutons

Malgré toutes les descriptions des points érogènes que j'ai pu faire, l'érotisme ne se résume pas à presser sur des boutons. D'une part parce que l'usage de ces boutons n'a rien d'automatique et de facile, d'autre part parce que la personne qui porte ces points est un « être », quelqu'un qui a une sensibilité, un idéal, des rêves, des blessures, en deux mots : un cœur et une âme.

Le plaisir lui-même ne peut se réduire à une simple réaction d'organe, une banale réaction réflexe à une excitation. L'érotisme ne sera jamais une technique. Car, principalement chez la femme, y compris les femmes libérées des anciens stéréotypes, le but de la sexualité est rarement un pur assouvissement mais plutôt une relation avec l'autre. De plus la jouissance suppose chez elle un minimum d'investissement affectif.

Quoi qu'il en soit l'émission d'eau par la femme jouissant constitue un phénomène remarquable qui est l'expression érotique la plus féminine. Peut-être parce qu'elle correspond à l'aspect nature, sauvage de la femme.

Chapitre VI

L'URÈTRE, L'ANUS... LES OUBLIÉS DU JARDIN DES DÉLICES

Il est des zones du corps que la nature n'a pas, en première intention, destinées à l'érotisme sexuel mais à une autre et précise fonction vitale : la bouche serait de celles-là, elle est faite pour l'absorption des nourritures, l'urètre aussi qui est fait pour l'évacuation de l'urine et l'anus qui est fait pour l'excrétion des matières fécales.

Toutefois la bienfaisante nature n'a pas fait de la marche de ces fonctions quelque chose de pénible, au contraire leur fonctionnement est agréable : manger est un plaisir, soulager sa vessie ou vider son rectum aussi.

On aurait pu aussi citer la peau : faite pour protéger notre organisme et détecter ce qui se passe autour, elle nous offre des plaisirs lorsqu'elle est caressée.

Alors il faut accepter qu'une zone assume la fonction pour laquelle elle a été créée et qu'elle soit également source de plaisir et cela non seulement de façon spontanée mais aussi provoquée. C'est ainsi qu'on pourrait justifier l'érotisme urétrale et l'érotisme anal.

De toute façon, quoi qu'on pense du bien-fondé de ces érotismes, les faits sont là : les zones urétrales et anales sont chez beaucoup d'humains sources de sensations agréables, même si, dans un premier temps, elles peuvent s'avérer déplaisantes voire douloureuses.

L'ORGASME DE L'URÈTRE ET DU MÉAT URINAIRE

Le méat urinaire c'est l'orifice par lequel l'urètre s'abouche dans la vulve pour évacuer l'urine stockée dans la vessie. Il se présente comme une petite saillie – un petit bouton – perforée d'un fin pertuis.

La sensibilité érogène du méat peut s'expliquer par la richesse de ses capteurs sensitifs et par les tissus érectiles qui l'entourent, tissus qui sont la continuité de ceux du système clitoridien et qui eux-mêmes se continuent vers le point G. En effet, les divers tissus érectiles de la femme ne sont pas faits de pièces détachées, ils sont reliés les uns aux autres. Il n'est pas possible que le méat soit un îlot d'insensibilité érotique alors qu'il est situé entre des zones aussi fortes de volupté que sont le clitoris et le vagin.

Comment stimuler le méat et l'urètre ?

La femme elle-même peut stimuler son méat urétral : avec la pulpe d'un doigt elle le frotte en exécutant des va-et-vient ou de petits cercles. Ou bien elle le taquine avec de petits objets ou des vibros de petit calibre. Certaines vont même jusqu'à enfiler de fins objets dans le pertuis : épingle à cheveux, tige végétale, etc.

Quant à l'homme, il n'est pas impossible que par la pulpe d'un de ses doigts il puisse chatouiller agréablement le méat, mais il lui faut des doigts d'orfèvre. Par contre sa langue se révélera plus douée pour cette chatouille. De sa pointe elle peut titiller le petit relief creusé de son minuscule orifice. C'est d'ailleurs de cette façon et mieux qu'avec ses yeux et avec ses doigts, que l'homme découvre la véritable structure du méat.

Il se peut qu'au début la femme trouve cela désagréable ; il faut alors que l'homme réduise la force de la pression – le plus doux des alizés – et la voilure de la langue – l'extrême pointe suffit. Le plaisir viendra cette fois ou la fois suivante. Toutefois si cette caresse se révèle décidément déplaisante, il faut y renoncer.

Ici aussi, un orgasme surprenant peut couronner le raffinement de l'amant. De toute façon c'est une stimulation qui ne peut qu'accroître l'excitation et donc amplifier la jouissance ou préparer l'orgasme en un autre site.

Et la verge me dites-vous ? Est-ce que la verge tenue à la main peut stimuler le méat ? Le fier dauphin des mers est à l'aise dans les profondeurs mais en surface il est comme l'albatros sur le pont du bateau. Et le méat est une cible trop fine pour que le gros pataud puisse l'agacer. S'il a pu faire frotti-frotta avec le clitoris voisin, il s'avère trop gros et trop gourd pour faire de même avec le bouton urinaire.

Et pendant le coït ? Le fût de la verge, sa base en particulier, ne peut-il pas frotter le méat dans son va-et-vient ? C'est incontestable dans les positions face à face et spécialement celle femme en dessous sur le dos entourant de ses jambes la taille de l'homme, ou encore celle homme en-dessous, la femme le chevauchant et penchée en avant. De toute façon le méat est l'invité ignoré mais incontournable de presque tous les ébats.

L'ORGASME DE LA ZONE ANO-RECTALE

C'est un lieu dont l'usage érotique paraît plus choquant encore et pourtant il est largement utilisé et de toute éternité par l'Humanité. Actuellement c'est une pratique en plein essor. En 1992, 24 % des femmes (et 30 % des hommes) déclaraient avoir fait l'expérience de la sodomie (Inserm) ; en 2006 c'était 37 % des femmes (et 45 % des hommes) – (Inserm) – Refus des limites, culte de la performance, snobisme ?

Un lieu tabou

Taboue la zone ano-rectale l'est spontanément aux amants en tant que zone où passent et où, pire, stagnent des matières dont l'aspect et l'odeur n'incitent nullement au désir et moins encore aux sentiments. Du reste, dès l'enfance cette zone a été déclarée « sale » et le dressage à « la propreté » constitue l'essentiel de l'éducation.

Taboue cette zone l'avait aussi été décrétée par l'Église pour un tout autre motif : son usage ne pouvait déboucher sur une procréation, or les relations charnelles n'étaient justifiées ou tolérées que si leur but était la reproduction d'un petit chrétien. La sodomie était donc un péché « contre nature », punie des pires châtiments. De cette condamnation, il reste encore quelque chose dans l'inconscient collectif.

Un lieu utilisé depuis la nuit des temps

Toutes les civilisations jusqu'aux plus anciennes font état de l'usage courant de l'anus dans les jeux sexuels. Il apparaît comme une zone érogène classique et universelle ; ce qui ne serait pas le cas si les êtres, et les femmes en particulier, n'y trouvaient d'agréments. De plus la sodomie était un moyen de jouir sans risquer de grossesse. Au Moyen Âge, par exemple, c'était le mode de contraception utilisé par les plus pauvres, contraints de limiter le nombre de bouches à nourrir.

Un lieu érogène

Le lieu est très sensible. La muqueuse ano-rectale est pourvue de nombreuses terminaisons sensitives. L'introduction sans ménagement de doigts ou d'objets provoque des douleurs. Par contre une introduction très douce et après lubrification peut être neutre ou se révéler agréable ou le devenir petit à petit, jusqu'à procurer des plaisirs orgasmiques.

Pourtant, la muqueuse n'est pas pourvue de corpuscules de volupté de Krause, ni de tissus érectiles. Alors comment une telle volupté s'explique-t-elle ?

- Tout endroit du corps justement stimulé dans des circonstances exaltantes peut devenir érogène. Le lobe de l'oreille, par exemple.
- La contiguïté avec le vagin rend la zone ano-rectale apte à l'éroticité. La cloison entre le rectum et le vagin est mince. En stimulant la paroi rectale antérieure, c'est à dire côté vagin, le doigt, le pénis ou l'objet stimulent indirectement le vagin où se trouvent des tissus érectiles et le point érogène P sur la paroi postérieure.
- L'implication des viscères donne aux sensations une coloration « viscérale ». Dans le cas de la pénétration profonde du vagin par le pénis ou les doigts on ne fait qu'ébranler indirectement ces viscères ; dans le cas de la pénétration anale on est dans les viscères. Mais dans les deux cas c'est le même viscère – l'intestin – qui est contacté ; or tout ce qui touche aux tripes éveille des sensations et des émotions particulières. À l'inverse, des émotions profondes donnent des serrements

dans le ventre : « *Ça nous prend aux tripes.* » Plus que viscérales, ces sensations sont vécues avec un mélange inédit de plaisir, d'étrangeté et de bouleversement.

- Il existe des facteurs psychologiques qui élèvent le niveau d'excitation :
  – la transgression que constituent ces caresses excite la femme qui s'y prête et active son imaginaire;
  – le caractère de don total (et impudique) de son offrande l'émeut considérablement.

Ce que disent les femmes qui aiment

- Les sensations que procure la stimulation de la muqueuse ano-rectale sont très nouvelles, très agréables et très riches.
- Les orgasmes qui surviennent sont très différents des autres, y compris des orgasmes vaginaux, et très forts.
- Le fait d'opérer une transgression est très excitant.
- C'est l'occasion de montrer à son homme à quel point on l'aime. Se livrer à lui ainsi constitue pour nous une grande preuve d'amour.
- C'est l'occasion de s'unir à son homme le plus totalement qui soit, en repoussant les limites de l'intimité, en se sentant quelque peu forcée, sinon dans sa volonté, au moins dans l'enveloppe naturelle de son corps.

En tout cas, ce qui est sûr c'est que la majorité des femmes une fois dépassées leurs appréhensions et à condition d'être stimulées avec art, subtilité et tendresse considèrent que la caresse, sous toutes ses formes, de la muqueuse ano-rectale, constitue un must de l'érotisme.

Les réticences

Spontanément l'utilisation de la zone ano-rectale inspire plutôt de l'appréhension voire de l'angoisse à la plupart des femmes. Les réticences sont de plusieurs ordres.

Il y a la pudeur face à un lieu scatologique qui comporte un risque d'irruption de matières et de gaz. Il y a la peur de la douleur sur le coup et des complications par la suite : persistance de douleurs résiduelles et apparition d'une incontinence anale. À vrai dire ces complications ne surviennent que pour des sodomies brutales et renouvelées trop souvent.

Les précautions

Avant tout il faut se prémunir contre une malencontreuse rencontre avec les fèces. Pour cela la femme – et tout particulièrement si elle est constipée – pratiquera un petit lavement préalable à l'aide d'une poire remplie d'eau tiède additionnée d'une ampoule d'huile de paraffine ; point n'est besoin de recourir au boc. L'homme de son côté s'il est spécialement délicat pourra recourir à des gants dits « chirurgicaux » en ce qui concerne ses doigts, un préservatif en ce qui concerne son pénis et un voile de plastique pour ce qui est de sa bouche. De toute façon, toutes ces caresses ne devraient se donner qu'au sortir du bain ou au sortir de la douche.

Lorsque la relation comporte des risques de transmission d'infections microbiennes ou virales (sida, hépatite) les précautions prises sur un plan « esthétique » seront prises a fortiori sur un plan hygiénique.

L'art de la stimulation ano-rectale

Stimulations digitales

Superficielle la caresse se fait avec un doigt – l'index ou le médius – effleurant la marge de l'anus. Elle fait partie des caresses exquises qui peuvent faire naître quelques murmures de surprise et d'appréciation, voire une brève suspension de la respiration parce que c'est vraiment bon, inattendu et que là, décidément, on aborde le plus intime.

Mais le doigt peut aussi s'introduire dans l'orifice anal puis dans le canal. Il peut d'ailleurs rester dans ce vestibule sans gagner le salon, autrement dit le rectum. Pour entrer, le doigt devra être aimant, doux, progressif, subtil et lubrifié, lubrification qui peut être faite de salive ou d'une pâte à l'eau. Mais la lubrification concernera également la marge de l'anus et ici l'homme ne peut mieux faire que de pratiquer un magnifique anulingus qui ensalivera cette marge autant qu'il la charmera. Mais vous pourriez aussi utiliser une pommade. N'oubliez pas Messieurs de vous couper les ongles courts et de les limer. Comble de prévenance vous pourriez enfiler des gants de chirurgien qui adouciront les contacts côté femme et de votre côté vous épargneront de mauvaises rencontres. Mais pour la sensualité rien ne vaut la main nue.

La femme s'efforcera de se détendre et de relâcher son muscle sphincter de l'anus. Il lui faut s'abandonner. Pour elle, la sensation est forte, la première fois sûrement – mais les suivantes aussi – comme en témoignent ses murmures plaintifs où l'on reconnaît les accents d'une volupté insolite mais accueillie avec amour et une grande envie de plaisir. L'espace est étroit, la muqueuse sensible, le geste intrusif quoi qu'on en dise. C'est fort dans le corps, c'est fort dans la tête. C'est pourquoi dans un premier temps il n'est pas nécessaire de bouger, c'est assez fort comme ça. Alors détendez-vous, dégustez vos sensations et synchronisez vos respirations pour être plus encore en harmonie. La femme offre un très intime cadeau, l'homme lui offre une sensation exceptionnelle. Tout est bien. Ils sont complices, proches, très proches.

Après ce temps d'immobilité, l'homme pourra avec finesse et douceur faire des petits signes de sa phalange, en la pliant et l'étendant subtilement pour caresser délicatement la muqueuse anale. Alors d'autres sensations naissent chez la femme comme l'indique la recrudescence de ses murmures fervents où la gratitude le dispute à l'étonnement.

On pourra, si chacun le souhaite, hisser le doigt au-delà du canal anal et le porter dans l'ampoule rectale : la muqueuse y est douce, soyeuse, agréable au toucher de l'homme ; pour la femme elle est d'une sensibilité particulière, « viscérale », comme chaque fois qu'on aborde les profondeurs du corps féminin. L'espace est vaste et le doigt à l'aise pour caresser deci, de-là, en avant, en arrière et sur les côtés. Alors ce sont des psaumes plaintifs qui s'élèvent de la bouche de l'aimée. Ce plaisir est vraiment fort, on ne peut plus viscéral. Il prend vraiment la dame aux tripes. L'homme est ici à l'orée du contenu de son ventre. Il faut s'aimer pour en arriver à cette intimité. Mais inversement cette proximité accroît l'attachement.

Une telle caresse peut constituer toute une séquence érotique : cet après-midi-là ou ce soir-là on fait juste ça. C'est bon, ça rapproche, c'est complet. Savourons-la à la carte. Cette caresse peut aussi faire partie d'un grand jeu érotique : soit en s'intégrant dans des préliminaires, soit en se plaçant à un moment ponctuel et décisif. Par exemple au cours de la caresse des points profonds du vagin où l'ascension du plaisir semble hésiter, une introduction douce mais preste d'une phalange dans le canal anal peut constituer l'estoc décisif qui fait basculer dans l'explosion. Autre exemple : au cours d'une caresse du clitoris où l'orgasme paraît long à venir une titillation de l'anus peut être le supplément d'excitation qui fait jaillir à la cime du plaisir. Bref dans le cours de toute caresse comme au cours du coït, une stimulation de la zone ano-rectale peut être l'appoint idéal d'un élan orgasmique hésitant.

La stimulation buccale ou anulingus

Pour faciliter cette caresse, la femme a le choix entre trois présentations : soit se mettre sur le dos les cuisses et jambes repliées sur elle, ce qui expose magnifiquement son postérieur et le rend accessible ; soit se présenter en position de lionne ; soit s'allonger sur le ventre.

C'est parfois dans le prolongement d'un baiser vulvaire – ou cunnilingus – que la bouche se retrouve sur l'astre anal. Mais elle peut aussi avoir envie de faire cette caresse en dehors de ce contexte, caresse suffisamment raffinée et copieuse pour constituer une séquence à part entière. Enfin la bouche peut être là en mission préparatoire à l'arrivée du seigneur pénien.

La bouche n'atterrira pas tout de go sur l'orifice anal. D'abord elle parsèmera de baisers la surface des fesses, ces mappemondes où l'homme a plus l'habitude de voyager du regard ou de son imaginaire. Puis la langue y tracera quelques léchettes, voire y appliquera quelques larges léchages, pour la plus grande joie du lécheur et de la léchée. Juste hommage à des rondeurs qui hantent tous les rêves des hommes. Alors, l'astre anal sera abordé – astre parce que ses plis radiaires en font un mini-soleil. La bouche y déposera un long baiser, encore faudra-il qu'elle appuie quelque peu car l'objectif est au fond d'une profonde vallée. Mais qu'elle laisse la place à la langue, c'est elle qui va régaler la zone et se régaler. D'abord de son plat elle léchera les versants qui y mènent ; puis se mettant sur sa pointe elle ira taquiner les plis en rayons. Et l'amant de venir à sa rescousse : de ses mains il écarte doucement mais fermement les fesses féminines, mettant la langue à l'aise et lui permettant de s'immiscer au-delà des plis, là où la peau du canal anal se fait muqueuse de soie.

La rencontre de l'exquise pointe linguale avec la douce, chaude, ensalivée et ferme toutefois soierie intime fait partie de ces moments de la vie où l'on ne regrette nullement d'être passé sur cette planète. Le corps et le cerveau de l'aimée vacillent et tanguent sous la houle de volupté, et sa voix entonne quelques notes qui, sans être encore un hymne à la joie pourraient en être les prémices.

NB : n'oublions pas la prophylaxie. Si la partenaire avait contracté une hépatite, il faudrait un film de protection entre langue et muqueuse.

La stimulation avec le pénis ou sodomie

Il faut aborder cette pratique avec une humeur joyeuse, simplicité et tendresse. Après tout c'est aussi un jeu. La position la plus commode est celle de « la lionne », celle de « la cavalière » convient aussi (ici c'est la femme qui procède elle-même à l'intromission). Avant de passer à l'acte, l'homme aura pris soin d'amener la femme à un haut degré d'excitation, voire à lui faire perdre la tête par moult caresses et baisers du corps, du clitoris, etc.

L'homme doit veiller à ne provoquer aucune douleur. Il commencera par une merveille d'anulingus. Puis il introduira un doigt selon les règles de l'art : après une bonne lubrification (salive ou gel), avec tendresse, doucement, progressivement, suspendant son geste à la moindre douleur. Il s'agit pour le doigt de se faire accepter par le sphincter anal, qui est un muscle circulaire très puissant puisque son rôle est de rendre totalement étanche l'orifice – il joue en quelque sorte le rôle du cordon d'une bourse. Il faut donc lui demander de se relâcher au mieux, de se faire souple et élastique afin de laisser passer le pénis en érection. Pour l'instant, l'homme poursuit sa préparation en introduisant toujours avec précaution un second doigt. Le geste est accompagné de mots d'amour, de mots rassurants, de compliments. La femme doit s'appliquer à relâcher son sphincter ainsi que tous les muscles de son corps et son mental aussi.

Quand l'homme sent que l'orifice est desserré, élastifié, il procédera à l'introduction du pénis érigé, enduit de pommade et muni ou pas d'un préservatif ; celui-ci le protégera des infections, si nécessaire, ou des matières éventuellement. Le gland sera intromis doucement ; la chose faite, l'homme observe quelque temps de pause. Puis il enfonce le reste de la verge par petites poussées successives douces, lentes. Malgré la délicatesse de l'aimé, de minimes douleurs peuvent être ressenties par la femme qui pourra les « anesthésier » en se caressant le clitoris ou le point G : le plaisir ressenti endort les sensations désagréables de l'anus. Une fois qu'il s'est planté au fond de la femme, l'homme demeurera sans bouger quelques instants. Puis il mettra en route ses mouvements de va-et-vient de façon douce, progressive, en guettant les réactions de la femme et en s'y adaptant. Des pauses seront faites, exactement comme dans la « caresse intérieure », au cours desquelles l'homme caressera la femme sur toutes ses surfaces, et les deux amants s'entretiendront, je veux dire, converseront.

Le plaisir déclenché par les mouvements du pénis est particulier : fort et de coloration « viscérale ». Ce sont les tripes qui sont en jeu. Les sensations sont profondes, les émotions vives. On sait à quel point est émouvant, bouleversant, impliquant tout ce qui touche « au ventre ».

L'orgasme a cette même tonalité et atteint une intensité qu'une femme n'atteint pas sans être tourneboulée et avoir l'impression de vivre quelque chose d'exceptionnel.

NB : après l'acte sodomique il faut absolument éviter de transférer le pénis du rectum au vagin sous peine de transporter des germes de l'intestin – en particulier le colibacille – dans la vulve et la cavité vaginale et de provoquer vaginite et cystite.

Pourquoi les hommes aiment la sodomie ?

- Son plaisir est plus fort que dans le vagin parce que le canal anal étant plus étroit, le pénis est plus serré.
- Dans la position de la lionne (la plus utilisée ici) il peut contempler et caresser les fesses, prendre les seins, passer ses mains dans le dos, dans les cheveux, embrasser ou mordiller l'échine de la femme.
- L'idée que la femme lui offre « impudiquement » cet endroit intime, l'excite et l'émeut beaucoup. C'est pour lui une preuve d'amour.
- La pensée d'être au plus profond des entrailles féminines lui donne l'impression d'être un mâle puissant.

- La transgression d'un tabou l'excite autant que ça excite la femme.
- Certains hommes, hélas, se réjouissent de supposer qu'ils abaissent et humilient la femme et des désagréments ou douleurs qu'elle pourrait ressentir. Ceux-là ne sont pas dignes de ce cadeau.

De divers objets

Il en est qui introduisent dans l'anus divers objets. Soit des objets ordinaires phalliformes (bougies, manches de toutes sortes, etc.), soit des objets spécialisés (godemiché, vibro). Tant que vous vous sentez sain, et que vous pensez la respecter, allez-y gaiement. Mais si vous sentez que cela nuit à votre sens de la relation sexuelle, à son humanisme, ne passez pas à l'acte.

La sodomie réelle ou instrumentale doit être une possibilité supplémentaire de jeux et de plaisirs ; au service de la variété de la vie sexuelle et donc au service de la prévention de l'usure du désir et du couple. Son usage ne doit pas se banaliser et devenir systématique et encore moins une obligation et une obsession.

Que ressent la femme ?

Quelle que soit la stimulation, le ressenti a les particularités suivantes : les sensations sont « inédites », exceptionnelles, fortes, bouleversantes, de coloration viscérale, profondes, « prenant aux tripes » ; les émotions sont intenses, liées à l'impudeur, à la transgression, au don.

Chapitre VII

DEVENEZ UN EXPERT DES PLAISIRS ORGASMIQUES

Le ressenti de l'orgasme féminin

Parler du ressenti de l'orgasme chez la femme c'est parler de ce qui peut lui arriver de plus important dans le domaine du plaisir et aussi dans le parcours de sa vie même. Ce plaisir, le plus souvent, la concerne corps et âme.

Pour une même femme ce plaisir varie selon les jours – son état psychique et physique, les circonstances, l'ambiance, etc. – et évolue tout au long de sa vie. D'une femme à l'autre le vécu et les sensations varient à l'infini. S'il y a deux milliards de femmes sur terre, il y aura au moins deux milliards de ressentis différents.

C'est dire qu'il est impossible de décrire tous les orgasmes possibles. Déjà décrire les orgasmes d'une femme est chose difficile car les sensations orgasmiques sont de l'ordre de l'ineffable.

D'emblée je ferai trois remarques.

1. La survenue d'un orgasme n'a rien d'automatique. Il n'existe pas d'orgasme presse-bouton, sauf peut-être au niveau clitoridien. Même les femmes parfaitement éveillées ne jouissent pas sur commande. L'orgasme reste quelque chose d'imprévisible, de fragile, soumis à bien des paramètres : les émotions, les tensions, les conditions, etc. Imprévisible veut aussi dire qu'il peut subvenir de façon inopinée. Mais toujours il est magique, surprend et étonne la femme elle-même.
2. L'orgasme féminin est un don : un don à soi-même et un don à l'autre ; aussi suppose-t-il un abandon total et donc une confiance en l'autre, confiance qui nécessite d'avoir pour lui de l'estime au moins, de l'amour au mieux.
3. L'orgasme ne doit pas être le but unique et obligatoire de tout échange sexuel. On peut ne pas obtenir d'orgasme et être heureuse avec son homme.

La musique orgasmique

Selon l'origine de l'orgasme – le site qui en est le point de départ – les sensations sont différentes. C'est dire si le répertoire orgasmique est varié et que déjà on peut distinguer les musiques clitoridiennes, les musiques vaginales du point G et celles des points profonds, etc. Par ailleurs, chaque orgasme est fait de sensations multiples qui se combinent entre elles selon les jours et se combinent aux sensations périphériques issues de la peau, de la bouche, etc. Si bien que le répertoire s'étend à l'infini et qu'on trouve toutes les compositions possibles de la simple gamme à la munificente symphonie en passant par la sonate, la gavotte et le concerto.

Je vais tenter de décrire les notes et les harmoniques de base ; elles sont de l'ordre du subjectif, du vécu. Je propose de distinguer l'intensité, l'extensité, la modalité ou tonalité, la couleur, la dimension psychique et l'assouvissement.

- **L'intensité** va de l'orgasme doux, tendre, fluide à l'orgasme fort, violent, inouï, séismique, fantastique voire effrayant. Selon Masters et Johnson l'intensité de l'orgasme féminin serait 8 à 10 fois plus fort que l'orgasme masculin. Tirésias, le devin grec, pour avoir connu l'état de femme et l'état d'homme l'avait déjà affirmé.
- **L'extensité ou irradiation** peut être réduite, le plaisir restant local ; et elle peut être vaste, le plaisir s'étendant au-delà du sexe, irradiant dans les cuisses, les jambes, le ventre, gagnant tout le corps, remontant dans le dos jusqu'à la tête.
- **Les modalités** : l'orgasme peut être ressenti et décrit de mille façons.

  – Ce sont des spasmes, des contractions, des vibrations, des pulsations, des battements rythmiques

surgissant par vagues dans le sexe et envahissant le périnée et le ventre.
– C'est une chaleur, un feu qui naît dans le creux, enflamme tout le bassin puis allume chaque parcelle du corps : le ventre et les cuisses, le thorax et les seins, le dos et le crâne, pour finir par embraser tout l'être.
– C'est une lumière, un flot d'étincelles, une étoile filante, un feu d'artifice. Parfois cette lumière est colorée.
– C'est quelque chose qui emporte : un vertige, un tourbillon, une lame de fond surgie du fond de soi.
– C'est quelque chose qui désintègre : une explosion qui éclate le corps en parcelles ; ou une implosion : tout s'effondre à l'intérieur de soi.

- **La dimension psychique** est parfois considérable. Les modifications de conscience sont telles que la notion de temps et d'espace disparaissent, que les limites du corps s'évanouissent. C'est un enchantement, c'est magique, on n'est plus que sensations, on tangente un au-delà, un autre monde.
- **L'assouvissement** fait aussi partie du plaisir suprême. Il y a des orgasmes qui comblent et vous laissent totalement satisfaite, sans plus de besoin. Il suffit d'en avoir un ou deux pour être comblée et ne plus avoir envie d'autres. C'est plutôt le cas des orgasmes vaginaux et plus particulièrement les plus profonds. Inversement il y a des orgasmes qui ne rassasient pas, on a besoin d'autres et d'autres encore. C'est plutôt le cas des orgasmes clitoridiens, dits encore « externes ».

Les orgasmes selon l'organe ou le point érogène

Le sexe féminin est un vaste système érogène fait de tissus érectiles et capteurs sensibles où des zones précises se révèlent éminemment réceptives. Malgré l'indépendance apparente de chaque site, ils sont tous reliés les uns aux autres. Le sexe féminin est une splendide constellation dont l'existence appelle trois réflexions :

- la connaissance de leur richesse érotique devrait remplir les femmes de considération pour elles-mêmes (et les hommes pour elles) ;
- il est vraisemblable que les femmes n'exploitent pas la totalité de leur potentiel orgasmique ;
- même si chaque site peut être stimulé ponctuellement et séparément, le système étant global, le plaisir ultime est souvent ressenti dans la globalité du sexe.

Dans le coït, la globalisation du plaisir va de soi. En effet, même si selon les positions le pénis peut tenter de cibler tel ou tel point, il contacte toujours plusieurs sites à la fois : le clitoris, le méat, les bulbes vestibulaires et l'ensemble des points vaginaux. Les orgasmes provoqués par la verge sont toujours complexes : de véritables compositions symphoniques.

En revanche, avec les doigts, la langue ou un objet de moyen calibre, il est plus facile de stimuler électivement une zone – ce qui n'empêche que toutes les autres zones vont être excitées et turgescentes dans un bel élan de solidarité –, qu'importe, il sera possible d'obtenir des orgasmes simples : de pures sonates. C'est ainsi que l'on peut décrire des orgasmes différents pour chaque site, et véritablement les femmes font bien la différence, par exemple, entre un orgasme clitoridien et un orgasme du point G.

Tout plaisir est bon à prendre

Toute femme détient une capacité orgasmique et cette capacité se révélera un jour, si elle suit mes conseils. Écoutez donc, Messieurs, ce que je dis aux femmes et ce qu'elles disent aussi : soyez sereine mais active, soyez sans crispation mais volontaire. En attendant profitez pleinement de toutes vos sensations. Il y a des plaisirs qui, sans être orgasmiques, sont des délices ; ne faites pas la fine bouche, toute jouissance est bonne à prendre. C'est vrai pour l'autocaresse, pour les caresses de l'aimé et pour le coït. « *J'aime la sensation de pénétration,* dit une femme, *j'aime sentir le pénis glisser en moi, j'aime quand il bouge mais j'aime aussi sa simple présence, immobile.* »

« *Ce que j'éprouve quand l'homme est en moi est bon,* dit une autre, *déjà ça me comble d'être remplie.* » « *La pénétration me bouleverse,* s'écrit une autre encore, *j'ai la sensation de vivre intensément car j'ai conscience d'accomplir un rituel qui remonte à la nuit des temps.* » « *Je n'ai pas d'orgasme explosif mais un état particulier délicieux, voluptueux d'union avec l'homme, graduel et prolongé.* », confirme une autre.

Par ailleurs, il est des orgasmes qui, sans être explosifs, sont appréciables. Il en est ainsi de ces orgasmes subtils, tout juste perceptibles, qui sont de doux passages dans le plaisir, plaisir qui ne se manifeste pas de façon séismique: c'est un bonheur intense mais intériorisé, profond, prolongé très longtemps.

D'accepter la douceur de vos orgasmes vous permettra d'en profiter mieux. De toute façon, c'est une étape ; en progressant en âge, en multipliant les apprentissages, votre capacité érotique se développera de plus en plus.

La femme doit-elle avoir plusieurs orgasmes ?

Ce don propre à la femme de pouvoir aisément renouveler ses plaisirs suprêmes, tient à l'importance de ses tissus érectiles : si leur intumescence est relativement lente à s'établir, en revanche, une fois installée elle est durable, mieux : elle s'accroît à chaque orgasme. Quant à la détumescence, elle est également lente si bien que le désir de la femme et son aptitude à rebondir vers d'autres orgasmes, persiste longtemps. Et la spirale vertueuse s'élève : chaque orgasme est plus fort et renforce la turgescence. Et les vaisseaux de plus en plus gorgés de sang implorent la femme. C'est ainsi que se crée le besoin pluriel.

Cette capacité correspond-elle à une nécessité ? Les femmes ont-elles besoin de plusieurs orgasmes ? Oui, disent les femmes érotiquement éveillées. « *Le premier orgasme, clitoridien,* écrit une femme, *n'est qu'un début, une mise en route. Les sensations sont de plus en plus agréables, intenses et les orgasmes de plus en plus forts.* » Une autre dit de même à propos de son vagin : « *Le premier commence tout juste à m'exciter. Je sens que je pourrais avoir plus, que je désire plus : une série…* » En général, les femmes qui aiment répéter leur suprême plaisir s'arrêtent à 5 ou 6, ce qui montre que si la femme est insaturable, elle n'est pas insatiable.

Mais, beaucoup de femmes sont d'emblée satisfaites avec un seul orgasme pourvu qu'il soit de qualité. « *J'atteins l'optimum dès le premier. Il faut dire qu'il m'y prépare longuement* dit une femme. *Il me caresse partout longtemps. Mon clitoris, il ne le pousse pas d'un coup au zénith. Il le taquine, arrête, reprend. Alors, quand ça éclate, c'est terrible. Aussi, j'ai mon compte.* » Cela arrive dans les relations sexuelles où la participation émotionnelle est intense, et le vagin bien initié.

La capacité multi-orgasmique de la femme constitue une possibilité, mais elle n'implique pas une obligation absolue et automatique d'enchaîner les orgasmes. C'est à la femme à déterminer le nombre qu'elle souhaite, nombre qui peut être à chaque fois différent. En tout cas, ce n'est pas à l'homme de le décréter.

Longtemps la femme s'est contentée d'un unique orgasme. Pourquoi ? Beaucoup de femmes ignoraient leur capacité plurielle, le poids de la répression interdisant toute expérimentation poussée de leur sexualité. Celles qui la connaissaient n'osaient réclamer plus de plaisir, de peur de passer pour une anormale ou une nymphomane. Et puis l'activité sexuelle de la femme ne pouvait que suivre celle de l'homme, lequel se contente de « tirer son coup », c'est-à-dire de se donner un seul orgasme de soulagement, si bien que la femme croyait qu'il était normal pour tout le monde d'en avoir un seul. De toute façon, aurait-elle désiré plus qu'elle n'aurait pu satisfaire son envie : l'homme ne renouvelle pas facilement son orgasme, nous l'avons dit, assouvi qu'il est et épuisé jusqu'à sombrer dans un profond sommeil. Ainsi va la terrible dissymétrie entre les sexes : l'homme est sorti du jeu quand la femme commence seulement à y entrer. Heureusement la solution existe : la maîtrise de son éjaculation par l'homme.

Amour et orgasme

L'amour exalte le plaisir et le plaisir renforce l'amour. Quand on aime on cherche à donner à l'autre le meilleur plaisir ; l'amour fait agir avec générosité, attention, patience, gentillesse, bienveillance ; l'amour engendre le respect qui engendre la confiance qui engendre l'abandon nécessaire pour livrer à l'autre son intimité ; l'amour donne une envie de partage et même de fusion et c'est dans l'orgasme qu'on atteint cette impression d'unité, de suprême communion. Inversement le plaisir extraordinaire ressenti entraîne une profonde reconnaissance qui nourrit l'amour et la totale fusion obtenue, ne serait-ce qu'un moment, approfondit l'attachement.

Mais il peut y avoir amour sans orgasme et orgasme sans amour. Selon certaines enquêtes, la femme préfère l'amour sans orgasme à l'orgasme sans amour. Mais le rêve c'est de réunir les deux.

LES BIENFAITS DE L'ORGASME

Il est important que l'homme connaisse les bienfaits de l'orgasme chez la femme, afin qu'il mette tout son cœur à l'aider à y accéder. Et puis les bienfaits sont les mêmes pour lui.

L'orgasme est un plaisir mais un plaisir tout à fait exceptionnel : son intensité et son extensivité sont extraordinaires, il a des effets importants sur le psychisme et il procure des modifications de conscience remarquables ; en plus il s'obtient le plus souvent avec un partenaire. De là viennent tous ses bienfaits.

La biologie du plaisir

La libération des endomorphines est multipliée par 20 quand l'orgasme survient. Autrement dit, le centre limbique de l'orgasme déverse alors une quantité fabuleuse d'hormones de plaisir dans le cerveau et dans le sang, comme le montre le dosage des endomorphines sanguines. Ces neurohormones ont des vertus tout à fait étonnantes ; outre procurer le plaisir, elles sont euphorisantes, thymoanaleptiques, c'est-à-dire qu'elles stimulent la bonne humeur, tranquillisantes, antistress, psychostimulantes et antidouleur. Psychologiquement c'est la panacée.

La dopamine a des effets semblables, et elle est également libérée en pic à l'instant de l'éclatement orgasmique.

L'ocytocine est l'hormone de l'attachement, elle tisse entre les êtres aimants des liens forts et les maintient ensemble. Sa sécrétion est accrue au moment de l'orgasme mais elle persiste à un bon taux tant que les êtres échangent des gestes et des mots agréables : contacts de toutes sortes, caresses, étreintes, massages.

Bienfaits de l'orgasme pour le couple

Un plaisir tel que l'orgasme, par sa force, par le partage d'une si profonde intimité, par l'état de fusion des deux protagonistes, par les modifications de conscience qu'il apporte ne peut que renforcer l'union de la femme et de l'homme qui le vivent et reconduire leur alliance. S'y ajoute l'action de l'ocytocine, hormone de l'attachement. Sans doute la nature l'a-t-elle voulu ainsi car la cohésion du couple offre les meilleures conditions pour l'élevage des petits et permet ainsi d'assurer la survie de l'espèce.

Bienfaits psychiques de l'orgasme

Les effets psychiques de l'orgasme sont admirables.

- L'effet sédatif : la nervosité et l'énervement s'apaisent ; un état de détente s'installe jusqu'à même induire le sommeil. Ainsi l'orgasme peut avoir un effet hypnogène qui touche plutôt l'homme, ce que déplorent parfois les femmes.

- L'effet tranquillisant ou anxiolytique : l'anxiété, l'angoisse et le stress s'allègent. Le sujet devient plus calme, plus serein.
- L'effet antidépresseur : c'est-à-dire de stimulation de la bonne humeur. Le cafard fait place à une humeur joyeuse, voire à une euphorie.
- L'effet antidouleur : chacun a pu faire l'expérience d'une douleur qui s'évanouit, soit en faisant l'amour, soit en se masturbant (mal de dents, douleurs menstruelles, etc.).

À la base de ces effets on trouve des neurohormones – les endomorphines et la dopamine – et aussi des causes purement psychiques : l'orgasme, quand il est obtenu à deux, est le couronnement d'une alliance entre deux personnes, donc la fin de la solitude radicale qui angoisse les êtres.

L'expansion de conscience

Les modifications psychiques qui se produisent au moment de l'orgasme peuvent nous faire accéder à un niveau de conscience supérieur, ce qui est donné à tout le monde. Il suffit de bien faire l'amour, c'est-à-dire de prendre son temps, d'y investir la totalité de son corps, de s'unir selon « la caresse intérieure », d'y mettre tout son cœur et son âme aussi. Cet état de conscience supérieur est fait d'une exacerbation des sensations, d'un accroissement de la vivance – ou énergie de vie –, d'une impression d'infini et d'éternité, d'amour océanique, de dépassement de notre petit «moi» et d'une reliance à l'univers[1].

Adoucir la condition humaine

La vie des humains est rude, souvent cruelle. Ils sont exposés en permanence à la souffrance, à l'angoisse, à toutes sortes de désagréments et de menaces sans oublier la menace de la mort qui leur est inhérente.

Il leur faut trouver chaque jour le moyen d'adoucir cette condition. Le plaisir en est un. Le plaisir calme l'anxiété liée aux circonstances de la vie, anesthésie les douleurs, récompense les efforts et apaise l'angoisse existentielle.

L'orgasme constitue le plus extraordinaire des plaisirs et donc le plus comblant.

1. Voir *Le Traité des orgasmes.*

Chapitre VIII

SOYEZ SEXUEL ET BIEN D'AUTRES CHOSES ENCORE...

Rôle d'un amant

Si l'homme a un grand rôle dans le déclenchement de l'orgasme de sa partenaire, la femme doit de son côté préparer son corps à jouir avec l'homme : le connaître, bien l'entraîner, l'érotiser, fortifier son muscle du bonheur (le pubo-coccygien), etc.[1]

Si la femme est responsable de son orgasme, l'homme, bien entendu peut le favoriser par son art d'aimer : son attitude affective et son talent à

1. Voir *Le Traité des orgasmes.*

lui faire l'amour. Connaître les zones érogènes de la femme, soigner les préliminaires et prolonger la présence de la verge dans le vagin sont l'ABC d'un bon amant. « *Il n'y a pas de femme frigide, il n'y a que des hommes malhabiles* », l'adage reste en partie vrai.

Sachez la charmer

Il était classique de dire que la femme était un être sentimental, voire romantique et qu'il lui fallait aimer, être aimée et courtisée pour faire l'amour. Autrefois, une femme qui faisait l'amour prenait le risque d'une grossesse, donc d'être responsable d'un enfant pour un certain nombre d'années ; il lui fallait pouvoir compter sur la protection d'un compagnon à qui elle serait attachée et qui lui serait attaché ; d'autant plus que cette femme ne disposait pas de ressources propres. Depuis la révolution féminine les femmes ont acquis le contrôle des naissances et des revenus personnels ; elles peuvent dissocier sexualité et sentiment à l'instar de l'homme. En 1992, déjà 35,9 % des femmes déclaraient pouvoir faire l'amour sans amour. En 2006 elles sont 49 % à faire la même déclaration (enquête Inserm).

Toutefois la majorité des femmes ne peuvent faire l'amour avec n'importe qui, n'importe comment. Elles se donnent trop en donnant leur ventre, et souvent leur don leur inspire et inspire à l'autre des états d'âme. C'est pourquoi l'attitude de l'homme, la façon dont il se comporte envers elles, joue un grand rôle : si elles peuvent jouir sans aimer, elles trouvent toutefois plus de bonheur et même de plaisir quand avec l'homme elles partagent une belle relation.

Pour émouvoir et combler une femme :

- Témoignez-lui de l'amour de mille façons. Si vous l'aimez dites-le lui ; trop souvent les hommes « n'avouent pas ».
- Donnez-lui de la tendresse : câlinez-la, choyez-la, faites-lui plaisir, ayez envers elle des attentions. Par exemple, lui prendre la main devant la télévision, au cinéma, en voiture ; lui faire couler un bain, lui masser le cou et les épaules quand elle est fatiguée, lui porter le café au lit, etc.
- Donnez-lui confiance en elle en la complimentant, en l'admirant. En terme psy, on dit « narcissiser », j'aime mieux « caresser l'âme ». Il est important, entre autres, de confirmer son pouvoir de séduction ; elle ne se trouvera sexy que si vous la trouvez sexy et aura d'autant plus facilement un orgasme qu'elle se sentira désirable. En effet, malgré leur pouvoir d'attirance, la plupart des femmes doutent d'elles-mêmes. Alors louez leur visage, leur regard, leurs galbes, leurs seins sans réserve.
- Courtisez-la, soyez courtois, soyez son chevalier servant, pour qu'elle se sente plus que respectée : honorée. Un bouquet de fleurs peut faire mieux que de raffinés préliminaires.
- Écoutez-la, comprenez-la. Car le premier reproche que font les femmes aux hommes, c'est de ne pas les écouter. Une oreille attentive et intéressée ouvre les cœurs et plus si affinités. Je veux dire que lui être attentif peut avoir sur elle un effet

aphrodisiaque.

- Faites-la rire et riez de vous, cela permet le lâcher-prise et situe la relation dans le naturel et l'authenticité.
- Créez une ambiance romantique. La majorité des femmes restent sensibles aux ambiances poétiques ; à vous d'en assembler les notes : le crépuscule ou la nuit étoilée, les bords d'un lac ou une terrasse sur la mer, l'odeur du lilas ou l'arôme du jasmin, Liszt ou Chopin, etc.

Apprenez parfaitement ses points érogènes

Connaître la cartographie érotique de la femme et l'art de stimuler ses zones érogènes vous donne les clefs de son plaisir, la fait entrer dans la jouissance, et peut la mettre sur la voie de l'orgasme. Vous jouerez pour l'enchanter, de vos doigts, de votre bouche, de votre verge avec patience et ferveur.

Soignez les préliminaires

Vous y mettrez toutes les caresses imaginables que vos mains, vos ongles, vos lèvres, votre langue, vos dents, vos cheveux, votre pénis, et toutes les parties de votre corps peuvent offrir. Le but est de faire naître l'excitation et de la faire monter pour la rapprocher du niveau orgasmique. Tout le corps de votre aimée résonnera de désir et principalement son sexe (son clitoris, sa vulve, son vagin) qui entrera en turgescence tandis que s'aiguisent les points érogènes et se lubrifient les muqueuses. À force de croître, l'excitation atteindra le seuil d'explosion.

Les enquêtes montrent une corrélation statistique entre la durée des préludes et le taux d'obtention de l'orgasme. Autrement dit, plus les préludes se prolongent, plus les chances de survenue de l'orgasme augmentent. 21 minutes seraient la bonne durée, mais à chacun d'inventer sa sexualité et de se laisser inspirer.

Certaines femmes entraînées, et donc éveillées, sont capables de jouir très vite, quasiment comme un homme et s'insurgent contre ce précepte de préliminaires indispensables, protestant qu'elles ne sont pas les prétendues sous-développées sexuelles qu'ils supposent. Je ferai observer :

- le fait que la femme ait un temps d'installation de l'intumescence de ses tissus érectiles plus long que celui du mâle, qui bande en quelques secondes, n'est pas une infirmité, au contraire c'est la preuve de la richesse et de l'étendue de ses tissus bien supérieures à l'homme et donc de sa capacité considérable de jouissance. Comme le fait que cette intumescence soit plus lente à se dissiper (30 minutes en moyenne), contrairement à l'homme qui débande en quelques minutes, leur confère une capacité polyorgasmique ;
- une immense majorité de femmes ne sont pas éveillées et ont besoin de préliminaires ;
- les préliminaires constituent une séquence de sensualité extrêmement agréable dont il serait dommage de se passer. C'est une manifestation

d'amour et de tendresse réciproque dont la suppression ramènerait l'acte sexuel à un stade préhumain voire animal, encore que les animaux ont des parades.

Les préludes seront offerts avec art, tendresse, respect, sans mesurer le temps.

Rappelons que les caresses ne doivent pas forcément s'inscrire dans les préludes à une pénétration : on peut aussi pratiquer la « caresse gratuite », sans attention de coïter, par pure sensualité. Le contact entre les peaux, entre les mains et les peaux peut procurer des délices qui confinent à l'euphorie.

Prolongez la présence du pénis dans le vagin

L'homme jouit en une poignée de secondes, la femme en une brassée de minutes. Les statistiques disent 3 à 5 minutes pour l'homme, 13 minutes à 1 heure pour la femme. Cette différence entre le temps de survenue de l'orgasme de l'homme et celui de la femme est dramatique et explique la relative rareté de l'orgasme vaginal chez celle-ci. La courte durée de l'intromission ne permet pas à l'excitation de la femme d'atteindre un niveau orgasmique.

Les enquêtes confirment que plus se prolonge la présence du pénis dans le vagin plus sûrement vient l'orgasme féminin. En allongeant son temps de survenue de l'éjaculation, l'homme va à la rencontre de la femme. Reste à celle-ci à raccourcir son temps en érotisant son vagin. Alors le jour de gloire arrivera : celui de l'harmonie totale entre les deux sexualités.

Pour vous apprendre à maîtriser votre éjaculation je vais décrire une technique précise et applicable par tout homme patient. Je vous prie de ne pas vous décourager trop vite : vous finirez par y arriver.

Rappelez-vous comment vous fonctionnez

Au cours d'une masturbation ou d'une relation sexuelle le cycle du plaisir masculin se déroule en 4 phases.

Phase 1 : la phase d'excitation croissante
La verge en érection est introduite dans le vagin, ou est prise dans la main, et exécute des mouvements de va-et-vient. L'excitation croît, le plaisir croît parallèlement. C'est la courbe ascendante du graphique. Quand l'excitation atteint un certain niveau, le plaisir fuse brusquement à son maximum – son paroxysme – c'est l'orgasme qui s'accompagne d'éjaculation. La courbe décrit alors un pic presque vertical.

Sur la courbe ascendante il est capital que vous remarquiez deux points critiques.

1. Le point A ou point de « difficile retour », dit encore « d'imminence de l'éjaculation ». C'est une phase réversible car si l'homme arrête ses mouvements, l'excitation cesse de croître et l'éjaculation ne se produit pas.
2. Le point B ou point de non-retour. Si l'homme parvenu au point A continue ses mouvements l'excitation croît, atteint le point B et va irrésis-

tiblement et irréversiblement jusqu'à l'orgasme avec éjaculation[1].

Phase 2 : l'orgasme

Si l'homme n'a pas freiné à temps, c'est-à-dire n'a pas contrôlé l'évolution à partir du point A d'imminence, le plaisir paroxystique éclate.

Sur le plan biologique l'orgasme correspond à deux phénomènes.

1. Une série de contractions rythmiques des muscles du périnée et spécialement du pubo-coccygien : une contraction tous les 8/10e de seconde, en tout 5 à 15 contractions s'étalant sur 10 à 15 secondes. C'est le pendant de ce qui se passe chez la femme.
2. Une éjaculation : c'est l'expulsion du sperme contenu dans les voies spermatiques (vésicule séminale, canal éjaculateur, prostate, urètre prostatique) par contraction de ces voies. C'est un réflexe qui, une fois déclenché, ne peut être arrêté par la volonté. Les signes d'imminence du point A correspondent à la mise en tension des voies spermatiques, l'homme peut encore stopper l'évolution ; les débuts de l'orgasme du point B correspondent à la contraction de ces voies, l'homme ne peut plus rien.

NB : le plaisir ressenti vient des contractions des muscles PC et non du passage du sperme dans les conduits, c'est pourquoi le plaisir peut exister sans éjaculation ; c'est ce à quoi vise la maîtrise de l'éja-

---

1. Voir *L'homme (nouveau) expliqué aux femmes.*

culation et ses applications : la caresse intérieure comme l'érotisme tantriste.

Phase 3 : la phase de détente
Le plaisir décroît, la courbe s'inverse et descend. Le corps s'immobilise.

Phase 4 : la phase réfractaire
Le plaisir revient à la ligne zéro, mais il demeure une certaine euphorie qui, hélas, dans la façon habituelle des Occidentaux de faire l'amour en se déchaînant et en éjaculant à tous les coups, fait rapidement place à une lassitude mâtinée de mélancolie associée à un affaissement du désir et à un étiolement de l'érection. Aussi les hommes ne sont pas très chauds pour repartir pour un deuxième et un troisième tour à la suite, sauf exceptions. Et la femme qui n'a pas eu le temps de jouir reste sur le carreau.

Comment contrôler l'éjaculation ?

Il faut repérer les signes d'imminence de l'orgasme qui se situent autour du point A (point d'imminence) et se ressentent comme un plaisir soudain et aigu à la racine de la verge (il correspond à la mise en tension des voies spermatiques et des muscles PC). Par ailleurs, la verge se raidira plus encore. Dès que l'homme ressent ces signes, il déclenche instantanément le plan « maîtrise ».
- Suspendre tout mouvement.
- Retirer la verge de la moitié de sa longueur.
- Contracter les muscles du périnée et spécialement

le PC. Pour cela : serrez les fesses, serrez l'anus, fermez la vessie (faites comme si vous vous reteniez de faire pipi).

- Se centrer sur sa respiration : inspirer profondément par le nez en remplissant d'air l'abdomen jusqu'au bas-ventre ; bloquer alors l'inspiration en fermant la glotte pendant quelques secondes. Puis relâchez l'air brusquement en expirant par la bouche.
- Utilisez de petites astuces : serrer les paupières, presser la langue repliée sur le palais.
- Réduire l'excitation cérébrale en détournant sa pensée des images excitantes (la vue de votre aimée, ou une scène imaginaire).

Le plan doit être maintenu au moins 100 secondes.

Il est bon que la femme connaisse aussi certains signes d'imminence, ainsi elle pourra participer au contrôle de l'éjaculation. C'est une accélération et une intensification des mouvements du mâle qui deviennent frénétiques, une accélération de sa respiration qui par ailleurs devient bruyante, des manifestations vocales de plaisir atteignant une grande intensité (mots, onomatopées, murmures, cris, quoique beaucoup d'hommes ont le plaisir muet), un courant « électrique » qui parcourt le corps masculin, un raidissement de ce corps qui brusquement s'immobilise. Un autre signe ne se distingue bien qu'au cours de la masturbation (par l'homme lui-même ou par sa compagne) c'est l'ascension de l'ensemble bourses-testicules, avec une hypersensibilité des testicules.

Ces signes étant repérés, il faut à la femme réagir aussitôt :

- elle doit stopper immédiatement ses mouvements et toute manifestation d'excitation et de plaisir (cris, mimiques...),
- si elle est en position supérieure (position d'Andromaque, par exemple), elle doit se soulever un peu pour ne laisser que la moitié de la verge dans son vagin. Mais attention à ne pas la faire sortir.

Les partenaires pourraient aussi s'entraîner au contrôle de l'éjaculation par la masturbation de l'homme : soit l'homme se masturbe et commente ce qu'il ressent, soit la femme le masturbe et note ce qui se passe. Il s'agit pour l'un et pour l'autre d'apprendre à repérer les signes annonciateurs et alors de stopper la masturbation avant que ne survienne l'éjaculation.

Enfin d'autres « trucs » peuvent vous aider à acquérir la maîtrise de l'éjaculation.

- La compression du périnée par l'homme lui-même ou par la femme : appuyez et pressez fortement avec l'index et le majeur sur le périnée sous lequel passe la racine de la verge contenant elle-même l'urètre. En même temps l'homme pratiquera une profonde inspiration.
- La compression du gland par l'homme lui-même ou par la femme : l'homme retire complètement la verge du vagin et il ou elle, serre fortement la couronne du gland dans l'anneau formé par le pouce et l'index. Le danger passé, la verge est à nouveau

introduite dans le fourreau vaginal.

Comment réaliser « la caresse intérieure »

Tout art s'apprend, la musique comme la peinture, pourquoi pas l'art érotique ?

Vous possédez la maîtrise de l'éjaculation, maintenant il faut l'intégrer dans cette super composition qui s'appelle « la caresse intérieure » depuis la parution du *Traité des caresses* : la relation sexuelle est réalisée comme une longue caresse que le pénis donne au vagin et réciproquement.

Les amants, quelles que soient les positions empruntées, alternent des phases de mouvement et des phases d'immobilité ou pauses. Dans les phases de mouvement l'homme ne se contente pas d'un va-et-vient banal, il le module : tantôt il pratique des pénétrations profondes, tantôt des pénétrations superficielles – le bon rythme étant une profonde pour 3, 5 ou 9 superficielles –, parfois il enfonce sa verge selon un axe vers l'avant, d'autre fois vers le haut ou vers l'arrière – il peut même dessiner des 8 et alors exécuter une sorte de danse qui régale tous les points érogènes de Madame ; il peut aussi varier le tempo, plus vite puis plus lentement, la bonne alternance est de 3 mouvements rapides pour 6 lents. De toute façon évitez les rythmes effrénés qui risquent de précipiter l'excitation vers l'orgasme et qui ne sont pas dans l'esprit de la caresse intérieure.

Pendant la phase de mobilité, l'homme doit conduire son étalon avec vigilance et veiller à lui reprendre la main à temps. Pendant cette même phase, la femme sera également active, bougeant à l'envie son bassin, en particulier.

Les pauses se font quand survient l'imminence d'une éjaculation ou bien quand les amants le souhaitent. Au cours de ces pauses, ils se regardent, voire se contemplent avec ferveur, se parlent avec tendresse ou de façon coquine, se caressent, se pétrissent, s'embrassent, se mordillent.

Les avantages fabuleux de la caresse intérieure

Si la caresse intérieure offre à la femme des plaisirs suprêmes, elle accroît aussi formidablement ceux de l'homme.

Elle prolonge le plaisir masculin

Le plaisir qu'engendrent les mouvements du pénis dans le vagin et du vagin sur le pénis passe de quelques minutes à 30 minutes voire une heure, 3 heures et plus.

Elle majore le plaisir masculin

Le plaisir devient de plus en plus exquis : en effet à se contacter et à se frotter longtemps les muqueuses sexuelles deviennent de plus en plus sensibles et donc les sensations de plus en plus aiguës et subtiles. En plus de cet « affûtement » il se produit une « magnétisation » des muqueuses qui rend leur surface « électrique » donc jouissive en diable et très

« attractive » : les muqueuses s'attirent et s'accolent étroitement. Enfin, le contact prolongé entraîne une congruence c'est-à-dire un ajustement parfait entre vagin et pénis, quelle que soit leur taille respective au départ : le prolongement de l'excitation entraîne un maximum d'intumescence des tissus érectiles qui alors se moulent l'un sur l'autre.

Elle amplifie l'orgasme masculin

L'orgasme quand il survient est plus intense qu'habituellement, tant chez la femme que chez l'homme, en raison du haut niveau d'excitation qu'a produit le très long contact entre les sexes. En plus de l'augmentation de l'intensité il y a un accroissement de la capacité à multiplier les orgasmes : chez la femme qui n'a pas de phase réfractaire, c'est naturellement possible ; chez l'homme cela devient possible puisque, maîtrisant son éjaculation, il élimine sa phase réfractaire : il ressent une forme d'orgasme qui ne s'accompagne pas de jaillissement de sperme. Mais s'il veut il pourra, à la fin d'une séquence de caresse intérieure, éjaculer de temps en temps. Selon l'âge il est conseillé d'éjaculer 1 fois sur 5 relations quand on est jeune puis d'espacer toutes les 7 ou 10 relations. L'éjaculation qui couronne une séance de caresse intérieure est d'une volupté fantastique compte tenu de la colossale excitation des muqueuses et des circuits nerveux.

Elle procure un plaisir de connivence

Lors des interludes l'homme immobile, bien présent à ses sensations, prend parfaitement conscience de ce que son sexe ressent : la chaleur du vagin, son enveloppement, le magnétisme qui passe entre vagin et pénis. Il ressent aussi – ô divine surprise – les petits signes que, taquine, la femme lui fait en contractant son muscle constricteur de la vulve et son pubo-coccygien. Et l'homme alors de lui répondre sur le même ton en faisant bouger son pénis grâce au muscle bulbo-spongieux et ischio-caverneux, doux frétillements qui mettent son aimée « aux anges ».

Autre plaisir accru : celui de la tension du pénis. Plus on prolonge une séquence de caresse intérieure, plus l'érection se renforce. Les sensations qui proviennent de cette verge tendue au maximum, rigide à se verticaliser, dure comme du fer sont extrêmement agréables à l'homme et lui donnent une impression réconfortante et flatteuse de puissance virile. Du reste, à la longue, la caresse intérieure va réellement renforcer la puissance de la verge : ses dimensions, l'intensité de la turgescence et sa durabilité.

Elle permet de multiplier les caresses

Pendant les pauses, toutes sortes de caresses s'échangent entre les aimants. Entre leurs sexes, entre leurs mains et les diverses zones érogènes, entre leurs mains et toutes les parties du corps.

Bien qu'immobiles les sexes, parce qu'ils sont en étroite union, continuent de se transmettre des signaux, de se donner des excitations réciproques. Je ne parle pas seulement des micro-contractions du vagin sur le pénis ou des micromouvements du pénis sur les parois vaginales mais de toute une série de micromanifestations tout juste perceptibles qu'on les dirait chuchotées et qui éveillent des sensations ultra douces, très intériorisées : incandescence, échanges d'électricité, battements de sang, vibrations, lancinements.

De plus, pendant les interludes les mains sont libres et peuvent aller semer ou cueillir des voluptés ou simplement des tendresses sur toute la surface du corps, dans l'un ou l'autre des trois cercles. Caresser le visage de la femme aimée ou de l'homme aimé en l'envisageant du regard et en plongeant son regard dans le sien tandis que les sexes sont étroitement unis est de la plus grande tendresse. Caresser ses épaules, ses seins, ses hanches est d'autant plus voluptueux que sous l'effet du plaisir irradié des sexes, leur peau est devenue éminemment sensible, hyperesthésiée, comme la peau des mains devenue également ultrasensible. Les peaux sont comme « magnétiques » si bien qu'elles s'attirent irrésistiblement et se collent l'une à l'autre quand elles se touchent.

Aller flâner dans le premier cercle va déclencher des plaisirs très forts car là on est au marché des sexes et la zone est particulièrement congestionnée et donc plus encore sensibilisée. Effleurer, taquiner une marge de l'anus mise en appétit ravit le bénéficiaire. Passer un doigt et titiller le clitoris outrancièrement à vif et à vide procure des envols de délices à remplir les ciels de lit.

Tous les sens, ai-je dit, sont en éveil, leurs capteurs grands ouverts et ils perçoivent ce qu'ils ne perçoivent pas d'habitude. La peau, nous l'avons vu, a sa sensibilité exacerbée. L'ouïe, maintenant, entend le moindre souffle, le moindre soupir de plaisir, de bonheur, d'amour avant même qu'il se fasse mot, l'ouïe maintenant entend le langage intérieur. La vue elle, plus claire à en être clairvoyante, parcourt et développe le corps et le visage de l'aimé(e), les pénètre, les devine, les approuve, les remercie, les admire. Il faut dire que le corps, et plus particulièrement le visage, irradie de félicité et d'amour. Le visage est diaphane et les yeux sont d'une beauté infinie, d'une profondeur et d'une transparence à y voir passer l'âme.

Elle recharge l'énergie vitale

Le contact intime des corps et des sexes, les sensations de plaisir, la libération des neurohormones associées à l'amour et à la tendresse et tout cela de façon prolongée produisent une recharge énergétique magique qui se traduit par un regain de vitalité, une bonne humeur, une félicité.

La revitalisation liée à la caresse intérieure entraîne un effet de rajeunissement. D'où la bonne santé et la longévité des êtres qui font l'amour de cette façon. Les Orientaux (tantristes, taoïstes, etc.) l'avaient constaté il y a plusieurs millénaires.

Elle éternise le désir

Chez l'homme, après l'orgasme avec éjaculation, le désir diminue, voire s'effondre, en raison de la phase réfractaire. Dans la caresse intérieure, compte tenu de l'absence de cette phase, le désir persiste. Chez la femme il est habituel que le désir demeure puisque naturellement elle ne connaît pas de phase réfractaire.

Ainsi nous avons ici deux amants qui continuent de se désirer, de se dispenser caresses, baisers et étreintes ; ils demeurent pleins d'attentions et de tendresse pour l'autre. C'est un désir profond mais doux, qui les porte et les rapproche mais ne les « travaille » pas.

Elle approfondit l'attachement

La conjonction prolongée entraîne la fusion des chairs, des cœurs et des âmes. On est encore plus amoureux après, l'attachement s'est renforcé. On reste attirants et attirés, accordés et unis, heureux, ardents et toujours caressants, même dans les heures et les jours qui suivent. L'état de grâce va bien au-delà du lit.

Sous cet attachement, il y a une profonde reconnaissance et la neurohormone de l'attachement : l'ocytocine, qui a été déversée généreusement pendant la caresse intérieure et qui continue de l'être sous l'effet des contacts et des baisers que se dispensent les aimants par la suite.

Elle magnétise les corps et les êtres

Les caresses, les baisers, tous les contacts prolongés entre les corps et les sexes entraînent une magnétisation de la surface du corps : on a l'impression que les parties du corps de l'un attirent des parties du corps de l'autre et que ces parties s'accolent, se collent, comme si elles étaient aimantées. On a aussi l'impression qu'un courant électrique passe d'un corps à l'autre. C'est particulièrement vrai entre le vagin et le pénis, comme on l'a vu. Cette magnétisation participe à la puissance érogène.

Ce magnétisme attache les êtres physiquement comme l'amour les attache psychologiquement.

Elle élève l'état de conscience

La caresse intérieure permettra d'atteindre une plus grande communion avec son partenaire et d'accéder plus facilement à des états de conscience élevés qui relèvent de l'enchantement et qui expriment le lyrisme de la chair.

Intérêts divers de la caresse intérieure

Elle évite la contraception (pilule, stérilet) et prévient l'adultère et le divorce en comblant les deux partenaires.

Tous les bienfaits de la caresse intérieure devraient convaincre les hommes de s'y mettre. Et au lieu de penser que pour la réaliser il faille faire des efforts d'abnégation (apprendre la maîtrise de l'éjaculation) – ils devraient penser plutôt qu'ils se préparent des voluptés supérieures et de durée illimitée.

Rôle des deux partenaires

Les positions les plus favorables

Certaines positions procurent à la femme plus de plaisir que d'autres et sont donc plus propices à lui déclencher un orgasme. Mais en réalité chaque femme a ses préférences en fonction de ses habitudes, de sa conformation anatomique, etc.

J'ai demandé à 210 femmes âgées de 30 à 60 ans de classer les positions les plus aptes à leur procurer un orgasme par intromission.

La 1ère : la position de la cavalière
La femme est au-dessus de l'homme, soit à califourchon les genoux sur le lit, soit accroupie les pieds à plat sur le lit. Elle effectue des mouvements de haut en bas et vice versa.

Avantages pour la femme
- Elle peut commander la « manœuvre » : le rythme, la profondeur de l'introduction du pénis, sa direction : vers le fond (descendre son corps verticalement), vers le point G (se pencher en arrière), vers le point P (se pencher en avant). En position accroupie elle mène le gland tout droit sur le col.
- Elle peut stimuler aisément son clitoris (son amant le peut aussi mais moins facilement).
- Elle peut voir le visage de son amant, son regard aimant, pétillant et complice, son plaisir.
- Elle peut se faire caresser hardiment les seins par son amant : malaxer, tordre, tirer et tourner les tétons (avec modération).
- Elle peut se pencher sur lui pour embrasser ses lèvres et se faire mordre le lobule de l'oreille, ce qui peut déclencher un orgasme.
- Elle sent la verge de son amant se tendre puissamment à la vue de ses seins qui dansent, de ses rondes épaules se découpant dans le ciel de lit, de la déhiscence de sa taille, de l'amphore de ses hanches. Et se tendre quand il presse ses seins, empaume sa taille, saisit ses hanches et ses fesses et en suit le tempo. Et se tendre encore, quand de ses yeux il voit sa verge entrer et sortir du vagin

féminin.

La 2e : la même position de la cavalière mais la femme tournant le dos à l'homme

Elle est à genoux ou accroupie, elle tient les pieds de l'homme.

Avantages pour la femme

- Elle commande la manœuvre
- Elle peut se stimuler le clitoris
- Elle peut se faire caresser les fesses, l'anus, le dos.

La 3e : la position du missionnaire dans une première variante

La femme est couchée sur le dos, un coussin sous les fesses. L'homme est à genoux entre ses cuisses écartées. La femme lève les jambes et les place autour de la taille de l'homme.

Avantages pour la femme

- L'introduction du pénis est profonde et atteint le col de l'utérus.
- Au passage, le point G est impacté.
- La femme a accès à son clitoris.

La 4e : la position du missionnaire dans une deuxième variante

La femme est couchée sur le dos, un coussin sous les fesses. L'homme est à genoux entre les cuisses de la femme. La femme a les jambes à demi-pliées, ses talons sur le lit.

Avantages pour la femme

- Si l'homme remonte sur le pubis de la femme, la racine de son pénis va frotter le clitoris.
- La femme a accès à son clitoris.

La 5e : la position de la lionne (ou levrette)
Deux variantes : dos rond ou dos creusé.

Avantages pour la femme
- Pénétration profonde du pénis impactant le col utérin et les culs-de-sac vaginaux.
- Contact avec le point G (face antérieure du vagin) si dos droit. Avec le point P (face postérieure du vagin) si dos creusé.
- Accès au clitoris pour la femme et pour l'homme.
- Caresse des fesses et du dos par l'homme.
- Baisers et morsures du dos et de la nuque par l'homme.

La 6e : la position du missionnaire dans une troisième variante
Ici la femme lève les jambes jusqu'à poser ses talons sur les épaules de l'homme.

Avantages pour la femme
- L'introduction du pénis est profonde impactant col et cul-de-sac. Mais l'accès au clitoris est impossible.

Une position – celle du lotus – n'était pas dans la liste proposée parce que peu de femmes la pratiquent. C'est une position tantrique. Pourtant elle offre des voluptés exceptionnelles. L'homme étant en lotus, la femme en lotus sur les cuisses de l'homme, autrement dit elle est à califourchon sur lui, ses fesses posant sur les cuisses masculines et ses propres cuisses et jambes enserrant le bassin masculin. Les bras de chacun entourent en liane le dos de l'autre. Le vagin de la femme est ouvert, le pénis en érection réduite ne pénètre que les premiers centimètres mais cela suffit ; mais il peut aussi être en érection maximum et atteindre le col. Les mouvements sont modérés voire nuls.

Les jouets érotiques

Ils sont vieux comme l'humanité puisqu'ils existaient dès la préhistoire.

Actuellement leur usage augmente considérablement. Une enquête dans une école de journalisme a révélé que 80 % des étudiantes en usaient. Leur vente a progressé de 30 % depuis 2 ans.

Avantages

- Obtenir un orgasme clitoridien ou vaginal. Le jouet est particulièrement apprécié des femmes sans partenaire ou des femmes dont le partenaire n'a pu leur procurer un orgasme.
- Apaiser une tension nerveuse ou de l'angoisse.
- Entraîner les femmes à l'orgasme en érotisant leur vagin.

Inconvénients

- C'est un objet, c'est froid, ça sent le plastique,

bref c'est pas vivant.
- Il manque l'homme, ses bras, sa chaleur, ses mouvements, son affection.
- Possibilité d'addiction.

L'homme et le jouet
- Il craint que la femme se passe de lui. Il est vrai que beaucoup de femmes disent que le jouet leur donne des plaisirs plus forts. L'homme n'a qu'à faire des progrès et devenir meilleur que l'objet. Il peut aussi se servir de l'objet. En vérité l'homme apporte plus qu'un objet, on vient de le dire : ses bras, ses mains, ses caresses, ses baisers et sa tendresse.

Hygiène

Les accessoires doivent faire l'objet de soins d'hygiène rigoureux sous peine d'infections locales (vaginite, cystite, etc.) et même de contaminations générales.
- Il ne faut pas utiliser le même accessoire pour le vagin et l'anus.
- Il faut les savonner avec un savon antibactérien.
- Il faudrait enfiler un préservatif sur la partie que l'on introduit dans le vagin ou l'anus.

Chapitre IX

FACE AUX BELLES ENDORMIES...

La frigidité existe-t-elle ?

Si l'on se réfère au sens commun, une femme frigide c'est tantôt une femme qui n'a jamais envie de plaisir, tantôt une femme qui n'éprouve pas de plaisir ou qui en éprouve mais ne va pas jusqu'à l'orgasme.

Un terme ambigu

La frigidité est un terme ambigu qui désigne ou l'absence de désir ou l'absence de plaisir ou l'absence d'orgasme. Il est donc nécessaire d'utiliser des mots plus précis : pour l'absence de désir il faut dire : « anaphrodisie », pour l'absence d'orgasme « anorgasmie », et pour l'absence de plaisir érotique simple (caresses, baisers, etc.) on pourrait conserver le terme frigidité.

En ce qui concerne l'anorgasmie il faudrait distinguer l'anorgasmie clitoridienne et l'anorgasmie vaginale puisque clitoris et vagin sont les deux sources des principaux orgasmes que la femme différencie bien. Il faudrait du reste ne plus dire d'une femme qu'elle est « anorgasmique » mais « préorgasmique » car une femme qui ne jouit pas à 20 ans pourra jouir à 22, et une femme qui ne jouit pas avec Paul pourra jouir avec Jacques.

Enfin, il faut distinguer l'anorgasmie primaire et l'anorgasmie secondaire. Dans le premier cas la femme n'a jamais eu d'orgasme dès ses premières relations sexuelles. Dans le second la femme a joui dans un premier temps puis a cessé de le faire ensuite. Explication : dans ce premier temps le vertige de l'état amoureux l'avait emporté sur les blocages, ultérieurement l'emballement des sentiments se calmant, les névroses reprennent le dessus.

Un terme injuste

Trop souvent on dit qu'une femme est frigide parce qu'elle ne jouit pas de son vagin quand l'homme la pénètre. C'est injuste car cette femme jouit facilement de son clitoris et de tous les autres endroits de son corps, voire même de son vagin, par ses propres autocaresses.

« *Comme je ne jouis pas dans les deux minutes qu'il faut à mon mari pour éjaculer, il dit que je suis frigide. Quand est-ce que les hommes, au lieu de dire qu'on est trop lentes, reconnaîtront qu'ils sont trop rapides ? Je ne suis pas frigide puisqu'en me caressant j'ai des orgasmes. »*

Un terme infamant

L'absence d'orgasme vaginal par coït constitue une tare honteuse depuis que Freud a décrété que seul cet orgasme était valable et digne d'une vraie femme, une femme mature et saine, et que l'orgasme clitoridien était une forme dégradée, inférieure, propre aux femmes immatures voire névrosées.

« Je me sens imparfaitement femme car je ne jouis que de mon clitoris. Je me sens anormale. Je suis en dessous de tout, je me déteste. »

Si Freud a donné la prépondérance au vagin c'est en digne représentant du Patriarcat, cette ère de la domination de l'homme dont on sort, fort heureusement, aujourd'hui.

Lui et les hommes d'autrefois ne juraient que par le vagin pour les raisons suivantes.

- Par phallocentrisme : le phallus érigé étant devenu l'emblème du sexe supérieur, le lieu où il pouvait se loger naturellement était donc le seul valable : la cavité vaginale.
- Par souci de la reproduction : le vagin est le lieu de la reproduction et de la multiplication du groupe que dirigent les hommes. La survie et la prospérité de ce groupe sont donc liées au vagin.
- Par peur du désir et du plaisir féminin : le vagin

tant qu'il n'est pas éveillé n'est pas le siège de besoin de la part de la femme ; et quand il s'éveille, seul l'homme peut le satisfaire (et non la femme), tout en le contrôlant. On sait combien les hommes du patriarcat redoutent le plaisir féminin dont il fait une menace pour son autorité[1].

- Par peur du clitoris : grâce à celui-ci les femmes peuvent s'accorder par elles-mêmes bien des plaisirs jusqu'à l'orgasme ; cette autonomie indispose l'homme ; et cette possibilité supplémentaire de plaisir les rend jaloux. En plus, les voluptés clitoridiennes font de la femme un être très doué pour le sexe, ce qui risque par convoitise et rivalité de créer des désordres dans la société.

La frigidité obligatoire

Pendant presque deux millénaires, l'Église, constituée de mâles célibataires, misogynes par « mâlepeur », avait interdit à la femme d'accéder au plaisir, sauf au cours de brèves périodes où les clercs suivant Hippocrate avaient cru qu'elle devait jouir pour procréer. À force d'être réprimées et couvertes d'opprobre, les femmes avaient enfoui leur besoin de plaisir jusqu'à croire elles-mêmes qu'elles étaient frigides et que c'était bien ainsi.

---

1. Voir *De la peur à l'amour*.

La frigidité interdite
Le terrorisme de l'orgasme

Les choses se sont inversées. D'interdit, l'orgasme est devenu une obligation depuis l'avènement de la sexologie et la révolte féministe. Ce qui était une vertu – l'absence d'orgasme – est devenu une tare. Pour être une vraie femme, une femme normale et une bonne amante, il faut orgasmer et orgasmer de toutes les façons (par le clitoris, par le vagin, etc.) et à chaque relation sexuelle ou à chaque masturbation. Et le piège de se refermer sur l'homme aussi : pour être considéré comme un bon amant, il faut que sa partenaire atteigne le zénith à tous les coups.

Les conséquences d'un tel terrorisme sont considérables. La femme qui n'accède pas à l'orgasme se sent dévalorisée dans sa sexualité et dans sa féminité même ; elle n'est pas, croit-elle, pleinement femme, une femme épanouie. De plus, elle souffre de ne pas connaître ce plaisir qu'on dit si extraordinaire et si bénéfique. Enfin, elle redoute d'être sous-estimée par son partenaire et, qui sait ? abandonnée. La tentation de simuler l'orgasme est grand.

Quant à l'homme dont la partenaire ne jouit pas à chaque fois, il pourra se croire piètre amant. Ne dit-on pas qu'il n'y a pas de femmes frigides, qu'il n'y a que des hommes malhabiles ? Et le voilà lui aussi dévalorisé. Comme si sa virilité ne dépendait que de sa capacité à déclencher l'orgasme de sa compagne sans que celle-ci en soit responsable. Bien que l'homme ait un rôle à jouer, la compagne est aussi partie prenante des réactions de son propre corps, comme nous l'avons exposé.

Cependant c'est l'homme qui a fait de l'orgasme une obligation. Dans sa volonté de faire jouir sa partenaire, il y a certes une intention généreuse, mais il y a aussi des motivations égoïstes : l'homme veut l'orgasme de la femme comme confirmation de sa virilité et de son talent érotique. Il n'est un « vrai » homme que s'il a une « vraie » femme. La « frigidité » de sa partenaire remettrait en cause ses capacités viriles et son savoir-faire. Car pour l'homme, est « frigide » la femme qui ne jouit pas par la grâce de son pénis au cours du coït. Lui-même ne se sent viril que si c'est son pénis qui déclenche l'acmé. Seul l'orgasme féminin par coït le valorise et promeut la femme.

Ce terrorisme de l'orgasme, qui fait du droit de la femme à jouir une obligation, transforme chaque rapprochement sexuel en challenge. Il devient une recherche obsessionnelle d'une jouissance maximale à travers une série de performances.

Au total

Le couple lui-même est en danger. La femme frustrée d'orgasme peut avoir tendance à reprocher son insatisfaction à son partenaire ; d'autant que l'orgasme raté implose et met la femme de mauvaise humeur ; la rend triste, anxieuse et irritable, sans oublier les douleurs qui apparaissent dans son bassin, dans son dos, dans sa tête. L'homme, lui, déçu, pourra lui reprocher d'être « frigide ». Lorsqu'on n'est pas content de soi, on s'en prend à l'autre. Les déceptions et les mauvaises humeurs inspirent des mots aigres. Les conflits apparaissent et se multiplient. Une opposition s'installe en permanence. Si une solution n'intervient pas, l'avenir du couple est compromis. On comprend que beaucoup de femmes préfèrent simuler.

Messieurs, je vous en supplie, cessez vos pressions plus ou moins implicites. Caressez vos femmes « par plaisir » et « pour le plaisir », non pour l'orgasme : il viendra de surcroît. En revanche, soyez certains que si vous maintenez votre pression, vous aurez entre les bras une femme malheureuse ou pire une simulatrice, c'est-à-dire personne.

Faire quand même le maximum

Cela étant dit, il est vrai que l'homme doit tout faire pour permettre à sa partenaire d'éprouver un optimum de plaisir, jusqu'à atteindre l'orgasme quand elle le souhaite. Mais il doit agir pour elle, par générosité et pas pour lui, par vanité. Il ne doit pas exiger. Tout faire, c'est pratiquer dans l'excellence les caresses, les gestes et les mouvements susceptibles de procurer du plaisir à son aimée, en étant très attentif à son ressenti.

Les causes de l'absence d'orgasme chez la femme

Il est bon que les hommes connaissent, pour l'essentiel, les raisons qui empêchent trop de femmes d'accéder à l'orgasme. Ainsi, ils pourront les comprendre et les aider. Parmi ces causes, on trouve les suivantes.

- Des blocages psychiques : une éducation très répressive de la sexualité, un ou plusieurs traumatismes sexuels, le manque d'estime de soi, l'anxiété, la dépression, le surmenage.
- Des problèmes de santé : les affections et infections gynécologiques qui provoquent des douleurs, et les suites ou complications d'accouchement. En ce qui concerne l'hystérectomie, elle n'altère d'aucune façon l'activité sexuelle, contrairement à l'idée erronée qu'on s'en fait. De même, la ménopause ne nuit nullement à la capacité érotique, au contraire.
- Des affections générales : certaines maladies de cœur ou respiratoires, certains rhumatismes graves, etc., peuvent limiter l'activité physique. Mais les caresses et les unions douces peuvent se donner et procurer d'appréciables bienfaits.

Bien entendu, chacune de ces pathologies sera traitée de façon à rendre possible une heureuse vie sexuelle : par la psychothérapie, par des soins gynécologiques, par des traitements cardiologiques, etc.

Soyons honnête

Nous, les hommes, devons nous interroger humblement et honnêtement sur la qualité de nos prestations érotiques lorsqu'une partenaire n'atteint pas un bon niveau de plaisir. Il ne s'agit pas de se culpabiliser mais de se responsabiliser.

Interrogeons-nous, écoutons notre compagne : sommes-nous assez attentionnés et fervents dans nos caresses ? Donnons-nous assez de temps aux préliminaires ? Faisons-nous durer suffisamment l'union ? Sommes-nous assez imaginatifs et variés ? Avons-nous consulté un sexologue si nous sommes atteints d'éjaculation prématurée ou de panne d'érection ? Trop souvent les hommes rechignent à consulter et traînent indéfiniment des troubles qui les empêchent de donner du plaisir à leur partenaire et d'avoir eux-mêmes une meilleure jouissance.

Mais pour combler une femme, il ne suffit pas d'être excellent en matière d'érotisme, il faut aussi être aimant, ou au moins tendre avec elle, être respectueux, savoir l'écouter et la comprendre, savoir la complimenter. La domination, la colère, la dévalorisation, la violence sont contraires à l'accès à l'orgasme. De même le terrorisme qui contraint la femme à avoir un orgasme à tous les coups, si j'ose dire.

La mésentente conjugale

La mésentente conjugale et les conflits qu'elle génère ne favorisent pas l'orgasme : la tension permanente, l'anxiété, le ressentiment et l'absence de communication sont autant d'obstacles. Impossible d'être en confiance, de se laisser aller, de demander ce qui plaît. Au contraire, la sexualité – l'acceptation de l'acte, l'obtention de l'orgasme – va être utilisée par la femme :

- Pour punir ou se venger : je refuse de faire l'amour ou de jouir parce que tu m'as blessée. Bien souvent on avance un alibi : la fatigue, une migraine, un travail à finir, un enfant malade.
- Pour affirmer son existence : je refuse ou j'accepte pour que tu comprennes que j'existe, que je compte.
- Pour affirmer son indépendance : je ne veux pas entrer en fusion, en dépendance avec toi.
- Pour affirmer son autorité et mettre l'autre en position de demandeur(se).
- Pour manipuler : j'utilise ton désir, ton besoin pour te faire agir comme je veux.
- Comme moyen de troc : si tu es gentil(le), si tu me fais plaisir, on fera l'amour, j'aurai un orgasme.
- Pour protester.

La mésentente conjugale devra être résolue si l'on veut retrouver le chemin de l'harmonie sexuelle et du plaisir. Une psychothérapie de couple sera entreprise si la mésentente est grave.

Conclusion

La sexualité, bien plus que du sexe !

Les Orientaux avaient fait de l'érotisme une activité sacrée et de l'orgasme une extase quasi mystique. Chez nous, en Occident, la sexualité ayant été réprimée, nous n'avons pas eu la chance de la voir sous ce jour. Il y aurait beaucoup à faire pour sacraliser la vie sexuelle sous nos latitudes ; ce que j'ai entrepris dans *Sexualité, la voie sacrée.*

Mais déjà si nous humanisions cette sexualité, c'est-à-dire si nous la sortions de la vulgarité et de la pornographie, nous aurions fait un grand pas vers le bonheur. Pour cela, considérons notre partenaire non comme un objet mais comme un sujet – un être semblable à nous, qui a une sensibilité, un idéal, des rêves, des blessures, des peurs – et l'activité sexuelle non comme une pratique mécanique mais comme une relation – une façon de se dire l'un à l'autre notre amour, notre tendresse, notre besoin de bien-être, notre désir d'être câliné, notre estime de l'autre – oui, ça aurait un sens et ça nous comblerait.

Table des matières